思想纵横

2023

人民日报理论部　编

人民日报出版社

·北京·

图书在版编目（ＣＩＰ）数据

思想纵横. 2023 / 人民日报理论部编. — 北京：
人民日报出版社, 2024.3

　　ISBN 978-7-5115-8150-1

　　Ⅰ.①思… Ⅱ.①人… Ⅲ.①思想政治教育—学习参
考资料 Ⅳ.①D64

中国国家版本馆CIP数据核字(2024)第016047号

书　　　名：**思想纵横. 2023**
　　　　　　 SIXIANG ZONGHENG. 2023
作　　　者：人民日报理论部　编

出 版 人：刘华新
策 划 人：欧阳辉
责任编辑：寇　诏　刘　悦
封面设计：三鼎甲

出版发行：人民日报出版社
社　　址：北京金台西路2号
邮政编码：100733
发行热线：（010）65369509　65369527　65369846　65369528
邮购热线：（010）65369530　65363527
编辑热线：（010）65363105
网　　址：www.peopledailypress.com
经　　销：新华书店
印　　刷：北京盛通印刷股份有限公司
法律顾问：北京科宇律师事务所 010-83622312

开　　本：880mm×1230mm　1/32
字　　数：281千字
印　　张：14
版次印次：2024年3月第1版　　2024年3月第1次印刷

书　　号：ISBN 978-7-5115-8150-1
定　　价：68.00元

前　言

　　《思想纵横（2023）》从人民日报"思想纵横"栏目2023年刊发的文章中精选142篇。这些文章坚持以习近平新时代中国特色社会主义思想为指导，围绕深入学习贯彻习近平新时代中国特色社会主义思想、认真学习宣传贯彻党的二十大精神、深入学习贯彻习近平文化思想、马克思主义中国化时代化、中国式现代化、高质量发展、解决大党独有难题等一系列重大理论和实践问题进行深入阐释，聚焦热点、回应关切，言之有物、言之成理、言之精粹，有助于广大干部群众学懂弄通党的创新理论的立场观点方法、道理学理哲理，理解把握党中央重大决策部署的理论逻辑、实践要求。

目 录

1

科技是第一生产力

吴善超

复兴号以时速420公里交会和重联运行，智能型动车组实现时速350公里自动驾驶，都是世界首次；时速400公里可变轨距高速动车组下线，可实现跨国互联互通……中国高铁享誉世界，展现着科技创新的强大力量。

党的二十大报告提出："必须坚持科技是第一生产力、人才是第一资源、创新是第一动力，深入实施科教兴国战略、人才强国战略、创新驱动发展战略，开辟发展新领域新赛道，不断塑造发展新动能新优势。"这深刻体现了我们党对科技推动生产力发展的规律性认识，进一步丰富发展了马克思主义生产力理论，为在新征程上推进科技创新、实现创新发展提供了科学指引。

习近平总书记指出："科技创新，就像撬动地球的杠杆，总能创造令人意想不到的奇迹。"科技是第一生产力，是先进生产力的集中体现和主要标志。人类历史上每一次重大科技进步都改进了劳动工具，提高了劳动者素质，带来劳动生产率极大提高、产业结构快速优化升级，给经济社会发展增添强大驱动力。当今时代，科技创新极大拓展人类认知的广度、深度、精度，是经济社会发展的重要引擎，也是应对许多全球性挑战的有力武器，日益成为影响世界现代化进程的关键变量。

以习近平同志为核心的党中央把握世界发展大势，立足当前、着眼长远，把科技自立自强作为国家发展的战略支撑，推动实施科教兴国战略、人才强国战略、创新驱动发展战略，坚定不移走中国特色自主创新道路，我国科技事业发生了历史性、整体性、格局性重大变化。"蛟龙"深潜、"嫦娥"揽月、"羲和"探日，云计算、人工智能、大数据等数字技术发挥积极作用，C919大型客机交付用户，载人航天创造多个"首次"……一系列重大创新成果竞相涌现，一些前沿领域开始进入并跑、领跑阶段，中国科技实力正在从量的积累迈向质的飞跃、从点的突破迈向系统能力提升。我国全球创新指数排名从2012年的第三十四位跃升至2022年的第十一位，科技进步贡献率从52.2%提升到超过60%，迈进创新型国家行列。

也要看到，我国科技创新能力还不够强，仍有不少"卡脖子"难题亟待解决，迫切需要更好发挥科技作为第一生产力的关键作用。进入新发展阶段，我国经济社会发展和民生改善更加需要科学技术解决方案，占领全球新一轮科技竞争制高点也更加需要完善科技创新体系，加快实施创新驱动发展战略，努力实现高水平科技自立自强。必须坚持创新在我国现代化建设全局中的核心地位，健全新型举国体制，强化国家战略科技力量，提升国家创新体系整体效能。集聚力量开展原创性引领性科技攻关，塑造新引擎、培育新动能，推动中国式现代化行稳致远。

习近平总书记指出，"科技创新活动不断突破地域、组织、技术的界限，演化为创新体系的竞争"。适应新形势新任务，要大力增强科技创新协同性，促进科技第一生产力优化布局。要聚焦协同之"的"，提升系统集成效率、效益、效能；明晰协同之"责"，明确功能定位，推动创新各主体、诸要素互动互促互补；架设协同之"桥"，发挥科技群团、社会组织等桥梁纽带作用，拓展创新合作网络。促进跨界协同，加强企业主导的产学研深度融合，推动创新链产业链资金链人才链深度融合。扩大国际科技交流合作，加强国际化科研环境建设，形成具有全球竞争力的开放创新生态。

（《人民日报》2023年01月10日　第9版）

2

人才是第一资源

薄贵利

　　人才是富国之本、兴邦大计。习近平总书记在党的二十大报告中强调，必须坚持"人才是第一资源"，深入实施"人才强国战略"，坚持"人才引领驱动"。当前，世界新一轮科技革命和产业变革正在重构全球创新版图、重塑全球经济结构。创新驱动实质上是人才驱动，谁拥有一流的创新人才，谁就拥有科技创新的优势和主导权。

　　中国共产党的百年奋斗史，也是一部集聚人才、团结人才、造就人才、壮大人才的历史。革命战争年代，着眼革命斗争需要，我们党大力培养选拔对党忠诚、英勇善战、不怕牺牲的干部。新中国成立后，着眼开展大规模经济建设，我们党大力培养选拔懂政治、懂业务、又红又专的干部。党的十一届三中全会后，着眼推进改革开放和社会主义现代化建设，我们党大力培养选拔有知识、懂专业、锐意改革的干部。正是坚持党爱人才、党兴人才、党聚人才，我们党培养造就一批又一批优秀人才，始终充满生机活力，团结带领人民取得了一个又一个伟大胜利。

党的十八大以来，以习近平同志为核心的党中央统筹中华民族伟大复兴战略全局和世界百年未有之大变局，全面深入推进人才强国战略，高瞻远瞩谋划人才事业布局，大刀阔斧改革创新，广开进贤之路、广聚天下英才，深刻回答了为什么建设人才强国、什么是人才强国、怎样建设人才强国的重大理论和实践问题，推动新时代人才工作取得历史性成就、发生历史性变革。

踏上全面建设社会主义现代化国家、向第二个百年奋斗目标进军的新征程，我们比历史上任何时期都更加接近实现中华民族伟大复兴的宏伟目标，也比历史上任何时期都更加渴求人才。赢得国际竞争的主动，实现我们党确定的奋斗目标，完成中华民族伟大复兴历史伟业，都要靠人才。

习近平总书记指出："我国拥有世界上规模最大的高等教育体系，有各项事业发展的广阔舞台，完全能够源源不断培养造就大批优秀人才，完全能够培养出大师。我们要有这样的决心、这样的自信。"目前，我国已成为全球规模最宏大、门类最齐全的人才资源大国，在全球创新指数排名中，我国从2012年的第三十四位上升到2022年的第十一位。新时代十年，我国教育、科技、人才事业蓬勃发展，为书写经济快速发展和社会长期稳定两大奇迹新篇章奠定了坚实基础。

人才强国建设是一项需要持之以恒、久久为功的历史性工程，需要遵循人才成长规律，坚定走好人才自主培养之路，不断优化人才队伍结构，重点抓好战略科学家、顶尖人才、"卡脖子"技术攻关人才、基础研究人才的培养，培养造就大批哲学家、社会科学家、文学艺术家等各方面人才，为全面建成社会主义现代化强国凝聚强大动力、提供强大支撑。同时，持续深化人才发展体制机制改革，不断提高人才政策精准化程度，下力气深化人才发展体制机制改革，解决好人才评价唯论文、唯职称、唯学历、唯奖项等问题，加快形成有利于人才成长的培养机制、有利于人尽其才的使用机制、有利于人才各展其能的激励机制、有利于人才脱颖而出的竞争机制，让各类人才的创造活力竞相迸发、聪明才智充分涌流，为实现中华民族伟大复兴的中国梦汇聚磅礴力量。

（《人民日报》2023年01月12日　第9版）

3

创新是第一动力

陈　劲

党的二十大报告提出，必须坚持"创新是第一动力"，"坚持创新在我国现代化建设全局中的核心地位"。把握发展的时与势，有效应对前进道路上的重大挑战，提高发展的安全性，都需要把发展基点放在创新上。只有坚持创新是第一动力，才能推动我国实现高质量发展，塑造我国国际合作和竞争新优势。为此，要让创新贯穿党和国家一切工作，让全面创新真正成为加快社会主义现代化建设、实现中华民族伟大复兴的强大动力。

创新是一个国家、一个民族发展进步的不竭动力，是推动人类社会进步的重要力量。世界经济发展史表明，一个国家率先成为世界科学中心和创新高地，就能快速实现现代化，跻身于世界强国之林。而一些传统强国衰落，与其失去或缺乏创新精神和创新能力密切相关。21世纪以来，全球科技创新进入空前密集活跃期，新一轮科技革命和产业变革突飞猛进，全球经济结构正在重塑，各主要国家纷纷把科技创新作为国际战略博弈的主战场。在激烈的国际竞争中，惟创新者进，惟创新者强，惟创新者胜。抓创新就是抓发展，谋创新就是谋未来。党的二十大报告对完善科技创新体系、加快实施创新驱动发展战略进行具体部署，体现了我们党对历史发展规律和当今国际竞争形势的深刻把握，展现了我们党赢得优势、赢得主动、赢得未来的信心和决心。

党的十八大以来，以习近平同志为核心的党中央高度重视创新，全面推进创新。习近平总书记围绕实施创新驱动发展战略、加快推进以科技创新为核心的全面创新等，提出了一系列新思想新论断新要求。我国重大科技创新成果竞相涌现，科技自立自强迈出坚实步伐，全社会创新创造的动力和活力充分释放。世界知识产权组织发布的《2022年全球创新指数报告》显示，中国位列第十一位，较2012年上升23位，实现连续10年稳步提升。中国已跻身创新型国家行列。

然而，我们也要清醒认识到，关键核心技术存在短板、产品附加值偏低、产业链供应链韧性不足等问题仍然是我国实现高质量发展的主要制约因素。实现中国式现代化的艰巨性和复杂性前所未有，迫切需要发挥创新激励经济增长的乘数效应，把高水平科技自立自强作为国家发展的战略支撑，依靠创新加速开辟发展新领域新赛道、不断塑造发展新动能新优势，持续向全球价值链中高端攀升。

创新是多方面的，包括理论创新、制度创新、科技创新、文化创新等。坚持创新在我国现代化建设全局中的核心地位，既要重视科技创新，也要重视与生产关系有关的制度创新，还要重视理论创新、文化创新等，全面发挥创新的第一动力作用。党的二十大报告提出："完善党中央对科技工作统一领导的体制"。要进一步将党的领导落实到创新发展的制度安排、能力建设等各方面各环节，不断健全新型举国体制。深化科技体制改革，坚持科技创新和制度创新"双轮驱动"，着力解决谁来创新、如何激发创新动力等问题。完善科研经费管理、科技成果转化、科技人才评价等方面的体制机制，不断优化创新人才发展环境，提升创新人才服务水平。强化企业科技创新主体地位，更好把科技力量转化为产业竞争优势。

自主创新是我们攀登世界科技高峰的必由之路。基础研究、原始创新和关键核心技术攻关是艰苦复杂的创造性劳动。要增强创新自信，坚定不移走中国特色自主创新道路，发扬敢于斗争、敢于胜利的精神，增强自主创新的志气和骨气。要把握大势、抢占先机，直面问题、迎难而上，瞄准世界科技前沿和国家重大需求，敢于走前人没走过的路，努力突破"卡脖子"关键核心技术，着力解决一批影响和制约国家发展全局和长远利益的重大科技问题，更多实现原始性引领性创新，在实现高水平科技自立自强上不断取得新的进展。

（《人民日报》2023年01月13日　第9版）

4

以昂扬志气骨气底气推进伟业

张国祚

习近平总书记在党的二十大报告中强调,"增强全党全国各族人民的志气、骨气、底气"。志气、骨气、底气,体现着自信自强、昂扬向上、无所畏惧、拼搏进取的精神状态,蕴含着深厚充沛、不可战胜的精神力量。中国共产党100多年的奋斗历程,就是一部激荡着志气、骨气、底气的壮丽史诗。新征程上,战胜来自各方面的艰难险阻,仍需不断增强志气、骨气、底气,向着光荣和梦想奋勇前行。

中华民族自古以来就是有志气的民族。《论语·子罕》讲:"匹夫不可夺志也。"有志气,就能为了理想信念和宏伟目标而百折不挠地努力奋斗。新中国成立之初,面对一穷二白、积贫积弱的境况,党和人民以不但善于破坏一个旧世界、还善于建设一个新世界的志气自力更生、发愤图强,在较短时间内就建立起独立的比较完整的工业体系和国民经济体系。改革开放后,面对重重困难和挑战,党和人民以"要赶上时代"的志气，坚定不移坚持和发展中国特色社会主义，实现从站起来到富起来的伟大飞跃。进入新时代，面对波谲云诡的国际形势和艰巨繁重的国内改革发展稳定任务，党和人民以"开辟新天地、创造新奇迹"的志气，踔厉奋发、勇毅前行，取得彪炳中华民族发展史册、对世界具有深远影响的历史性胜利。

有骨气，方能不被困难吓倒、不被挫折压垮，靠自身力量不断奋起。100多年来，一代代中国共产党人坚守理想信念，践行初心使命，无论遭遇何种风浪考验，都迎难而上、勇往直前。夏明翰面对敌人屠刀无所畏惧："砍头不要紧，只要主义真。"方志敏毅然拒绝敌人诱降："敌人只能砍下我们的头颅，决不能动摇我们的信仰。"靠着这种骨气，中国人民志愿军抗美援朝、保家卫国，让新中国站稳脚跟。靠着这种骨气，一大批科技工作者隐姓埋名，在极为艰苦的条件下造出"两弹一星"。靠着这种骨气，新时代航天人攻克一个个技术难关，"北斗"组网、"嫦娥"探月、"天宫"遨游，不断刷新中国航天新高度……靠着这种骨气，我们把一个个难题变为奇迹，让一个个"不可能"变为"一定能"。

有底气，就要有坚定的自信心。习近平总书记指出："当今世界，要说哪个政党、哪个国家、哪个民族能够自信的话，那中国共产党、中华人民共和国、中华民族是最有理由自信的。"这种自信，既源于强大的物质实力，也源于深厚的文化底蕴。党的十八大以来，以习近平同志为核心的党中央团结带领人民稳经济、促发展，战贫困、建小康，控疫情、抗大灾，应变局、化危机，取得举世瞩目的伟大成就。在经济实力、科技实力大幅跃升的同时，我国意识形态领域形势发生全局性、根本性转变，文化软实力显著增强。同各国友好合作深化拓展，构建人类命运共同体不断推进，我国国际影响力、感召力、塑造力显著提升。新时代的伟大成就，使我们能够更加从容应对前进道路上的风险和挑战。中国共产党和中国人民有无比坚定的自信、无比深厚的底气，正信心百倍地推进中华民族从站起来、富起来到强起来的伟大飞跃。

距离实现民族复兴的目标越近，遇到的挑战考验就会越复杂，就越需要增强志气、骨气、底气。要坚持道不变、志不改，坚定不移以中国式现代化全面推进中华民族伟大复兴，牢牢把握发展主动权，统筹好发展和安全，抓住制约高质量发展的主要问题补短板强弱项，破解各领域"卡脖子"难题，厚植实现民族复兴的精神力量，增强前进动力、昂扬奋斗精神、坚定必胜信念，向着全面建成社会主义现代化强国的目标砥砺前行。

（《人民日报》2023年01月17日　第9版）

5

加强新时代廉洁文化建设

陈　灿

习近平总书记在党的二十大报告中要求,"加强新时代廉洁文化建设,教育引导广大党员、干部增强不想腐的自觉",在二十届中央纪委二次全会上强调,"加强新时代廉洁文化建设"。中共中央办公厅印发的《关于加强新时代廉洁文化建设的意见》要求把加强廉洁文化建设作为一体推进不敢腐、不能腐、不想腐的基础性工程抓紧抓实抓好。我们要深入贯彻落实习近平总书记关于全面从严治党的重要论述精神和党中央决策部署,加强新时代廉洁文化建设,不断加固拒腐防变的思想堤坝。

习近平总书记强调,"党员干部特别是领导干部务必把加强道德修养作为十分重要的人生必修课,自觉从中华优秀传统文化中汲取营养"。我们的文化传统中包含着丰富的廉洁文化理念和实践。中华民族历史上有无数清官廉吏、仁人志士、革命先烈的廉洁事迹,中华优秀传统文化中蕴含着厚德养廉、公而忘私、清正自守、光明坦荡等丰富的廉洁思想。加强新时代廉洁文化建设，要加强廉洁文化相关历史文献、文物古迹、革命旧址的保护和利用，挖掘廉洁文化资源，教育引导党员干部正心修身，守住为政之本，以实际行动守护廉洁文化根脉。

加强新时代廉洁文化建设，要在全社会培育清正廉洁的价值理念，使清风正气得到广泛弘扬。习近平同志在浙江工作时指出："要积极推动廉政文化进机关、社区、学校、企业、农村和家庭，促进全社会形成以廉为荣、以贪为耻的良好风尚，努力形成党风政风与社会风气的良性互动局面。"要紧扣"廉洁自律"这个主题，让更多基层干部、青年学生和普通群众接受廉洁文化熏陶，形成全社会崇清尚廉的浓厚氛围。探索形成沉浸体验、教育警醒、思想启发的廉洁文化教育新方式，充分发挥廉洁文化的价值导向、行为约束、生态净化等作用。要把廉洁文化建设贯穿社会治理各领域各环节，在市民公约、乡规民约、行业规章、团体章程等社会规范中融入廉洁文化，动员全社会力量尤其是青少年群体传承和弘扬廉洁文化。

加强新时代廉洁文化建设，要建设好、管理好、运用好廉洁文化阵地。习近平同志在浙江工作时指出："如果先进的廉政文化不去占领文化阵地、营造社会氛围，腐败文化就会乘虚而入、污染社会、搞坏党风政风。"必须坚持守土有责、守土负责、守土尽责，把廉洁文化阵地建设纳入基层公共文化服务整体规划，注重把分散的廉洁文化资源整合起来，让干部群众潜移默化地接受廉洁文化教育。可以结合乡镇（街道）纪检监察工作规范化建设、清廉村居建设，充分利用党员教育培训基地、爱国主义教育基地、历史文化名人纪念馆等文化场所，因地制宜设立廉洁文化阵地，丰富廉洁文化优质产品和服务供给。要善于运用数字化技术成果，建立数字媒体矩阵，提升廉洁文化传播的覆盖面、交互性，用群众听得懂的语言，讲群众喜闻乐见的清廉故事，让新时代廉洁文化在基层蔚然成风、深入人心。

（《人民日报》2023年01月18日　第9版）

6

更好发挥宪法制度优势和作用

支振锋

2022年12月19日，习近平总书记发表署名文章《谱写新时代中国宪法实践新篇章——纪念现行宪法公布施行40周年》，强调"更好发挥宪法在治国理政中的重要作用，为全面建设社会主义现代化国家、全面推进中华民族伟大复兴提供坚实保障"。宪法是治国安邦的总章程，是我们党长期执政的根本法律依据，在党治国理政实践中发挥着十分重要的作用。新征程上，要更好发挥我国宪法制度的显著优势和重要作用，更好发挥法治固根本、稳预期、利长远的保障作用，在法治轨道上全面建设社会主义现代化国家。

我国宪法同党和人民进行的艰苦奋斗和创造的辉煌成就紧密相连，同党和人民开辟的前进道路和积累的宝贵经验紧密相连，是党领导人民长期奋斗历史逻辑、理论逻辑、实践逻辑的必然结果。近代以来，中国人民苦苦探索改变中华民族前途命运的道路。然而，各种效仿西方的救国方案和制度模式纷纷宣告失败。中国共产党领导人民通过艰辛探索和实践，成功在中华大地上制定和实施具有鲜明社会主义性质的宪法、真正意义上的人民宪法。我国宪法集中人民智慧，体现全体人民共同意志，实现了党的主张和人民意志高度统一，具有显著优势、坚实基础、强大生命力。

宪法作为上层建筑，必须不断适应经济基础的变化。1982年我国现行宪法公布施行后，在保持连续性、稳定性、权威性的前提下，紧跟党领导人民建设中国特色社会主义的实践步伐，历经5次必要也是十分重要的修正，实现与时俱进完善和发展。我国宪法以国家根本法的形式，确立了中国共产党的领导地位，确立了人民民主专政的国体和人民代表大会制度的政体，确立了国家的根本任务、指导思想、发展道路、奋斗目标等，规定了一系列基本政治制度和重要原则，规定了国家一系列大政方针，成为党领导人民长期奋斗重大成就和历史经验在国家法治上的最高体现。新中国成立特别是改革开放以来的历程说明，我国宪法在坚持中国共产党领导，保障人民当家作主，促进改革开放和社会主义现代化建设，推动社会主义法治国家建设进程，促进人权事业全面发展，维护国家统一、民族团结、社会和谐稳定等方面发挥了十分重要的作用，有力推动和保障了党和国家各项事业的发展进步。

党的十八大以来，以习近平同志为核心的党中央把宪法摆在全面依法治国战略布局的突出位置，全面贯彻实施宪法，推动我国宪法制度建设和宪法实施取得历史性成就。与时俱进修改宪法部分内容，着力完善以宪法为核心的中国特色社会主义法律体系，加强合宪性审查、备案审查制度和能力建设，设立国家宪法日，建立宪法宣誓制度，根据宪法和香港基本法作出具有重要宪制意义的新制度安排、推动香港局势实现由乱到治的重大转折……通过一系列制度建设和实践推动，党对全面依法治国和宪法实施的领导得到全面加强，宪法实施更加有效，宪法监督水平稳步提高，全社会宪法意识显著增强，我们党创制性运用宪法制度和宪法规定妥善解决了遇到的新情况新问题、有效应对了治国理政中的重大风险考验。

宪法的生命在于实施，宪法的权威也在于实施。我们要始终坚持党对宪法工作的全面领导，不断提高党依宪治国、依宪执政的能力，把宪法实施贯彻到统筹推进"五位一体"总体布局、协调推进"四个全面"战略布局的全部实践中，贯彻到改革发展稳定、内政外交国防、治党治国治军各领域各方面，增强法律规范体系的全面性、系统性、协调性，健全保证宪法全面实施的制度体系，全面推进国家各方面工作法治化。以宪法的全面贯彻和有效实施，为全面建设社会主义现代化国家提供坚实保障。

（《人民日报》2023年01月19日　第9版）

7

促进人与自然和谐共生

张雷刚

党的二十大报告提出："坚定不移走生产发展、生活富裕、生态良好的文明发展道路，实现中华民族永续发展。"党的十八大以来，习近平总书记站在中华民族永续发展的高度，大力推动生态文明理论创新、实践创新、制度创新，创造性提出一系列富有中国特色、体现时代精神、引领人类文明发展进步的新理念新思想新战略，形成了习近平生态文明思想，指引和推动我国生态环境保护发生历史性、转折性、全局性变化。

生态文明建设是关系中华民族永续发展的根本大计。习近平总书记指出："人类经历了原始文明、农业文明、工业文明，生态文明是工业文明发展到一定阶段的产物，是实现人与自然和谐发展的新要求。"生态兴则文明兴，生态衰则文明衰。生态环境是人类生存和发展的根基，也是我国持续发展的重要基础。促进人与自然和谐共生是中国式现代化的本质要求之一。我们必须以对人民群众、对子孙后代高度负责的态度，促进人与自然和谐共生，筑牢中华民族永续发展的生态根基。

人与自然和谐共生体现以人民为中心的发展思想。习近平总书记指出："环境就是民生，青山就是美丽，蓝天也是幸福。"发展经济是为了民生，保护生态环境同样也是为了民生。中国式现代化追求人的自由全面发展，人与自然和谐共生是人的自由全面发展的重要内容。必须始终坚持以人民为中心的发展思想，不断满足人民群众对优美生态环境的需要，将良好生态环境转化成为最普惠的民生福祉，真正实现发展为了人民、发展成果由人民共享。

应当清醒认识到，我国生态文明建设仍然面临诸多矛盾和挑战。生态环境质量同人民群众对美好生活的期盼相比，同建设美丽中国的目标相比，同构建新发展格局、推动高质量发展、全面建设社会主义现代化国家的要求相比，仍有较大差距。必须保持生态文明建设的战略定力，促进生态环境持续改善，让广大人民群众感受到实实在在的环境效益，实现中华民族永续发展。

促进人与自然和谐共生，要牢固树立和践行绿水青山就是金山银山的理念。这一重要理念深刻阐明了保护生态环境就是保护生产力、改善生态环境就是发展生产力的道理。要积极探索推广绿水青山转化为金山银山的路径，加快建立以产业生态化和生态产业化为主体的生态经济体系，走出一条生产发展、生活富裕、生态良好的文明发展道路，让绿水青山颜值更高、金山银山成色更足。

促进人与自然和谐共生，制度建设是根本性、全局性和长远性建设。保护生态环境必须依靠制度、依靠法治。党的十八大以来，我们实行最严格的制度、最严密的法治，推动生态文明制度体系更加成熟、更加定型，生态文明建设的法治保障更加有力。

建设绿色家园是人类的共同梦想。习近平总书记以深邃的历史眼光和博大的天下情怀，提出构建人类命运共同体理念，倡导建设一个清洁美丽的世界。中国不仅自身持续深入打好蓝天、碧水、净土保卫战，而且提出一系列加强全球生态文明建设和生物多样性保护的重要倡议和主张，积极稳妥推进碳达峰碳中和，为推进全球生态文明建设注入新的动力，为共同构建人与自然生命共同体凝聚强大合力。中国人民与世界各国人民在构建人类命运共同体的人间正道上携手前行，一定能够书写人与自然和谐共生的美好画卷。

（《人民日报》2023年01月30日　第9版）

8

坚持真正的多边主义

廖 凡

习近平总书记在党的二十大报告中指出："中国积极参与全球治理体系改革和建设，践行共商共建共享的全球治理观，坚持真正的多边主义，推进国际关系民主化，推动全球治理朝着更加公正合理的方向发展。"

当今世界正经历百年未有之大变局，国际力量对比深刻调整，和平与发展仍是时代主题，同时国际环境日趋复杂，不稳定性、不确定性明显增加。站在人类前途命运的高度，习近平总书记多次在重大场合阐述中国的全球治理观，强调"坚持真正的多边主义"，为充满不确定性的世界注入正能量。习近平总书记指出："多边主义的要义是国际上的事由大家共同商量着办，世界前途命运由各国共同掌握。"中国倡导坚持开放包容、不搞封闭排他，坚持以国际法为基础、不搞唯我独尊，坚持协商合作、不搞冲突对抗，坚持与时俱进、不搞故步自封，毫不动摇坚持和践行真正的多边主义，促进世界和平发展和共同繁荣。

中国高举真正的多边主义旗帜，坚定主张世界只有一个体系，就是以联合国为核心的国际体系；只有一个秩序，就是以国际法为基础的国际秩序；只有一套规则，就是以《联合国宪章》宗旨和原则为基础的国际关系基本准则。拥有193个会员国的联合国，是当今世界最具权威性、普遍性、代表性的政府间国际组织，是多边主义的重要实践场所。国际规则只能由联合国会员国共同制定，不能由个别国家和国家集团来决定，不是谁的胳膊粗、气力大谁就说了算，更不能搞实用主义、双重标准，合则用，不合则弃。《联合国宪章》是公认的国与国关系的基本准则，也是整个国际法体系赖以运行的基石，必须坚定不移地遵守。中国始终维护联合国权威和地位，同联合国合作日益深化。中国忠实履行联合国安理会常任理事国职责和使命，维护《联合国宪章》宗旨和原则，维护联合国在国际事务中的核心作用。

全人类共同价值强调求同存异、凝聚共识，契合多边主义的内在要求。习近平总书记在党的二十大报告中指出："我们真诚呼吁，世界各国弘扬和平、发展、公平、正义、民主、自由的全人类共同价值，促进各国人民相知相亲，尊重世界文明多样性，以文明交流超越文明隔阂、文明互鉴超越文明冲突、文明共存超越文明优越，共同应对各种全球性挑战。"全人类共同价值为共同建设一个更加美好的世界提供正确理念指引。只要共行天下大道，各国就能够和睦相处、合作共赢，携手创造世界的美好未来。

　　面对前所未有的世界之变、时代之变、历史之变，习近平总书记创造性地提出推动构建人类命运共同体。构建人类命运共同体是习近平外交思想的核心理念，体现了中国共产党的天下情怀和使命担当。中国践行真正的多边主义，在加强双边交往、深化地区合作、解决国际问题等多个层面努力把构建人类命运共同体从理念转化为行动。共建"一带一路"是促进共同发展繁荣、推动构建人类命运共同体的重要实践，书写了全球发展的新篇章。截至2023年3月，中国已同151个国家和32个国际组织签署200多份共建"一带一路"合作文件。中国和参与国家秉持共商共建共享原则，推进共建"一带一路"高质量发展，在平等协商基础上凝聚更多发展共识，分享发展机遇，实现共同发展繁荣。

　　　　　　　（《人民日报》2023年01月31日　第9版）

9

奋斗创造奇迹

刘　学

当代中国，江山壮丽，人民豪迈，前程远大。习近平总书记在二〇二三年新年贺词中指出："明天的中国，奋斗创造奇迹。"回望来时路，中国共产党领导中国人民创造了一个又一个难以置信的奇迹。特别是党的十八大以来，我们党紧紧依靠人民，稳经济、促发展，战贫困、建小康，控疫情、抗大灾，应变局、化危机，依靠奋斗攻克了一个个看似不可攻克的难关险阻，创造了一个个令人刮目相看的人间奇迹。新时代新征程，我们要始终维护团结奋斗的局面，发扬艰苦奋斗的精神，保持永久奋斗的韧劲，通过奋斗创造新的更大奇迹。

古人云："千人同心，则得千人之力；万人异心，则无一人之用。"团结奋斗，是一百多年来中国共产党、中国人民、中华民族锤炼铸就的宝贵精神品质。习近平总书记指出："能团结奋斗的民族才有前途，能团结奋斗的政党才能立于不败之地。"通过奋斗创造奇迹，必须始终维护团结奋斗的局面，在全党团结成"一块坚硬的钢铁"的基础上，把全国各族人民团结起来，形成万众一心、无坚不摧的磅礴力量。要进一步增强党的团结和集中统一，确保全党在政治立场、政治方向、政治原则、政治道路上同以习近平同志为核心的党中央保持高度一致，步调一致向前进，坚决做到党中央提倡的坚决响应，党中央决定的坚决照办，党中央禁止的坚决不做。人民是我们党的执政之基、力量之源，我们党要始终依靠人民创造历史伟业。为此，要始终保持同人民群众的血肉联系，与人民心心相印、与人民同甘共苦，始终为人民不懈奋斗、同人民一起奋斗，确保全党全国各族人民心往一处想、劲往一处使，推动中华民族伟大复兴号巨轮乘风破浪、扬帆远航。

艰难困苦，玉汝于成。习近平总书记指出："奋斗的道路不会一帆风顺，往往荆棘丛生、充满坎坷。"新时代十年，正是经历了涉滩之险、爬坡之艰、闯关之难，经受住了来自政治、经济、意识形态、自然界等方面的风险挑战考验，党和国家事业取得历史性成就、发生历史性变革。全面建设社会主义现代化国家是一项伟大而艰巨的事业，前途光明，任重道远。当前，我国发展进入了战略机遇和风险挑战并存、不确定难预料因素增多的时期。通过奋斗创造奇迹，必须发扬艰苦奋斗的精神，在风高浪急甚至惊涛骇浪的重大考验面前，在艰巨繁重的重大任务面前，都要脚踏实地、苦干实干，不放弃、不退缩、不止步，集中精力办好自己的事情，坚持把国家和民族发展放在自己力量的基点上，坚持把中国发展进步的命运牢牢掌握在自己手中，百折不挠为实现中华民族伟大复兴而艰苦奋斗。

习近平总书记指出："奋斗是长期的，前人栽树、后人乘凉，伟大事业需要几代人、十几代人、几十代人持续奋斗。"当前，中华民族伟大复兴进入不可逆转的历史进程，但绝不是轻轻松松、敲锣打鼓就能实现的，必须付出更为艰巨、更为艰苦的努力，必须保持永久奋斗的韧劲。我们不能因为改革发展取得的成绩而骄傲自满，更不能躺在过去的功劳簿上睡大觉，而要发扬"宜将剩勇追穷寇，不可沽名学霸王"的大无畏革命精神，永远不畏艰险、永远锐意进取，勇做走在时代前列的奋进者、开拓者、奉献者。

奋斗始于当下。当前最重要的任务，就是撸起袖子加油干，一步一个脚印把党的二十大作出的重大决策部署付诸行动、见之于成效。只要全党全国各族人民更加紧密地团结在以习近平同志为核心的党中央周围，全面贯彻习近平新时代中国特色社会主义思想，团结奋斗、艰苦奋斗、永久奋斗，我们就能在新时代创造中华民族新的更大奇迹，创造让世界刮目相看的新的更大奇迹。

（《人民日报》2023年02月01日　第9版）

10

在党中央统一指挥的合奏中形成和声

郑文涛

在2022年底举行的中央政治局民主生活会上，习近平总书记指出"维护党中央集中统一领导，是一个成熟的马克思主义执政党的重大建党原则"，强调"任何时候任何情况下都要坚持同党中央保持高度一致，在党中央统一指挥的合奏中形成和声，决不能荒腔走板、变味走调"。

确立和维护无产阶级政党的领导核心，始终是马克思主义建党学说的一个基本观点。马克思指出："一个单独的提琴手是自己指挥自己，一个乐队就需要一个乐队指挥。"党中央集中统一领导是党的领导的最高原则，加强和维护党中央集中统一领导是全党共同的政治责任。

我们党的百年奋斗历程充分表明，党的团结统一是党的生命。只要全党步调一致、团结统一，我们就能不断发展壮大，战胜一切艰难险阻；反之，党和国家事业就会遭受挫折。增强党的团结统一，维护党中央权威和集中统一领导，是党在革命、建设、改革中形成的宝贵经验，也是保证党的执政地位巩固和国家长治久安的关键所在。如果党中央不能实行坚强有力的集中统一领导，就会出现各自为政、自行其是的局面，那就什么事情也干不成。

党的十八大以来，我们党之所以能战胜一系列风险挑战、完成一系列艰巨繁重任务，推动党和国家事业取得历史性成就、发生历史性变革，根本在于以习近平同志为核心的党中央坚强领导，在于习近平新时代中国特色社会主义思想科学指引。新时代十年，以习近平同志为核心的党中央以党的政治建设为统领，统筹推进党的各项建设，党的团结统一更加巩固，为党和国家各项事业发展提供了坚强政治保证。

习近平总书记强调："维护党中央集中统一领导是具体的而不是抽象的，首先要落实到坚定维护党中央权威上，落实到增强'四个意识'、坚定'四个自信'、做到'两个维护'的实际行动上。"广大党员干部必须深刻领悟"两个确立"的决定性意义，进一步增强"四个意识"、坚定"四个自信"、做到"两个维护"，不断提高政治判断力、政治领悟力、政治执行力，牢记"国之大者"，确保在政治立场、政治方向、政治原则、政治道路上同以习近平同志为核心的党中央保持高度一致。任何时候任何情况下都要坚持以党的旗帜为旗帜、以党的方向为方向、以党的意志为意志，做到党中央提倡的坚决响应，党中央决定的坚决照办，党中央禁止的坚决不做，时常对标对表，及时校正偏差。任何时候任何情况下都要坚持对党绝对忠诚，真心爱党、时刻忧党、坚定护党、全力兴党，保证全党上下拧成一股绳，心往一处想、劲往一处使。

今天，作为世界上最大的马克思主义执政党，我们党肩负着团结带领全国各族人民全面建成社会主义现代化强国、实现第二个百年奋斗目标，以中国式现代化全面推进中华民族伟大复兴的使命任务。党员干部必须坚定不移向党中央看齐，在党中央统一指挥的合奏中形成和声，奏响同心同德、强党兴党的铿锵乐章，汇聚万众一心、共克时艰的磅礴伟力，为全面建设社会主义现代化国家、全面推进中华民族伟大复兴而团结奋斗。

（《人民日报》2023年02月02日　第9版）

11

点点星火　汇聚成炬

李春成

今天的中国，是梦想接连实现的中国。回望过去的一年，我们追逐体育强国梦，北京冬奥会、冬残奥会成功举办，冰雪健儿驰骋赛场，取得骄人成绩；我们探寻九天揽月梦，神舟十三号、十四号、十五号接力腾飞，中国空间站全面建成；我们求索创新创造梦，首架C919大飞机正式交付，"华龙一号"全面投运，白鹤滩水电站全面投产。中国梦，是强国梦、强军梦，也是航天梦、海洋梦、生态文明梦……为了实现梦想，亿万人民日夜耕耘，描绘出新时代最为壮阔的奋斗图景。

习近平总书记指出："这一切，凝结着无数人的辛勤付出和汗水。点点星火，汇聚成炬，这就是中国力量！"实现中国梦，必须走中国道路，弘扬中国精神，凝聚中国力量。无论是国家富强、民族复兴，还是人民幸福，每一项成就的取得，每一个梦想的实现，都离不开中国共产党的坚强领导，都有赖于中国特色社会主义的制度优势，也都凝结着无数人的努力奋斗。

中国体量巨大、人口众多、国情复杂，这样一个大国求发展、求富强，艰巨性和复杂性前所未有，必须有坚强有力的领导力量。我们的梦想之所以能步步推进、接连实现，关键在于党具有强大的领导力、执政力。中国共产党能够锚定奋斗目标、掌握历史主动，全面客观地分析研究形势，有预见性地把握时代大势，充分发挥中国特色社会主义制度优势，推动党和国家事业在正确路线指引下有条不紊地开展，为每一位逐梦前行的中华儿女创造机遇、提供保障。与此同时，每一位追梦人把个人梦想融入国家发展、时代进步的大潮，踔厉奋发、笃行不怠，以脚踏实地、坚持不懈的奋斗共同创造属于这个时代的光荣与梦想。中国梦，是民族梦、国家梦，是每一个中国人的梦，亿万个体与国家民族的前途命运交织交融、交相辉映，通过不懈奋斗，造就了今日之中国。

点点星火，汇聚成炬，点亮中华民族的复兴希望，展现着一个政党的行动逻辑、一个民族的精神力量。习近平总书记指出："百年奋斗历史告诉我们，团结就是力量，奋斗开创未来；能团结奋斗的民族才有前途，能团结奋斗的政党才能立于不败之地。"新时代十年，我们完成脱贫攻坚、全面建成小康社会的历史任务，实现第一个百年奋斗目标，这是中国共产党和中国人民团结奋斗赢得的历史性胜利。历史和实践证明，始终发扬伟大团结精神，促进全体人民在思想上精神上紧密团结在一起，就能够同舟共济、众志成城，凝聚起共同奋斗的磅礴伟力。我们的团结，是基于共同理想信念的团结，全党全国各族人民在党的旗帜下团结成"一块坚硬的钢铁"，心往一处想、劲往一处使，靠团结奋斗开辟美好未来、创造历史伟业；是广泛的团结，不断巩固全国各族人民大团结，加强海内外中华儿女大团结，形成同心共圆中国梦的强大合力。

上下同欲者胜，同舟共济者兴。习近平总书记强调："中国这么大，不同人会有不同诉求，对同一件事也会有不同看法，这很正常，要通过沟通协商凝聚共识。"梦想的实现是各要素、多系统协同作用的结果，在各项战略部署、重要任务落实落地过程中，不同社会群体的利益诉求不同、看法意见各异。越是如此，越要最大限度集众智、求共识。我们坚持党的领导，发展全过程人民民主，在重大决策前和决策过程中进行充分协商，既畅所欲言、各抒己见，又找到全社会意愿和要求的最大公约数，把各方智慧和力量凝聚到发展上来，不断汇聚改革创新的强大合力。

新征程是充满光荣和梦想的远征。全面建设社会主义现代化国家，是一项伟大而艰巨的事业，前途光明，任重道远。千里之行，始于足下，系于你我。实现伟大梦想，汇聚微芒，造炬成阳。只要亿万人民拧成一股绳，用共同理想信念凝聚民族意志，用中国精神激发中国力量，为实现梦想不懈努力，就一定能照亮时代苍穹，创造中华民族新的辉煌。

（《人民日报》2023年02月03日　第9版）

12

信心百倍推进从站起来、富起来到强起来的伟大飞跃

蓝汉林

习近平总书记在党的二十大报告中指出："中国人民的前进动力更加强大、奋斗精神更加昂扬、必胜信念更加坚定，焕发出更为强烈的历史自觉和主动精神，中国共产党和中国人民正信心百倍推进中华民族从站起来、富起来到强起来的伟大飞跃。"在接续奋斗的基础上，新时代十年创造了彪炳中华民族发展史册、对世界具有深远影响的历史性胜利。今日中国，梦想接连实现、充满生机活力、赓续民族精神、紧密联系世界，铺展开一幅气象万千的时代画卷。我们要满怀希望、坚定信心，脚踏实地、埋头苦干，把宏伟目标变为美好现实。

坚实的物质基础，为我们继续前进提供强大动力和充足底气。我国连续多年稳居世界第二大经济体，是制造业第一大国、货物贸易第一大国、商品消费第二大国。我国经济总量占全球经济总量比重超过18%，近10年对世界经济增长的平均贡

献率超过30%。神舟十三号、十四号、十五号接力腾飞，中国空间站全面建成，首架C919大飞机正式交付……我国科技创新水平不断提升，进入创新型国家行列。拥有全球最完整、规模最大的工业体系，有强大生产能力、完善配套能力，有超大规模内需市场，有潜力巨大的投资需求……面向未来，我国发展依然具有多方面优势和条件，仍然处于重要战略机遇期。

制度优势是一个政党、一个国家的最大优势。更加完善的制度体系，为我们开辟发展新天地提供坚实保障。新时代，通过筑牢根本制度、完善基本制度、创新重要制度等一系列努力，我国制度大厦的四梁八柱更加稳固，各项体制机制有机衔接，中国特色社会主义制度更加成熟、更加定型。以高水平社会主义市场经济体制保障推动高质量发展，以科技创新体系保障实现高水平科技自立自强，用最严格制度、最严密法治保障打好污染防治攻坚战，以全面从严治党制度推进党的自我革命……我国国家制度和国家治理体系展现出强大治理效能。有这样一套系统完备、科学规范、运行有效的制度体系，我们必能推动经济社会持续健康发展，妥善应对前进道路上的风险挑战。

党和国家取得的重大成就，凝结着无数人的智慧和汗水，也映照出精神和信念的力量。新时代十年，稳经济、促发展、战贫困、建小康，控疫情、抗大灾，应变局、化危机，历经艰辛、攻克难关，每一项成就的取得都极其不易，都离不开奋斗精神和必胜信念的支撑。弘扬伟大建党精神，传承伟大民族精神，我们党团结带领全国各族人民以新的伟大奋斗铸就了脱贫攻坚精神、抗疫精神、探月精神、新时代北斗精神等一个又一个精神丰碑，焕发出前所未有的历史自觉和主动精神。奋斗精神更加昂扬、必胜信念更加坚定的中国人民，必能在中国共产党的领导下团结成"一块坚硬的钢铁"，以万众一心、共克时艰的磅礴之力推动中国特色社会主义巍巍巨轮乘风破浪、行稳致远。

一分部署，九分落实。实现党的二十大擘画的美好蓝图，既要有充足的动力、信心、底气，也要有积跬步致千里的韧劲、滴水穿石的毅力、攻坚克难的决心，更要有脚踏实地、埋头苦干的行动。要矢志艰苦奋斗，拿出勇气、拿出担当、拿出干劲，把党中央的决策部署转化为本地区本部门本单位的工作任务，抓问题、抓落实，补短板、强弱项，防风险、迎挑战，向最难处攻坚、向最关键处挺进，把党的二十大精神落实到经济社会发展各方面，推进中华民族从站起来、富起来到强起来的伟大飞跃，让明天的中国更美好。

（《人民日报》2023年02月07日　第9版）

13

坚持大抓基层的鲜明导向

何成学

习近平总书记在党的二十大报告中指出："坚持大抓基层的鲜明导向，抓党建促乡村振兴，加强城市社区党建工作，推进以党建引领基层治理，持续整顿软弱涣散基层党组织，把基层党组织建设成为有效实现党的领导的坚强战斗堡垒。"习近平总书记的重要论述为新征程上加强基层党组织建设提供了根本遵循。

习近平总书记指出："基层是党的执政之基、力量之源。"党的基层组织是党的全部工作和战斗力的基础。基础不牢、地动山摇。重视基层、关心基层、支持基层，建强基层党组织，是我们党在长期实践中积累的重要经验。迈上全面建设社会主义现代化国家新征程，面对艰巨繁重的改革发展稳定任务，党中央的决策部署需要基层落实，广大人民群众的急难愁盼问题需要基层解决，向第二个百年奋斗目标进军更是离不开基层广大党员干部团结奋斗。这就要求我们坚持大抓基层的鲜明导向，把目光投向基层，进一步提高基层党组织的创造力、凝聚力、战斗力，把基层党组织建设成为坚强战斗堡垒。只有大抓基层，把思想政治工作落实到基层，把从严教育管理党员落实到基层，把群众工作落实到基层，才能为巩固党的执政地位、推动党和国家各项事业发展提供坚实支撑。

严密的组织体系是党的优势所在、力量所在。党的基层组织是党的肌体的"神经末梢"，是贯彻落实党中央决策部署的"最后一公里"。习近平总书记强调："要加强党的基层组织建设，把资源、服务、管理下沉基层、做实基层，把每个基层党组织建设成为坚强战斗堡垒。"大抓基层就要加强基层党组织的体制机制、干部队伍、服务能力等方面建设，使党的大政方针和决策部署及时地、不折不扣地贯彻落实到基层，确保党的领导"如身使臂，如臂使指"。要着力建设政治功能强、支部班子强、党员队伍强、作用发挥强的党支部，在严密组织体系、严肃党的组织生活、严格党员教育管理、严明党建责任上持续用力，推动基层党组织全面进步。

组织是"形"，思想是"魂"。加强党的基层组织建设既要"造形"，更要"铸魂"。要全面加强党的思想建设，坚持用习近平新时代中国特色社会主义思想统一思想、统一意志、统一行动。党的十八大以来，党中央先后部署开展了党的群众路线教育实践活动、"三严三实"专题教育、"两学一做"学习教育、"不忘初心、牢记使命"主题教育、党史学习教育等党内集中学习教育，广大基层党员干部在学习教育中接受全面深刻的政治教育、思想淬炼、精神洗礼。党的二十大报告提出，坚持不懈用习近平新时代中国特色社会主义思想凝心铸魂的重要任务。要引导广大基层党员干部读原著、学原文、悟原理、知原义，深刻领悟"两个确立"的决定性意义，增强"四个意识"、坚定"四个自信"、做到"两个维护"，在实际工作中把党中央的决策部署落到实处。

基层工作干得好不好，最终要由人民群众来评判。抓基层、强党建，目的是让基层党员干部把实现好、维护好、发展好最广大人民根本利益作为一切工作的出发点和落脚点，用实际行动服务群众，不断巩固党的执政根基。要聚焦人民群众关心的问题，聚焦基层治理的堵点、痛点、难点，从小切口入手，办好办实群众的身边事。在基层工作中，要紧紧围绕人民群众对幸福美好生活的追求，更加注重问题导向，切实增强党组织和党员干部为民服务能力，把好事实事做到群众心坎上。

（《人民日报》2023年02月08日 第9版）

14

让农民就地过上现代文明生活

庄天慧

  党的二十大报告提出到2035年我国发展的总体目标，其中包括"农村基本具备现代生活条件"。习近平总书记强调："要瞄准'农村基本具备现代生活条件'的目标，组织实施好乡村建设行动，特别是要加快防疫、养老、教育、医疗等方面的公共服务设施建设，提高乡村基础设施完备度、公共服务便利度、人居环境舒适度，让农民就地过上现代文明生活。"强国必先强农，农强方能国强。中国式现代化离不开农业农村现代化，农民就地过上现代文明生活是实现农村现代化的重要体现。

  目前，我国仍有大量人口长期生活在农村，他们是乡村振兴的主力军，其生活水平、生活品质的提高，对于激发乡村活力、缩小城乡差距具有十分重要的意义。让农民就地过上现代文明生活，一方面意味着农民不断实现物质富足、精神富有，展现现代精神风貌，增强现代发展能力；另一方面意味着这种现代化就在农村实现，就在农民自己家实现。

党的十八大以来，以习近平同志为核心的党中央坚持把解决好"三农"问题作为全党工作的重中之重，打赢人类历史上规模最大的脱贫攻坚战，历史性地解决了绝对贫困问题，实施乡村振兴战略，推动农业农村取得历史性成就、发生历史性变革。新时代十年，各地区各部门加快补齐农村基础设施、公共服务短板，乡村面貌焕然一新。比如，我国农村人居环境整治三年行动圆满收官，整治提升五年行动顺利开展，95%以上的村庄开展了清洁行动，农村从普遍脏乱差转变为基本干净整洁有序，农村居民观念也发生可喜变化，生活质量和文明程度普遍提高。

然而也要清醒认识到，当前我国农村基础设施水平还不够高，公共服务水平还有待提高，人居环境还存在短板。比如，目前农村自来水普及率为87%，生活污水治理率为28%，互联网普及率为58.8%，都还有较大提升空间。在脱贫攻坚完成、温饱问题解决后，农民对生活品质品位有了更高追求，衣食住行不断升级，这对农村基础设施、公共服务和人居环境建设等都提出了新的更高要求。

党的二十大报告提出，"加快建设农业强国""统筹乡村基础设施和公共服务布局"。"十四五"规划和2035年远景目标纲要提出，"健全城乡基础设施统一规划、统一建设、统一管护机制""推进城乡基本公共服务标准统一、制度并轨，增加农村教育、医疗、养老、文化等服务供给"。中办、国办印发的

《农村人居环境整治提升五年行动方案（2021—2025年）》，为改善农村人居环境、加快建设生态宜居美丽乡村设定了"任务书""路线图""时间表"。只要深入贯彻落实党中央决策部署，产业兴旺、生态宜居、乡风文明、治理有效、生活富裕的现代化农村一定能够建成。

让农民就地过上现代文明生活，必须充分尊重农民主体地位。在实际工作中应当注意，既要让农民共享现代文明成果，又要让其生活与农村自然环境、生产环境相适应。可以根据不同村庄的发展现状、区位条件、资源禀赋，坚持分类推进，不搞一刀切。比如，对于城郊融合类村庄，加快城乡产业融合发展、基础设施互联互通、公共服务共建共享，在形态上保留乡村风貌，在治理上体现更高水平。对于特色保护类村庄，统筹保护、利用与发展的关系，尊重原住居民生活形态和传统习惯，努力保持村庄的完整性、真实性、延续性，加快改善村庄基础设施和公共环境，形成特色资源保护与村庄发展良性互促。

（《人民日报》2023年02月09日　第9版）

15

坚持小道理服从大道理

张造群

习近平总书记在2022年底举行的二十届中央政治局民主生活会上强调，"要牢固树立全国一盘棋思想，自觉在大局下行动，坚持小道理服从大道理、地方利益服从国家整体利益"。坚持小道理服从大道理，就要正确看待和处理局部与全局的关系。中国这么大，不同地方、部门、单位和个人会有不同诉求，对同一件事也会有不同看法，这很正常，要通过沟通协商凝聚共识，坚持小道理服从大道理。只要14亿多中国人心往一处想、劲往一处使，同舟共济、众志成城，就没有干不成的事、迈不过的坎。

毛泽东同志强调："共产党员必须懂得以局部需要服从全局需要这一个道理。"全局与局部并不是对立关系，而是相互依存、相互作用的辩证统一关系。一方面，全局是由局部构成的，每一个局部都在全局中有一定的功能和作用。搞活局部，使局部的功能和作用充分释放出来，形成整体效应，才能搞好全局工作。另一方面，我们更要认识到，全局高于局部、统帅局部、决定局部，局部必须服从全局，坚持小道理服从大道理、地方利益服从国家整体利益。

习近平总书记强调："要牢固树立全国一盘棋思想，谋划和推动本地区本部门工作要以贯彻党中央决策部署为前提，创造性开展工作，做到既为一域增光、又为全局添彩。"党的十八大以来，党中央权威和集中统一领导得到有力保证，党总揽全局、协调各方的领导核心作用得到进一步发挥，全党思想上更加统一、政治上更加团结、行动上更加一致，党的政治领导力、思想引领力、群众组织力、社会号召力显著增强，实现党的战略目标和使命任务有了更为坚实的保障。党的十九届四中全会从13个方面系统总结了我国国家制度和国家治理体系的显著优势，其中一个重要方面就是"坚持全国一盘棋，调动各方面积极性，集中力量办大事的显著优势"。正是因为广大党员干部始终坚持党中央权威和集中统一领导，牢固树立全国一盘棋思想，自觉在大局下行动，全党团结成"一块坚硬的钢铁"，新时代十年我们采取一系列战略性举措，推进一系列变革性实践，实现一系列突破性进展，取得一系列标志性成果，党和国家事业取得历史性成就、发生历史性变革。

坚持小道理服从大道理，就要学会从全局和战略的高度想问题、作决策、办事情，坚持算大账、算长远账，不打小算盘、不搞小聪明，自觉防止和反对个人主义、分散主义、自由主义、本位主义。要不断提高政治判断力、政治领悟力、政治执行力，对"国之大者"心中有数，把整体利益牢记心头、落到实处，决不允许搞"上有政策、下有对策""有令不行、有禁不止"，决不允许在贯彻执行党中央决策部署上打折扣、做选择、搞变通。坚持和运用系统观念观察形势、分析问题、推动工作，牢固树立全国一盘棋思想，谋划和推动本地区本部门工作要以贯彻党中央决策部署为前提，创造性开展工作，把党的二十大作出的决策部署落到实处。

（《人民日报》2023年02月14日 第9版）

16

坚持理论来自人民、为了人民、造福人民

包俊洪

人民性是马克思主义的本质属性，党的理论是来自人民、为了人民、造福人民的理论。党的二十大报告提出："我们要站稳人民立场、把握人民愿望、尊重人民创造、集中人民智慧，形成为人民所喜爱、所认同、所拥有的理论，使之成为指导人民认识世界和改造世界的强大思想武器。"

坚持理论来自人民，是因为人民的创造性实践是理论创新的不竭源泉。习近平总书记指出："实践的观点、生活的观点是马克思主义认识论的基本观点，实践性是马克思主义理论区别于其他理论的显著特征。"中国共产党自成立以来，始终坚持以马克思主义为指导，深深扎根人民群众创造性实践，不断推进理论创新，为党和人民事业发展提供与时俱进的科学理论指导。党的十八大以来，习近平总书记足迹遍及大江南北，从黄土地到黑土地，从吕梁山区到罗霄山脉，从零下十几摄氏度到海拔4000米……习近平总书记强调："好的方针政策和发展

规划都应该顺应人民意愿、符合人民所思所盼，从群众中来、到群众中去。"习近平新时代中国特色社会主义思想是深深植根人民群众、积极吸收人民群众智慧的科学理论。新征程上，我们要继续把握客观情况变化，及时概括提炼人民群众的新鲜经验，向人民学习、拜人民为师，继续推进实践基础上的理论创新。

坚持理论为了人民，是因为一切不为人民造福的理论都是没有生命力的。为什么人的问题，是一个根本的问题、原则的问题，是检验一个政党、一个政权性质的试金石。在马克思主义诞生之前，社会上占统治地位的理论都是为统治阶级服务的。马克思主义唯物史观深入把握社会历史发展的客观规律，提出人民群众是历史的创造者、是推动社会变革的决定力量，第一次站在人民立场上探求人类自由解放的道路。人民立场是中国共产党的根本政治立场，为人民利益而奋斗是中国共产党始终不变的价值追求。习近平总书记提出"坚持以人民为中心""人民至上""江山就是人民，人民就是江山"等一系列重大思想观点，彰显马克思主义坚定的人民立场。坚持以人民为中心的发展思想，科学回答了新时代中国特色社会主义的发展目的、发展动力、发展方向、发展方式等重大问题，为新时代坚持和发展中国特色社会主义指明了方向。

坚持理论造福人民，是因为理论创新的目的是要切实为群众谋利益、办实事、解难题。习近平总书记指出："我们的目标很宏伟，但也很朴素，归根结底就是让全体中国人都过上更好的日子"。一切脱离人民的理论都是苍白无力的，一切不为人民造福的理论都是没有生命力的。我们党坚持从人民群众的立场出发，既立足客观历史条件，又深入把握人民群众的现实需求，提出切实可行的目标，并带领人民为之奋斗。党的十八大以来，我们党坚持以人民为中心的发展思想，坚持一切为了人民、一切依靠人民，推动改革发展成果更多更公平惠及全体人民。在幼有所育、学有所教、劳有所得、病有所医、老有所养、住有所居、弱有所扶上持续用力，人民生活全方位改善，人民群众获得感、幸福感、安全感更加充实、更有保障、更可持续，充分彰显了习近平新时代中国特色社会主义思想是造福人民的理论。新征程上，必须始终坚持尊重社会发展规律和尊重人民历史主体地位的一致性，为崇高理想奋斗和为最广大人民谋利益的一致性，完成党的各项工作和实现人民利益的一致性，把造福人民作为理论创新的价值旨归，不断把人民对美好生活的向往变为现实。

（《人民日报》2023年02月15日　第9版）

17

推进中国式现代化需要丰富人民精神世界

吴艳东

人无精神不立，国无精神不强。中华民族之所以能够在历史长河中顽强生存、不断发展，一个很重要的原因就在于具有一脉相承的精神追求、精神特质、精神脉络。党的二十大报告把"丰富人民精神世界"作为中国式现代化本质要求的重要内容。以中国式现代化全面推进中华民族伟大复兴，需要不断满足人民精神文化需求、丰富人民精神世界，以人民精神力量的不断增强汇聚实现中华民族伟大复兴的磅礴伟力。

人类社会与动物界的最大区别就是人是有精神需求的。人的精神生活的丰富充实、人的精神境界的不断提高，是人的全面发展的目标指向之一。习近平总书记指出："物质富足、精神富有是社会主义现代化的根本要求。物质贫困不是社会主义，精神贫乏也不是社会主义。"中国式现代化是物质文明和精神文明相协调的现代化。实现中华民族伟大复兴的中国梦，是物质文明和精神文明均衡发展、相互促进的过程。在推进社会主义现代化建设过程中，我们不仅要解放和发展生产力，不断创造和积累社会财富，而且要推动文化繁荣发展，铸就巍峨耸立的中华民族精神大厦。离开精神文明进步片面追求物质文明发展，不是真正的社会主义现代化，不符合社会全面进步的要求。同时还要认识到，共同富裕作为社会主义的本质要求和中国式现代化的重要特征，既包括物质生活共同富裕，也涵盖精神生活共同富裕，要求实现人民群众物质生活和精神生活都富裕。丰富人民精神世界，深刻体现社会主义的本质要求，充分彰显中国式现代化的中国特色。

新时代新征程，人民对美好生活的向往越发强烈，更加渴求高品质的文化生活，迫切需要个性化、时代化的文化供给。同时要看到，我们比以往任何时候都更接近实现中华民族伟大复兴的目标，也更加需要思想的引领、文化的滋养、精神的支撑。只有人民精神需求不断满足、精神力量不断增强、精神世界不断丰富，人民的主体性和创造性得到充分激发，以中国式现代化全面推进中华民族伟大复兴才有源源不断的精神力量，才能形成团结奋斗的强大凝聚力和向心力。丰富人民精神世界，既鲜明昭示了中国式现代化的目标指向，又揭示了中国式现代化接续推进的内在要求。

习近平总书记指出："满足人民过上美好生活的新期待，必须提供丰富的精神食粮，让人民享有更加充实、更为丰富、更高质量的精神文化生活。"丰富人民精神世界，最根本的是坚持以马克思主义为指导，坚持不懈用习近平新时代中国特色社会主义思想凝心铸魂，把握好这一重要思想的世界观和方法论，坚持好、运用好贯穿其中的立场观点方法，不断巩固团结奋斗的共同思想基础。大力弘扬和践行社会主义核心价值观，通过教育引导、舆论宣传、文化熏陶、实践养成、制度保障等，使社会主义核心价值观内化为人们的精神追求、外化为人们的自觉行动。坚持以人民为中心的创作导向，推出更多增强人民精神力量的优秀作品，不断满足人民群众多样化、多层次、多方面的精神文化需求，用优秀文化产品振奋人心、鼓舞士气。发展社会主义先进文化，弘扬革命文化，传承中华优秀传统文化，按照时代特点和要求，赋予中华优秀传统文化以新的时代内涵和表达形式，推动中华优秀传统文化创造性转化、创新性发展。深化文化体制改革，健全现代公共文化服务体系，创新实施文化惠民工程，切实保障人民基本文化权益，为奋进新时代提供坚强思想保证、强大精神动力和丰润道德滋养。

（《人民日报》2023年02月16日　第9版）

18

如何始终不忘初心、牢记使命
——深刻认识和着力破解大党必须解决的独有难题①

胡艳华

在二十届中央纪委二次全会上，习近平总书记用"六个如何始终"深入阐述"大党必须解决的独有难题"，告诫全党要时刻保持解决大党独有难题的清醒和坚定。其中，第一个就是"如何始终不忘初心、牢记使命"。从在庆祝中国共产党成立95周年大会上向全党郑重发出"不忘初心、继续前进"的伟大号召，到在党的十九大主题中强调"不忘初心、牢记使命"，从党的十九届四中全会提出"建立不忘初心、牢记使命的制度"，到党的二十大报告郑重提出"务必不忘初心、牢记使命"，以习近平同志为核心的党中央反复强调"不忘初心、牢记使命"，凸显了我们党对践行初心的笃定、对担当使命的自觉。

习近平总书记指出，"党的初心和使命是党的性质宗旨、理想信念、奋斗目标的集中体现"。中国共产党的百年奋斗史，就是一部践行初心使命的历史。革命时期的浴血奋战、百折不挠，社会主义革命和建设时期的自力更生、发愤图强，改革开放和社会主义现代化建设新时期的解放思想、锐意进取，中国特色社会主义新时代的自信自强、守正创新，都彰显着我们党为中国人民谋幸福、为中华民族谋复兴的初心和使命。当今世界正经历百年未有之大变局，我国正处于实现中华民族伟大复兴关键时期。我们既面临着战略机遇，也面临着更加错综复杂的风险挑战。如何始终不忘初心、牢记使命，是需要我们认真思考解答的重大课题。

政治上的坚定源于理论上的清醒。始终不忘初心、牢记使命，需要深入把握初心和使命的内蕴，夯实践行初心和使命的思想基础，这就必须坚持以党的创新理论滋养初心、引领使命。作为当代中国马克思主义、二十一世纪马克思主义，习近平新时代中国特色社会主义思想贯穿着对中国共产党人政治品格、价值追求、精神境界、作风操守的要求，具有强大真理力量和实践伟力，是我们认识世界和改造世界的强大思想武器。广大党员干部要把握好习近平新时代中国特色社会主义思想的世界观和方法论，坚持好、运用好贯穿其中的立场观点方法，坚持不懈用以凝心铸魂，坚持学以致用、学用相长，切实提高用党的创新理论观察新形势、研究新情况、解决新问题的能力水平，更好把科学理论转化为始终不忘初心、牢记使命的强大力量。

制度带有全局性、稳定性，能够管根本、管长远。始终不忘初心、牢记使命，必须坚持思想建党和制度治党相统一，用制度刚性保障全党不忘初心、牢记使命。党的十九届四中全会提出建立不忘初心、牢记使命的制度，要求"把不忘初心、牢记使命作为加强党的建设的永恒课题和全体党员、干部的终身课题，形成长效机制"。习近平总书记在党的二十大报告中强调，"健全全面从严治党体系""完善党的自我革命制度规范体系"。建立不忘初心、牢记使命的制度，完善党的自我革命制度规范体系，是战略之举，更是长远之计，旨在为持续推动全党不忘初心、牢记使命提供制度保障。

习近平总书记指出："我们的目标很宏伟，但也很朴素，归根结底就是让全体中国人都过上更好的日子。"不忘初心、牢记使命，关键看行动。广大党员干部要牢记党的根本宗旨，永远保持对人民的赤子之心，始终保持同人民群众的血肉联系。为此，要深入贯彻党的群众路线，把实现好、维护好、发展好最广大人民根本利益作为一切工作的出发点和落脚点，切实解决群众急难愁盼问题，努力让人民群众的获得感、幸福感、安全感更加充实、更有保障、更可持续，在团结带领人民群众创造更加美好生活中彰显中国共产党人的初心和使命。

（《人民日报》2023年02月21日　第9版）

19

如何始终统一思想、统一意志、统一行动
——深刻认识和着力破解大党必须解决的独有难题②

杨明伟

习近平总书记在二十届中央纪委二次全会上从六个方面列举和阐述了"我们这个大党必须解决的独有难题",其中一个方面是"如何始终统一思想、统一意志、统一行动"。作为世界上最大的马克思主义执政党,中国共产党拥有9600多万名党员和490多万个基层党组织。把这么多党员团结起来、凝聚起来,把这么大一个党治理好、建设好,难度可想而知。我们党把党的团结统一视为党的生命,确保全党步调一致向前进,进而团结带领全国各族人民为了共同目标而不懈奋斗,汇聚起万众一心、攻坚克难的强大力量。

保证党的团结统一,是我们党成为百年大党、创造世纪伟业的关键所在。中国共产党一路走来,始终高度重视党的团结统一问题。在革命、建设、改革各个历史时期,我们党始终坚持民主集中制,形成又有集中又有民主,又有纪律又有自由,

又有统一意志又有个人心情舒畅生动活泼的政治局面，使全党上下紧紧团结在一起。高度团结统一成为我们党的显著特点和优势，是我们党始终拥有旺盛生命力和强大战斗力的重要原因。历史和现实都证明，只要全党步调一致、团结统一，我们就能无坚不摧，战胜一切艰难险阻。反之，党和国家事业就会遭遇挫折。党的团结统一是党和人民前途和命运所系，是全国各族人民根本利益所在，任何时候任何情况下都不能含糊、不能动摇。

党的十八大以来，以习近平同志为核心的党中央高度重视增进党的团结统一。习近平总书记指出："治理好我们这个世界上最大的政党和人口最多的国家，必须坚持党的集中统一领导，维护党中央权威，确保党始终总揽全局、协调各方。"党的团结统一首先是政治上的团结统一，要保证全党服从中央，维护党中央权威和集中统一领导。以习近平同志为核心的党中央针对一段时间内存在的落实党的领导弱化、虚化、淡化、边缘化的问题，把加强和维护党中央集中统一领导作为全党共同的政治责任，不断完善党的领导制度体系，使全党思想上更加统一、政治上更加团结、行动上更加一致。

新征程是充满光荣和梦想的远征，只有加强团结统一，才能保证我们党成为"一块坚硬的钢铁"，在坚持和发展中国特色社会主义的历史进程中始终成为坚强领导核心。思想是行动的先导。毛泽东同志曾经指出："掌握思想教育，是团结全党进行伟大政治斗争的中心环节。"习近平总书记强调："加强思想教育和理论武装，是党内政治生活的首要任务，是保证全党步调一致的前提。"有思想上的高度统一，才有意志上的一致和行动上的协调。要教育引导党员干部深刻领悟"两个确立"的决定性意义，进一步学懂弄通做实习近平新时代中国特色社会主义思想，坚持全面系统学、及时跟进学、深入思考学、联系实际学，把握好这一重要思想的世界观和方法论，坚持好、运用好贯穿其中的立场观点方法，切实用以武装头脑、指导实践、推动工作。

党的团结统一，要靠党员干部的实际行动来维护。党员干部要坚定不移向党中央看齐，不断提高政治判断力、政治领悟力、政治执行力，不断增强"四个意识"、坚定"四个自信"、做到"两个维护"，做到党中央提倡的坚决响应、党中央决定的坚决照办、党中央禁止的坚决不做，自觉在思想上政治上行动上同以习近平同志为核心的党中央保持高度一致。认真贯彻执行民主集中制，严格遵守党的政治纪律和政治规矩，防止和反对个人主义、分散主义、自由主义、本位主义，保证全党上下拧成一股绳，心往一处想、劲往一处使。

（《人民日报》2023年02月22日 第9版）

20

如何始终具备强大的执政能力和领导水平
——深刻认识和着力破解大党必须解决的独有难题③

何海根

治国必先治党，党兴才能国强。全面建设社会主义现代化国家、全面推进中华民族伟大复兴，关键在党。习近平总书记指出："大就要有大的样子，同时大也有大的难处。"我们党作为世界上最大的马克思主义执政党，在14亿多人口的大国长期执政，如何始终具备强大的执政能力和领导水平，是必须解决的独有难题。

我们党肩负着崇高的历史使命，面对的改革发展稳定任务之重、矛盾风险挑战之多、治国理政考验之大都是世所罕见的。马克思主义政党夺取政权不容易，巩固政权更不容易。只有更加自觉地加强执政能力建设，不断提高领导水平，才能始终为人民执好政、掌好权。

一个政党的执政能力和领导水平不是与生俱来的，而是需要在执政的具体实践中不断总结经验教训，深刻认识和运用执政规律。在社会主义现代化建设中，我们党对执政党应该是一个什么样的党、执政党的党员应该怎样才合格、党怎样才是善于领导、怎样提高执政能力等问题进行了深入思考和实践探索。中国特色社会主义进入新时代，以习近平同志为核心的党中央深刻总结我们党的执政经验，从关系党和国家前途命运的高度对长期执政问题进行深入思考，科学回答"建设什么样的长期执政的马克思主义政党、怎样建设长期执政的马克思主义政党"这一重大时代课题。党的二十大提出必须时刻保持解决大党独有难题的清醒和坚定，要求全党同志务必不忘初心、牢记使命，务必谦虚谨慎、艰苦奋斗，务必敢于斗争、善于斗争。这彰显了我们党在如何始终具备强大的执政能力和领导水平这一问题上的清醒和自觉。

党和国家事业越发展，对党的执政能力和领导水平要求就越高。党的十八大以来，以习近平同志为核心的党中央高度重视执政能力建设，把全面从严治党纳入"四个全面"战略布局，充分发挥党总揽全局、协调各方的领导核心作用，不断增强党的政治领导力、思想引领力、群众组织力、社会号召力，不断提高党科学执政、民主执政、依法执政水平。经过革命性锻造，党的领导制度体系更加健全，坚决维护党中央集中统一领导的制度体系牢固确立。党的领导落实到管党治党、治国理政各领域各方面各环节，推动全党团结成"一块坚硬的钢铁"。锻造了一支政治过硬、适应新时代要求、具备领导现代化建设能力的高素质干部队伍。坚持大抓基层的鲜明导向，广大基层党组织的战斗堡垒作用充分彰显。

其作始也简，其将毕也必巨。习近平总书记告诫全党："世界上最可怕的敌人从来是自己。我们党取得了举世瞩目的成就，现在更需要'愈大愈惧，愈强愈恐'的态度"。要清醒看到，党的建设特别是党风廉政建设和反腐败斗争面临不少顽固性、多发性问题，"四大考验""四种危险"将长期存在，干部队伍中还存在能力不足、本领恐慌问题。我们党只有发扬自我革命精神，在自我净化、自我完善、自我革新、自我提高中提高执政能力和领导水平，才能把新时代坚持和发展中国特色社会主义这场伟大社会革命进行好。党员干部要自觉加强学习和实践，一刻不停地增强学习本领、政治领导本领、改革创新本领、科学发展本领、依法执政本领、群众工作本领、狠抓落实本领、驾驭风险本领，不断提高执政能力和领导水平，走好新的赶考之路。

（《人民日报》2023年02月23日　第9版）

21

如何始终保持干事创业精神状态

——深刻认识和着力破解大党必须解决的独有难题④

黄　俭

　　我们党已经走过百年辉煌历程，团结带领人民取得了举世瞩目的辉煌成就。如何始终保持干事创业精神状态，是我们党必须解决的独有难题。中国共产党从弱小到强大，中华民族从衰败凋零到欣欣向荣，都是党团结带领人民干出来的、奋斗出来的。只有始终保持干事创业精神状态，才能团结带领人民以中国式现代化全面推进中华民族伟大复兴。

　　能否始终保持干事创业精神状态，关系党和国家事业兴衰成败。中外历史上，执政者在承平日久后精神懈怠、不思进取，最终导致人亡政息的例子不胜枚举，留下极为深刻的教训。一个政党，在功成名就时不骄傲、不自满、不懈怠，始终保持干事创业精神状态不容易。一百多年来，我们党团结带领人民书写了中华民族几千年历史上最恢宏的史诗，但前进道路上还面临各种困难和挑战。一切贪图安逸、不愿继续艰苦奋斗的想法都是要不得的，一切骄傲自满、不愿继续开拓前进的想法都是要不得的。始终保持干事创业精神状态，我们党才能永葆先进性和纯洁性，永葆旺盛生命力和强大战斗力，顺利推进中国式现代化这项伟大而艰巨的事业。

在始终保持干事创业精神状态问题上，我们党一直有着清醒认识和强烈忧患意识。在中国革命即将取得全国胜利之际，毛泽东同志提出："务必使同志们继续地保持谦虚、谨慎、不骄、不躁的作风，务必使同志们继续地保持艰苦奋斗的作风"。新时代，习近平总书记强调，"千万不能在一片喝彩声中迷失自我""始终保持革命者的大无畏奋斗精神，鼓起迈进新征程、奋进新时代的精气神""全力战胜前进道路上各种困难和挑战，依靠顽强斗争打开事业发展新天地"。党的十八大以来，我们党采取一系列举措提升党员干部干事创业精神状态：坚持党内集中教育和经常性教育相结合，激发党员干部干事创业内在动力；力戒形式主义、官僚主义，推动形成真抓实干工作作风；出台《关于进一步激励广大干部新时代新担当新作为的意见》《推进领导干部能上能下规定》等制度，用制度保障干事创业……广大党员干部干事创业的积极性、主动性、创造性大大提升。

党员干部干事创业的精神状态，是事业心、责任心、进取心和工作作风等的集中体现，直接影响党和国家各项事业发展，关乎党擘画的宏伟蓝图能否变为现实。新时代新征程的艰巨任务和宏伟目标，对党员干部的精神状态提出了更高要求。党员干部要始终保持干事创业精神状态，艰苦奋斗、奋发有为，敢于斗争、善于斗争，以事不避难、义不逃责的勇气担当，在经济社会发展主战场、基层第一线、服务群众最前沿勇挑重担、争创佳绩。

始终保持干事创业精神状态，首先要解决好想干的问题。党员干部要坚持不懈用习近平新时代中国特色社会主义思想凝心铸魂，在学习党的创新理论中提升党性修养，自觉做共产主义远大理想和中国特色社会主义共同理想的坚定信仰者和忠实实践者，不忘初心、牢记使命，更好肩负起自身的职责使命。其次要解决好能干的问题。在实现第二个百年奋斗目标进程中，不可避免会遇到许多新情况、新问题。没有相应的能力素质，在具有许多新的历史特点的伟大斗争面前就会乱了阵脚。党员干部要勤学苦练、增强本领，向书本学习、向实践学习、向群众学习，做到干什么学什么、缺什么补什么，弥补知识弱项、能力短板、经验盲区，以过硬本领展现担当作为。最后还要解决好敢干的问题。坚持严管和厚爱结合，激励和约束并重，完善落实容错纠错机制，保护党员干部干事创业的积极性。要为敢于善于斗争、敢于担当作为、敢抓善管不怕得罪人的干部撑腰鼓劲，看准的就要大胆使用。

（《人民日报》2023年02月28日　第9版）

22

如何始终能够及时发现和解决自身存在的问题

——深刻认识和着力破解大党必须解决的独有难题⑤

许宝健

习近平总书记在二十届中央纪委二次全会上的重要讲话中，将"如何始终能够及时发现和解决自身存在的问题"作为我们这个大党必须解决的独有难题之一，充分体现了我们党对所处历史方位、肩负使命任务、面对复杂环境的清醒认识。

问题无处不在、无时不有。人类认识世界、改造世界的过程，就是一个不断发现问题、解决问题的过程。我们党是一个拥有9600多万名党员、领导着14亿多人口大国、具有重大全球影响力的世界第一大执政党，肩负着崇高的历史使命。大党大国，既是我们办大事、建伟业的优势，也使我们治党治国面对很多独有难题。我们党之所以伟大，不在于不犯错误，而在于从不讳疾忌医，积极开展批评和自我批评，敢于直面问题，勇于自我革命。一百多年来，我们党坚持真理、修正错误，在危难之际重新奋起、在失误之后拨乱反正，能够经千难而百折不挠、历万险而矢志不渝，成为打不倒、压不垮的马克思主义政党，一个重要原因在于始终能够及时发现和解决自身存在的问题，顺乎潮流、顺应民心，总结经验、吸取教训，始终把握历史主动、走在时代前列。

党的十八大以来，以习近平同志为核心的党中央直面"四大考验""四种危险"，聚焦我们党面临的严峻挑战和存在的突出问题，把全面从严治党纳入"四个全面"战略布局，刀刃向内、刮骨疗毒，猛药祛疴、重典治乱，刹住了一些长期没有刹住的歪风，纠治了一些多年未除的顽瘴痼疾，管党治党宽松软状况得到根本扭转，风清气正的党内政治生态不断形成和发展。

我们这么大一个党，在一个有着14亿多人口的大国长期执政，为什么能做到及时发现和解决自身存在的问题？因为我们党没有任何自己特殊的利益，始终代表中国最广大人民的根本利益，能够做到为人民的利益坚持好的、改正错的；因为我们党始终坚持实事求是，既从客观存在着的实际出发，又从人民群众的需要出发，从而能更好地发现和解决问题。我们党还始终坚持居安思危，增强忧患意识。习近平总书记指出："越是前景光明，越是要增强忧患意识，做到居安思危，全面认识和有力应对一些重大风险挑战。"这就提醒我们要时刻保持如履薄冰的谨慎、见叶知秋的敏锐，以"时时放心不下"的责任感，及早发现问题苗头，防止小问题变成大问题。

解决问题，首先要把问题研究清楚、分析透彻。伴随世情国情党情的深刻变化，影响全面从严治党的因素更加复杂，我们党面临的问题挑战更趋多元。有效应对和化解这些问题和挑战，必须坚持系统观念，用普遍联系的、全面系统的、发展变化的观点观察事物，善于通过历史看现实、透过现象看本质，把握好全局和局部、当前和长远、宏观和微观、主要矛盾和次要矛盾、特殊和一般的关系，不断增强全面从严治党的系统性、预见性、创造性、实效性，为最终解决问题奠定坚实基础。

实践发展永无止境，旧的问题解决了，新的问题又会产生。新征程上，我国改革发展稳定面临不少躲不开、绕不过的深层次矛盾，党的建设特别是党风廉政建设和反腐败斗争面临不少顽固性、多发性问题，党面临的"四大考验""四种危险"将长期存在。我们要在党的历史映照中发现问题，在管党治党实践中发现问题，在总结经验教训中发现问题，在群众切身感受中发现问题，及时把握工作中存在的不足，时刻掌握解决问题的主动。坚持以自我革命解决自身存在的问题，始终保持赶考的清醒和谨慎，驰而不息推进全面从严治党，就一定能够确保党不变质、不变色、不变味，始终成为中国特色社会主义事业的坚强领导核心。

《人民日报》2023年03月01日　第8版

23

如何始终保持风清气正的政治生态
——深刻认识和着力破解大党必须解决的独有难题⑥

王纪刚

政治生态好，人心就顺、正气就足；政治生态不好，就会人心涣散、弊病丛生。习近平总书记在二十届中央纪委二次全会上将"如何始终保持风清气正的政治生态"列为我们这个大党必须解决的独有难题之一。

习近平总书记指出："严肃认真的党内政治生活、健康洁净的党内政治生态，是党的优良作风的生成土壤，是党的旺盛生机的动力源泉，是保持党的先进性纯洁性、提高党的创造力凝聚力战斗力的重要条件，是党团结带领全国各族人民完成历史使命的有力保障，是我们党区别于其他非马克思主义政党的鲜明标志。"回望百年奋斗历程，我们党始终高度重视政治生态建设。从古田会议纠正和肃清各种非无产阶级思想，到延安整风推动党的团结统一，再到"不忘初心、牢记使命"主题教育等，我们党坚持激浊扬清、正本清源，在自我革命中推动党内政治生态持续向上向好。

党的十八大以来，以习近平同志为核心的党中央坚持不懈把全面从严治党向纵深推进，坚持自我革命永远在路上，一以贯之推进党的建设新的伟大工程。严明党的政治纪律和政治规矩，以刀刃向内的政治勇气，集中整饬党风，严厉惩治腐败，全面净化党内政治生态。中央八项规定促进党风政风焕然一新。截至2022年10月，全国纪检监察机关共查处违反中央八项规定精神问题76.9万起，批评教育帮助和处理109.7万人，其中给予党纪政务处分69万人。管党治党宽松软状况得到根本扭转，党的自我净化、自我完善、自我革新、自我提高能力显著增强。

政治生态明显好转不容易，始终保持风清气正的政治生态更为不易。确保党永远不变质、不变色、不变味，要坚持以党的政治建设为统领。把党的政治建设摆在首位，把维护党中央权威和集中统一领导作为最高政治原则和根本政治规矩来执行，把党的领导落实到管党治党、治国理政各领域各方面各环节，严明政治纪律和政治规矩，强化政治监督、深化政治巡视，坚决防止和治理"七个有之"问题，坚决清除对党中央阳奉阴违的两面人、两面派，不断净化党内政治生态。

习近平总书记强调："营造良好政治生态是一项长期任务，必须作为党的政治建设的基础性、经常性工作，浚其源、涵其林、养正气、固根本，锲而不舍、久久为功。"广大党员干部必须旗帜鲜明讲政治，深刻领悟"两个确立"的决定性意义，增强"四个意识"、坚定"四个自信"、做到"两个维护",始终在政治立场、政治方向、政治原则、政治道路上同以习近平同志为核心的党中央保持高度一致。坚定不移用习近平新时代中国特色社会主义思想凝心铸魂,不断提升党性修养,践行社会主义核心价值观,永葆共产党人清正廉洁政治本色。

营造良好从政环境,要从各级领导干部首先是高级干部做起。领导干部要坚守正道、弘扬正气,坚持以信念、人格、实干立身。襟怀坦白、光明磊落,坚定理想信念,加强道德养成,对上对下讲真话、实话。坚持原则、恪守规矩,把纪律挺在前面,严格遵守党纪国法。严肃纲纪、嫉恶如仇,坚持原则,抵制歪风邪气,对一切不正之风敢于亮剑。艰苦奋斗、清正廉洁,正确行使权力,在各种诱惑面前经得起考验,推动形成清清爽爽的同志关系、规规矩矩的上下级关系、亲清统一的新型政商关系。

(《人民日报》2023年03月02日　第9版)

24

自身硬首先要自身廉

喻立平

办好中国的事情，关键在党，关键在坚持党要管党、全面从严治党。我们党是世界上最大的马克思主义执政党，要巩固长期执政地位、始终赢得人民衷心拥护，必须加强党的自身建设，确保党的先进性和纯洁性。对于党员干部来说，就要明大德、守公德、严私德，清清白白做人、干干净净做事，做到克己奉公、以俭修身，永葆清正廉洁的政治本色。

2022年12月，习近平总书记主持中共中央政治局民主生活会并发表重要讲话强调："领导干部自身硬首先要自身廉。"廉者，政之本也。我们党始终代表中国最广大人民的根本利益，从来不代表任何利益集团、任何权势团体、任何特权阶层的利益，清正廉洁是我们党的政治本色。党章明确规定："中国共产党党员永远是劳动人民的普通一员。除了法律和政策规定范围内的个人利益和工作职权以外，所有共产党员都不得谋求任何私利和特权。"

自身廉是自身硬的前提。自身廉越纯粹，自身硬就越坚定。领导干部自身廉，才有一身正气，才有强大底气。有正气、有底气，才能赢得人民拥护，带领人民团结奋斗；才能站稳立场，放开手脚做事，沿着正确方向推进各项工作；才能敢于斗争、善于斗争，不断打开事业发展新天地。

清正廉洁是中国共产党人的优秀品格。从在狱中写下《清贫》流芳后世的方志敏到"两袖清风来去"的焦裕禄，从"不带私心搞革命，一心一意为人民"的谷文昌到"深藏功与名、不改真本色"的张富清……他们都是共产党员自身廉、自身硬的榜样，体现了对党忠诚、不负人民、勇担使命、清正廉洁的崇高风范。清正廉洁的优良作风让我们党始终得到人民群众的衷心拥护和支持，形成强大凝聚力和战斗力，不断从胜利走向胜利。

习近平总书记指出："廉，重在自觉，贵在持久，难在彻底。"自身廉重在自觉。保持廉洁自律，最大的诱惑是贪欲，最大的敌人是自己。要构筑拒腐防变思想堤坝，用理想信念强基固本，用党的创新理论武装头脑，用优秀传统文化正心明德，补足精神之"钙"，铸牢思想之"魂"，把好世界观、人生观、价值观的总开关。自身廉贵在持久。全面从严治党永远在路上，党的自我革命永远在路上。自身廉时刻不能放松，要把"廉"内化于心、外化于行，使之成为内心追求、日常习惯。始终心存敬畏、手握戒尺，牢记我是谁、为了谁、依靠谁，不断增强政治定力、纪律定力、道德定力、抵腐定力。自身廉难在彻底。要坚持把清正廉洁作为共产党人的精神追求，立身不忘做人之本，为政不移公仆之心，用权不谋一己之私。从点滴做起，节俭内敛、防腐戒奢，勿以善小而不为，勿以恶小而为之，从小事小节中加强修养、完善自己，永葆共产党人的清廉作风。

党员领导干部是党和人民事业的组织者、推动者和落实者，是"关键少数"，其一言一行都会对身边人产生潜移默化的影响。要抓住"关键少数"以上率下，充分发挥头雁效应。领导干部既要强化自我约束、自我锤炼，又要以上率下、做好示范。带头廉洁自律，带头落实好管党治党的政治责任，抓好党风廉政建设，坚决同各种不正之风和腐败现象作斗争，推动形成清清爽爽的同志关系、规规矩矩的上下级关系、亲清统一的新型政商关系，当良好政治生态和社会风气的引领者、营造者、维护者。时刻坚持自重自省自警自励，做到慎独慎初慎微慎友，始终保持为民务实清廉的政治本色。

（《人民日报》2023年03月03日　第9版）

25

依靠自己力量端牢饭碗

杨 果

一年之计在于春。立春过后,从东北平原到江淮大地,从塞上江南到天府粮仓,亿万农民正在辛勤劳作。春耕备耕是确保全年粮食和重要农产品稳产保供的关键。粮食安全是"国之大者"。党的二十大报告提出,"全方位夯实粮食安全根基""确保中国人的饭碗牢牢端在自己手中"。

习近平总书记在中央农村工作会议上强调,"要依靠自己力量端牢饭碗""保障粮食和重要农产品稳定安全供给始终是建设农业强国的头等大事"。手中有粮、心中不慌在任何时候都是真理。我国作为一个有着14亿多人口的大国,解决好吃饭问题始终是关系国计民生的一个重大问题。粮食安全是战略问题,中国人的饭碗要牢牢端在自己手中。粮食生产年年要抓紧,面积、产量不能掉下来,供给、市场不能出问题。这既是未雨绸缪、居安思危的战略考量,也是保障国家长治久安的深远谋划。

党的十八大以来，以习近平同志为核心的党中央高度重视粮食安全，始终把解决好吃饭问题作为治国理政的头等大事，提出确保谷物基本自给、口粮绝对安全的新粮食安全观，确立了以我为主、立足国内、确保产能、适度进口、科技支撑的国家粮食安全战略，落实"长牙齿"的耕地保护硬措施、推动高标准农田建设、推进种源核心技术攻关等重大举措，引领推动粮食安全理论创新、制度创新和实践创新，中国特色粮食安全之路越走越宽广。2022年，我国粮食总产量达到13730.6亿斤，粮食生产实现"十九连丰"。2021年人均粮食占有量达483公斤，高于国际粮食安全标准线，中国人的饭碗端得更牢了。

虽然我国粮食安全保障能力不断增强，但粮食安全这根弦容不得半点松懈。2023年中央一号文件强调："全力抓好粮食生产。"我国人多地少、耕地质量不高等问题仍较为突出，粮食安全的基础还不够稳固。百年变局和世纪疫情相互交织，全球粮食产业链供应链不确定风险增加，我国粮食产需在今后相当长的时期内仍将处于紧平衡态势。

农业基础地位任何时候都不能忽视和削弱，粮食安全要警钟长鸣，粮食生产要高度重视。依靠自己力量端牢饭碗，关键在耕地。要贯彻落实"农田就是农田，而且必须是良田"的要求，坚决守住18亿亩耕地红线，逐步把永久基本农田全部建成高标准农田，不断提高粮食单产与自然灾害应对能力。加强中低产田改造，综合利用盐碱地，实施国家黑土地保护工程，提升耕地地力等级，将"藏粮于地"硬措施落实到田间地头。种子是农业的"芯片"，只有实现种业安全，才能确保粮食安全。要大力实施种业振兴行动，培育推广一批高产优质、多抗广适的突破性新品种，把当家品种牢牢攥在自己手里。调动农民种粮积极性，健全种粮农民收益保障机制，健全主产区利益补偿机制，让农民种粮有钱挣、得实惠。保障粮食安全，要在增产和减损两端同时发力，持续深化食物节约各项行动。全面落实粮食安全党政同责，严格粮食安全责任制考核，确保粮食主产区、主销区、产销平衡区共同扛稳粮食安全责任，牢牢守住粮食安全底线，让我们自己手中的饭碗装得更满、端得更牢、成色更足。

（《人民日报》2023年03月10日　第14版）

26

靠实干开创更加美好的未来

罗贵权

　　春回大地，各地忙碌着春耕备耕；一批批重点项目开工建设，时不我待；民生工程加速建设，施工现场一派繁忙……靠拼而不靠等、靠干而不靠喊，这是中国人民质朴的实干哲学。习近平总书记在2023年春节团拜会上的重要讲话中指出："我们靠实干创造了辉煌的过去，还要靠实干开创更加美好的未来。"回首过去，只有干出来的精彩，没有等出来的辉煌。展望未来，实现全面建成社会主义现代化强国的宏伟目标，依然要靠苦干实干。

　　辩证唯物主义认为，全部社会生活在本质上是实践的；哲学家们只是用不同的方式解释世界，问题在于改变世界。马克思主义在人民求解放的实践中创立，在人民求解放的实践中不断得到丰富和发展，不仅致力于科学解释世界，而且致力于积极改变世界，为人们认识世界、改造世界提供强大思想武器。

　　实干精神是马克思主义政党先进性的重要体现。回望我们党革命、建设、改革历程，一代代中国共产党人坚定践行马克思主义实践观，大力发扬实干精神，带领中国人民在中华大地上创造了震古烁今的奇迹。毛泽东同志倡导："唤起工农千百万，同心干。"邓小平同志指出："世界上的事情都是干出来的，不干，半点马克思主义都没有。"习近平总书记强调，"空谈误国，实干兴邦""大道至简，实干为要""伟大事业始于梦想、成于实干"。在中国共产党的带领下，中国人民团结一心、自强不息，为实现伟大梦想而吃苦耐劳、苦干实干。"铁人"王进喜、"金牌工人"窦铁成、"当代愚公"黄大发……一个个埋头苦干、忘我奉献的共产党员和劳动者，一砖一瓦建设起中国特色社会主义的雄伟大厦，一步一步推动中华民族伟大复兴事业向前发展。

实干是成就事业的必由之路。习近平总书记指出："只有真抓才能攻坚克难，只有实干才能梦想成真。"党和国家各项事业蓬勃发展、人民群众民生福祉不断提高，都要靠发扬实干精神。新时代，我们完成脱贫攻坚、全面建成小康社会的历史任务，我国人均国内生产总值从2012年的6300美元提升至2022年的1.27万美元，人民生活水平迈上一个新的大台阶，我国国际影响力、感召力、塑造力显著提升。这些伟大成就是党和人民一道拼出来、干出来、奋斗出来的。踏上全面建设社会主义现代化国家新征程，我们依然要靠实干开创更加美好的未来。要自觉用习近平新时代中国特色社会主义思想武装头脑、指导实践、推动工作，在深学、细悟、笃行上下功夫，以奋发有为的精神状态贯彻落实好党的二十大各项决策部署，扎扎实实把美好蓝图变为现实。

要实干就要脚踏实地，不能陷于空想。谋划事业、设计目标要尊重实际、遵循规律，不能指望天上掉馅饼，也不能想着一口吃成个胖子，而要一步一个脚印，稳步前行。要实干就要有真才实学，不能志大才疏。要笃实好学，增长真本领，不做表面文章，不要花拳绣腿，在实践中积累才干，切忌夸夸其谈、纸上谈兵。要实干就要埋头苦干，不能好高骛远。要矢志艰苦奋斗，拿出勇气和干劲，只争朝夕，向最难处攻坚、向最关键处挺进，踏踏实实干好本职工作，不辜负党和人民期望和重托。

（《人民日报》2023年03月13日　第14版）

27

增强推动高质量发展本领

黄　锟

习近平总书记在参加十四届全国人大一次会议江苏代表团审议时强调"高质量发展是全面建设社会主义现代化国家的首要任务"，提出"四个必须"明确要求。党员干部要坚持不懈用习近平新时代中国特色社会主义思想凝心铸魂，坚定推动高质量发展的信心决心，努力增强推动高质量发展本领。

增强推动高质量发展本领，要完整、准确、全面贯彻新发展理念。新发展理念和高质量发展是内在统一的，高质量发展就是体现新发展理念的发展。牢固树立创新、协调、绿色、开放、共享的新发展理念，才能在推动高质量发展上出实招、见实效。新发展理念回答了关于发展的目的、动力、方式、路径等一系列理论和实践问题，是具有内在联系的集合体。要以全局思维、系统思维、整体思维来理解新发展理念，始终以创新、协调、绿色、开放、共享的内在统一来把握发展、衡量发展、推动发展。坚持质量第一、效益优先，以高质量为追求，结合本地区发展实际，制定符合经济社会发展规律、符合地方发展特点、符合人民群众期盼的高质量发展目标、任务和举措，加快形成可持续的高质量发展体制机制，将推动高质量发展落实落细。

增强推动高质量发展本领，要坚持问题导向。以解决问题为工作导向，把化解矛盾、破解难题作为带动全局工作的突破口，是马克思主义的科学方法论。推动高质量发展，是奔着破解发展不平衡不充分问题去的。科学认识、精准把握、妥善解决本地区发展不平衡不充分问题，就能在推动高质量发展上不断迈出新步伐。比如，推进创新链产业链资金链人才链深度融合面临哪些障碍？农业产业链如何延伸和拓展？如何在确保安全前提下扩大开放？民生保障还有哪些短板弱项？……瞄着问题去、追着问题走，深入基层、深入群众、深入实际，把制约高质量发展的堵点痛点难点摸清摸透，才能提出有针对性的解决措施。要大力推进改革创新，向改革创新要动力、要活力，培育发展新动能、新优势，形成更多新的增长点、增长极，以效率变革、动力变革促进质量变革，闯出新路子、展现新作为。

增强推动高质量发展本领，要加强学习，努力成为行家里手、内行领导。我们处在前所未有的变革时代，新技术、新业态、新模式等不断出现，同时面临从未有过的新情况、新矛盾、新问题。党员干部要把干事热情与科学精神结合起来，坚持不懈学习，增强专业本领，多掌握几把刷子。要深入学习领会习近平新时代中国特色社会主义思想，全面学习贯彻党的二十大精神，围绕经济社会发展重大问题加强学习，洞察经济运行之"形"，精准判断经济发展之"势"，努力把学习成果转化为推动高质量发展的科学思路和务实举措，在把握规律基础上实现变革创新。拓宽视野、瞄准前沿，了解新技术、新业态、新模式的发展趋势，学习同做好本职工作相关的新知识新技能，不断完善履职尽责必备的知识体系。坚持在干中学、学中干，做到干什么学什么、缺什么补什么，从实践中总结经验，使自己的认识和行动跟上党中央要求、跟上时代发展步伐、跟上事业发展需要。

习近平总书记要求党员干部克服浮躁心理、急躁心态，"扎扎实实、踏踏实实地搞现代化建设"。推动高质量发展是一场关系经济社会全局的深刻变革，是一项复杂工程和长期任务，不可能毕其功于一役。党员干部既要有只争朝夕的紧迫感，又要保持耐心和定力，树立正确的政绩观、发展观。目标要坚定不移，行动要科学有效，既谋划长远，又干在当下，坚持稳中求进，以"功成不必在我"的境界和"功成必定有我"的担当，一件任务一件任务地落实，一个节点一个节点地推进，持之以恒、久久为功，扎实推动高质量发展取得新成效。

（《人民日报》2023年03月14日　第11版）

28

以新时代党的创新理论指导新的实践

宋思强

河南新乡，"小院课堂"在许多地方开设起来，党员群众围坐在一起学习党的创新理论。学习常态化、多样化，带来贯彻落实的具体化。许多党员干部因为掌握了科学理论，在工作中心里更有底数、手上更有招数。

理论就是武器，思想就是力量。100多年来，我们始终把马克思主义作为行动指南，并在实践中不断丰富和发展马克思主义，推进马克思主义中国化时代化。党的二十大报告提出："中国共产党为什么能，中国特色社会主义为什么好，归根到底是马克思主义行，是中国化时代化的马克思主义行。"新征程上，我们要在实践基础上继续推进理论创新，不断谱写马克思主义中国化时代化新篇章。

指导思想是一个政党的精神旗帜。马克思主义认为，一切划时代的体系的真正的内容都是由于产生这些体系的那个时期的需要而形成起来的。理论的作用在于指导实践，科学理论总是与伟大实践相互激荡、彼此辉映。实践在不断发展、时代在不断进步，理论只有随之不断创新发展，才能保持科学性、增强指导性。100多年来，中国共产党人不断开辟马克思主义中国化时代化新境界，创立了毛泽东思想、邓小平理论，形成了"三个代表"重要思想、科学发展观，创立了习近平新时代中国特色社会主义思想，为党和人民事业提供了既一脉相承又与时俱进的科学理论指导。

习近平新时代中国特色社会主义思想是从新时代中国特色社会主义全部实践中产生的理论结晶，是推动新时代党和国家事业不断向前发展的科学指南，实现了马克思主义中国化时代化新的飞跃。正是因为有习近平总书记作为党中央的核心、全党的核心掌舵领航，有习近平新时代中国特色社会主义思想科学指引，全党全国人民才有了政治上的"主心骨"、思想上的"定盘星"、行动上的"指南针"，不断夺取新时代中国特色社会主义新的伟大胜利，推动实现中华民族伟大复兴进入不可逆转的历史进程。

习近平总书记在中央党校建校90周年庆祝大会暨2023年春季学期开学典礼上发表重要讲话强调："对领导干部来说，马克思主义这个看家本领掌握得越牢靠，政治站位就越高，政治判断力、政治领悟力、政治执行力就越强，观察时势、谋划发展、防范化解风险就越主动。"理论创新每前进一步，理论武装就要跟进一步，理论指导就要深入一步。当前，面对前进道路上的风险挑战和艰巨繁重的改革发展稳定任务，我们要坚持不懈用习近平新时代中国特色社会主义思想武装全党、教育人民、指导实践。广大党员干部必须大力弘扬马克思主义学风，不断推进理念创新、手段创新和工作创新，坚持守正创新、与时俱进，持续在学深悟透上下功夫，以新时代党的创新理论指导新的实践，自觉做习近平新时代中国特色社会主义思想的坚定信仰者、积极传播者、忠实实践者。

基层是理论指导实践的主战场，是推进实践创新的主阵地。基层党员干部贯彻落实好党的二十大各项决策部署，解决好人民群众急难愁盼问题，必须坚持不懈用习近平新时代中国特色社会主义思想凝心铸魂。要坚持全面系统学、及时跟进学、深入思考学、联系实际学，把握好这一重要思想的世界观和方法论，坚持好、运用好贯穿其中的立场观点方法，通过学习党的创新理论提升能力素质，增强做好实际工作、创造性开展工作的过硬本领。要以思想力量激扬奋进力量，以理论主动把握历史主动，在实践中不断增进人民福祉，推动党和国家事业不断迈上新台阶。

（《人民日报》2023年03月15日　第9版）

29

展现了现代化的另一幅图景

王　毅

实现现代化是世界各国的共同追求。历史上，西方资本主义国家率先实现现代化，形成了西方现代化模式。随着资本主义在全球扩张，西方现代化模式不断向其他国家输出。一些发展中国家不顾国情和历史条件，全盘照搬西方现代化模式，结果水土不服，陷入经济长期停滞、社会政治动荡的困境。中国式现代化打破了"现代化＝西方化"的迷思，展现了现代化的另一幅图景，拓展了发展中国家走向现代化的路径选择，为人类对更好社会制度的探索提供了中国方案。

习近平总书记指出："一个国家走向现代化，既要遵循现代化一般规律，更要符合本国实际，具有本国特色。"中国共产党之所以能够团结带领人民推进和拓展中国式现代化，就是因为尊重中国历史条件与现实国情，找到了适合自己的正确道路。虽然现代化有着共同特征，如经济增长、国力增强、文明提高等，率先实现现代化的国家在这些方面的经验可为其他国家提供借鉴，然而借鉴并不意味着照抄照搬、亦步亦趋。人类历史上没有一个民族、一个国家可以通过依赖外部力量、照搬外国模式、跟在他人后面亦步亦趋实现强大和振兴。中国式现代化是中国共产党领导的社会主义现代化，既有各国现代化的共同特征，更有基于自己国情的中国特色。这是中国独特的客观条件决定的，是中国社会制度和治国理政的理念决定的，也是中国在实现现代化长期实践中得到的规律性认识决定的。

中国式现代化深深植根于中华优秀传统文化，同时借鉴吸收一切人类优秀文明成果。中国共产党是马克思主义的坚定信仰者，也是中华优秀传统文化的忠实传承者和弘扬者。中国共产党人坚持把马克思主义基本原理同中国具体实际相结合、同中华优秀传统文化相结合，不断开辟马克思主义中国化时代化新境界，为中国式现代化提供科学指引。中华优秀传统文化中蕴含的天下为公、民为邦本、为政以德、革故鼎新、任人唯贤、天人合一、自强不息、厚德载物、讲信修睦、亲仁善邻等，同科学社会主义价值观主张具有高度契合性，也让中国式现代化充盈着鲜明中国气象。同时，我们不断扩大高水平对外开放，广泛学习国外先进经验和有益知识，加强文明交流互鉴。

中国式现代化体现科学社会主义的先进本质，同西方资本主义现代化有着本质区别。中国共产党既坚持科学社会主义基本原则，又不断赋予其鲜明的中国特色和时代内涵，坚定不移走中国特色社会主义道路，领导人民走出了一条根本不同于一些西方国家资本至上、弱肉强食、两极分化、霸道强权的现代化道路。我们大力推进人口规模巨大、全体人民共同富裕、物质文明和精神文明相协调、人与自然和谐共生、走和平发展道路的中国式现代化，创造了人类文明新形态。

中国式现代化的巨大成功，打破了西方现代化的神话，展现了现代化的另一幅图景。中国式现代化蕴含的独特世界观、价值观、历史观、文明观、民主观、生态观等及其伟大实践，是对世界现代化理论和实践的重大创新，拓展了现代化发展路径，为人类对更好社会制度的探索提供了中国方案。中国式现代化的成功实践充分证明，只有立足本国国情，选择自己的道路、做好自己的事情，才能真正走向现代化。

（《人民日报》2023年03月16日　第13版）

30

让雷锋精神在新时代绽放更加璀璨的光芒

梁 宇

　　2023年是毛泽东等老一辈革命家为雷锋同志题词60周年。习近平总书记日前对深入开展学雷锋活动作出重要指示强调，"让雷锋精神在新时代绽放更加璀璨的光芒"。60年来，广大干部群众在雷锋精神的鼓舞和激励下，投身社会主义现代化建设事业，推动党和国家事业取得举世瞩目的成就。新时代新征程，我们要坚守共产党人的精神追求，把握雷锋精神的思想内涵，弘扬雷锋精神的时代价值，推动学习雷锋活动蔚然成风。

　　雷锋精神家喻户晓、深入人心，与其所蕴含的共产党人高尚品格是分不开的。习近平总书记指出，抓精神文明建设，要"大力倡导共产党人的世界观、人生观、价值观，坚守共产党人的精神家园"。雷锋精神闪烁着爱国主义、集体主义、社会主义精神的光芒，反映了共产党人的精神追求。雷锋同志把自己的一生全部献给了党、献给了人民。他一心向着党，向着社会主义，向着共产主义，牢固树立信仰、矢志追寻理想；他把有限的生命，投入到无限的为人民服务之中去，树牢群众观点、站稳人民立场；他立志做一颗永不生锈的"螺丝钉"，在平凡岗位上兢兢业业、埋头苦干；他身上所具有的信念的能量、大爱的胸怀、忘我的精神、进取的锐气，正是我们民族精神的最好写照。新时代新征程，我们要深入把握雷锋精神的精神实质，坚守共产党人的精神追求，引导人们正确处理好国家与个人、大我与小我、利他与利己之间的关系，让这一宝贵精神财富永不褪色。

在波澜壮阔的历史行进中，雷锋精神顺应潮流、历久弥新，学雷锋活动始终充盈着时代感。20世纪60年代，毛泽东同志发出"向雷锋同志学习"的号召，学雷锋活动在全国上下深入开展，对于掀起社会主义建设高潮产生了深刻影响。改革开放以来，我们党把学雷锋活动经常持久融于社会主义精神文明建设之中，让雷锋精神增添了敬业奉献、艰苦创业、锐意创新等具有时代特点的精神价值，有力推动了改革开放和社会主义现代化建设。进入新时代，以习近平同志为核心的党中央指导推动学雷锋活动不断拓展内容、创新形式、丰富载体，各地涌现出一批又一批雷锋式先进集体和模范人物，为新时代伟大变革注入不竭精神动力。历史和实践都表明，雷锋精神在时代进步中不断注入新的内涵、彰显新的魅力。新时代新征程，我们要积极回应人民之需，顺应时代之变，丰富雷锋精神的时代内涵，开展好学雷锋活动，激励干部群众积极投身现代化建设。

在新时代弘扬雷锋精神，关键是要让学雷锋活动融入日常、化作经常，转化为亿万中华儿女的道德自觉和行动自觉。习近平总书记强调，"雷锋精神，人人可学；奉献爱心，处处可为""从'赠人玫瑰、手有余香'中感受善的力量，以实际行动书写新时代的雷锋故事"。历史告诉我们，宝贵的精神财富只有同群众相结合，才能涵养出昂扬向上的社会风气；只有同实践相结合，才能转化为推动社会发展的不竭动力。从湖南长沙的"雷锋超市"到辽宁抚顺的"雷锋学院"，在全国很多地方，弘扬雷锋精神与文明创建结合、与市民教育结合、与创新社会治理结合，学雷锋活动也由阶段性向经常性转变、由模范人物示范带动向社会共同参与转变。新时代新征程，我们要在常态化长效化上再下功夫、再出思路、再出实招，让点滴善举凝聚为社会新风，熔铸成激励全民族奋发向上的精神力量。

（《人民日报》2023年03月17日　第9版）

31

追求真理　揭示真理　笃行真理

李　刚

党的二十大报告提出："推进马克思主义中国化时代化是一个追求真理、揭示真理、笃行真理的过程。"这一重要论断凝练了我们党在守正创新中不断推进理论创新的历史经验，阐明了我们党对推进马克思主义中国化时代化的不懈追求和科学认识。

真理是人们对事物发展规律的正确认识，是经过实践检验的科学理论。人们希望认识规律、掌握规律，从而在生产生活实践中掌握主动。马克思主义深刻揭示了自然界、人类社会、人类思维发展的普遍规律，为人类社会发展进步指明了方向，具有强大的真理力量和实践伟力。近代中国遭受前所未有的劫难，无数仁人志士苦苦求索救国救民的真理、救亡图存的道路。中国共产党人"对各种主义综合审谛，觉社会主义真为改造现世界对症之方"，经过亲身实践、反复推求、深入比较，最终选择了马克思主义。中国共产党自成立之日起就将马克思主义郑重写在自己的旗帜上，并且一以贯之，从来没有动摇过、改变过、放弃过。

同时，中国共产党人坚持以科学的态度对待科学、以真理的精神追求真理。习近平总书记指出："马克思主义理论不是教条，而是行动指南，必须随着实践的变化而发展。"我们党在坚持"两个结合"的历史进程中，创立了毛泽东思想、邓小平理论，形成了"三个代表"重要思想、科学发展观，创立了习近平新时代中国特色社会主义思想，为党和人民事业发展、为实现中华民族伟大复兴提供了科学理论指导。我们党的历史，是毫不动摇坚持马克思主义的历史，也是不断丰富和发展马克思主义、不断揭示真理的历史。

习近平总书记强调："问题是时代的声音，回答并指导解决问题是理论的根本任务。"中国共产党不仅不懈追求真理、勇于揭示真理，以全新的视野深化对共产党执政规律、社会主义建设规律、人类社会发展规律的认识，而且用锐利思想武器即马克思主义中国化时代化的科学理论指导实践。我们党对中国社会和内外形势进行深入调查研究，把马克思主义基本原理同中国革命具体实际相结合，成功开辟了农村包围城市、武装夺取政权的中国革命正确道路；把握和平与发展时代主题，坚定不移推进改革开放和社会主义现代化建设，成功开辟了中国特色社会主义道路。党的十八大以来，以习近平同志为主要代表的中国共产党人，坚持把马克思主义基本原理同中国具体实际相结合、同中华优秀传统文化相结合，开辟了马克思主义中国化时代化新境界，创造了新时代中国特色社会主义的伟大成就。我们党的百年奋斗历程充分表明，推进马克思主义中国化时代化的过程，就是一个追求真理、揭示真理、笃行真理的过程。

实践没有止境，理论创新没有止境，推进马克思主义中国化时代化也没有止境。新征程上，我们要坚持用习近平新时代中国特色社会主义思想凝心铸魂，把握好其世界观和方法论，坚持好、运用好贯穿其中的立场观点方法。用马克思主义之"矢"去射新时代中国之"的"，准确把握时代大势，积极回应现实需要，以更宽广的视野、更长远的眼光增强预见性、把握规律性，继续推进实践基础上的理论创新，不断开辟马克思主义中国化时代化新境界，让马克思主义在中国大地上展现出更强大、更有说服力的真理力量。

（《人民日报》2023年03月21日 第13版）

32

增强忧患意识　坚持底线思维

罗宗毅

　　"于安思危，于治忧乱。"党的二十大报告提出："我们必须增强忧患意识，坚持底线思维，做到居安思危、未雨绸缪，准备经受风高浪急甚至惊涛骇浪的重大考验。"一以贯之增强忧患意识、坚持底线思维，主动识变应变求变、主动防范化解风险，这是新时代全面建设社会主义现代化国家、全面推进中华民族伟大复兴的必然要求。

　　忧患意识与底线思维密切相关。常怀忧患之心，始终安不忘危、存不忘亡、乐不忘忧，把困难估计得更充分一些，把风险思考得更深入一些，才能坚持好底线思维，把解决问题的措施想得更周到一些，做到有备无患、防患未然。增强忧患意识，要求通盘考虑各种因素，既要看到有利的方面，又要看到不利的方面，认清底线所在，坚决守住底线。当然，守住底线并不是要消极守成、不敢作为，而是要处变不惊、迎难而上、攻坚克难，积极面对和化解前进道路上遇到的矛盾风险，在解决问题的过程中推动事物发展，促进事物向好的方面转化，努力争取最好的结果。如果遇到问题就畏缩不前，坐看矛盾激化，任由局面恶化，不敢挺身而出，最后必然是什么底线也守不住。

"生于忧患，死于安乐。"我们党在内忧外患中诞生，在磨难挫折中成长，在战胜风险挑战中壮大，始终有着强烈的忧患意识。党的百年奋斗历程表明，忧患意识越强烈，底线思维越牢固，就越能有效预判和防范可能出现的困难挑战，不论是在承平时期还是在危难关头，都牢牢把握历史主动。1945年，面对抗日战争即将胜利的形势，毛泽东同志告诫全党"要在最坏的可能性上建立我们的政策"。党的十八大以来，习近平总书记反复强调"增强忧患意识、居安思危"，形象地说："木桶有短板就装不满水，但木桶底板有洞就装不了水。我们既要善于补齐短板，更要注重加固底板。"增强忧患意识，坚持底线思维，防范和化解各种重大风险，就是补短板、固底板。面对风高浪急甚至惊涛骇浪的风险挑战，以习近平同志为核心的党中央团结带领全党全国各族人民增强忧患意识、坚持底线思维，迎难而上、砥砺前行，攻克了许多长期没有解决的难题，办成了许多事关长远的大事要事，经受住了来自政治、经济、意识形态、自然界等方面的风险挑战考验。

前进道路上，一些深层次矛盾躲不开、绕不过。各种矛盾风险挑战源、各类矛盾风险挑战点相互交织、相互作用。如果防范不及、应对不力，就会导致各种风险传导、叠加、演变、升级。越是在这样的形势下，越要增强忧患意识、坚持底线思维。要认识到，这是我国由大向强发展进程中无法回避的挑战。必须知危图安，及时阻断不同领域风险的转化通道，防范各类风险挑战内外联动、累积叠加，重点防控那些可能迟滞或中断中华民族伟大复兴进程的全局性风险，全力战胜前进道路上各种困难和挑战。

全面推进中华民族伟大复兴，必须进行伟大斗争。增强忧患意识、坚持底线思维，时刻保持如履薄冰的谨慎、见叶知秋的敏锐、未雨绸缪的主动，才能对伟大斗争的长期性、复杂性、艰巨性作出正确和充分的估计，才能把得住大局、看得清方向、站得稳脚跟、担得起风险，在伟大斗争中不断赢得伟大胜利。新征程上，我们要永远保持"赶考"的清醒和谨慎，坚持以忧患意识发现问题苗头，以底线思维划定边界禁区，不断提高驾驭各种风险挑战的能力和水平，确保在出现重大风险时扛得住、过得去，不断把中华民族伟大复兴的历史进程推向前进。

（《人民日报》2023年03月22日　第13版）

33

把耕与读传下去

李长生

习近平总书记指出："乡村文明是中华民族文明史的主体，村庄是这种文明的载体，耕读文明是我们的软实力。"耕读文明中蕴含着天人合一、知行合一、自立自强、修身立德等思想理念，是宝贵的精神财富。今天，耕读文明所依赖的经济社会基础已经大为不同，但这些思想理念仍有重要的时代价值。

裕后勤和俭，兴家读与耕。在漫长的历史长河中，中国人民创造了深厚的农耕文明，也涵养了悠久的耕读传家理念。在传统社会，耕与读是非常重要的两件事，体现了人们对劳动生产和文化修养的重视。陶渊明的"既耕亦已种，时还读我书"，王冕的"犁锄负在肩，牛角书一束"，钱澄之的"日入开我卷，日出把我锄"等诗句，至今为人们所传诵。

耕读文明能够一代一代传下来，一方面靠的是劳动技能的培养，另一方面靠的是价值观念的弘扬、道德教化的滋养。可以说，耕读传家也体现着一种教育理念。习近平总书记强调，

"赓续农耕文明"。《中共中央　国务院关于做好二〇二二年全面推进乡村振兴重点工作的意见》提出，完善耕读教育体系。耕读教育中重视劳动、提倡读书学习的理念，可以为今天立德树人提供借鉴。

人们通过耕作获取粮食，也通过劳动受到教育，亲身感受劳动创造幸福。习近平总书记强调，"要开展以劳动创造幸福为主题的宣传教育，把劳动教育纳入人才培养全过程"。劳动教育是素质教育的重要内容。近年来，在一些青少年中出现了不珍惜劳动成果、不想劳动、不会劳动的现象，劳动的独特育人价值在一些人中被不同程度忽视。传承耕读教育理念，可以因地制宜、因校制宜，引导学生体验农耕活动，了解农耕技术、农业现代化等方面的知识，以此促进青少年增强身体素质、锤炼勤劳奋进、脚踏实地的作风品质和胸怀乡土、报效国家的价值追求。

最是书香能致远。习近平总书记指出："希望全社会都参与到阅读中来，形成爱读书、读好书、善读书的浓厚氛围。"要注重引导孩子们养成良好读书习惯，从阅读中获取知识、启智增慧、培养道德。家庭也要重视读书学习。家庭是人生的第一所学校，家长是孩子的第一任老师。家长要加强阅读引领，涵育爱阅读、爱知识的良好家风。

我国高等农林教育在完善新时代耕读教育体系中大有可为。习近平总书记强调，涉农高校要"拿出更多科技成果，培养更多知农爱农新型人才"。党的十八大以来，涉农高校坚持教育与生产劳动相结合，紧密结合现代农业发展和人才培养实际，在耕读教育改革实践中取得了一定成效，为我国农业农村现代化建设输送了大批人才。当前，涉农高校要适应新一轮科技革命和产业变革潮流，针对现代农业新业态新技术，深化科教协同、产教融合，拓展耕读教育内涵与外延，创新卓越农林人才培养模式。

我们要坚持以立德树人为根本、以强农兴农为己任，积极推进新时代耕读教育新探索新实践，引导青年学子知农爱农、学农为农，厚植"大国三农"情怀，践行"勤耕重读"理念，走出教室、走进广袤田野，把论文写在祖国大地上，让青春在推进农业强国建设的火热实践中绽放绚丽之花。

（《人民日报》2023年03月23日　第9版）

34

牢牢抓住第一生产力、第一资源、第一动力

蒋金锵

习近平总书记在党的二十大报告中指出，"必须坚持科技是第一生产力、人才是第一资源、创新是第一动力"。党的二十大报告对教育、科技、人才进行统筹安排、一体部署，为提升国家创新体系的整体效能指明了方向和路径。奋进新征程、建功新时代、创造新伟业，必须坚持科技是第一生产力、人才是第一资源、创新是第一动力，深入实施科教兴国战略、人才强国战略、创新驱动发展战略，更好发挥教育、科技、人才事业的基础性、战略性支撑作用。

习近平总书记指出："科技创新，就像撬动地球的杠杆，总能创造令人意想不到的奇迹。"科技是先进生产力的集中体现和主要标志。铁器农具的使用，促进了农业大发展；蒸汽机的发明，开启了工业革命；计算机的广泛应用，标志着信息社会的到来。人类历史上每一次重大科技进步都改进了劳动工具、提高了劳动生产率，为经济社会发展增添了强劲动能。面

对科技创新发展新趋势，谁在科技创新方面占据优势，谁就能在综合国力竞争中占据更有利的战略地位。当前，世界主要国家都在寻找科技创新的突破口，抢占未来经济科技发展先机。我们必须充分认识到，由于世情国情发生深刻变化，科技创新对中国来说不仅是发展问题，更是生存问题，是增强生存力、竞争力、发展力、持续力的根本所在。面向未来，必须以高水平科技自立自强的"强劲筋骨"来支撑民族复兴伟业。

习近平总书记强调："硬实力、软实力，归根到底要靠人才实力。"谁拥有了一流创新人才、拥有了一流科学家，谁就能在科技创新中占据优势；哪个国家拥有人才上的优势，哪个国家就会拥有实力上的优势。全面建设社会主义现代化国家、全面推进中华民族伟大复兴，科技是关键，人才是根本。党的二十大报告对2035年我国发展的总体目标作出宏观展望，要求建成教育强国、科技强国、人才强国、文化强国、体育强国、健康中国。要充分发挥人才这个第一资源的支撑作用，就必须深化人才发展体制机制改革，全方位培养、引进、用好人才，让人才队伍持续壮大、人才效能持续增强、创新能力不断提升。

创新是一个民族进步的灵魂，是一个国家兴旺发达的不竭动力。要在世界发展潮流中占据主动地位，不断巩固和扩大优势，必须敢于创新、善于创新。习近平总书记指出："全面建设社会主义现代化国家，实现第二个百年奋斗目标，创新是一个决定性因素。"我国是世界第二大经济体，但经济发展还有不少短板，一些产业的基础还不是很牢固。要发挥新型举国体制优势，科学规划布局，加强基础研究，促进创新链产业链融合，形成创新合力，以踔厉奋发、奋起直追的精气神，着力攻克一批关键核心技术。坚持创新在我国现代化建设全局中的核心地位，聚焦我国发展面临的突出矛盾和问题，以体制机制变革释放新的活力和创造力，以科技进步造就新产业和新机遇，大力推进理论创新、实践创新、制度创新、文化创新以及其他各方面创新，让创新在全社会蔚然成风，努力占据时代发展制高点。

牢牢抓住科技这个第一生产力、人才这个第一资源、创新这个第一动力，坚持教育优先发展、科技自立自强、人才引领驱动，加快建设教育强国、科技强国、人才强国，不断开辟发展新领域新赛道、塑造发展新动能新优势，我们就一定能赢得优势、赢得主动、赢得未来。

（《人民日报》2023年03月24日　第9版）

35

新时代做好经济工作的行动指南

郑延冰

习近平经济思想是习近平新时代中国特色社会主义思想的重要组成部分，是运用马克思主义政治经济学基本原理对新时代经济发展实践作出的系统理论概括，是新时代做好我国经济工作的根本遵循和行动指南。深入学习领会习近平经济思想，要从整体上理解和把握其精髓要义和内在逻辑，切实将其贯彻到经济发展全过程和各领域。习近平经济思想具有鲜明的科学性，系统回答了新时代我国经济发展的根本保证、根本立场、历史方位、指导原则、路径选择、鲜明主题等一系列重大问题，展现出强大的真理力量。我们可以从价值观、方法论、历史渊源和实践要求等方面，进一步深刻领悟习近平经济思想的科学性和真理力量。

马克思主义是关于人类解放的学说。马克思认为，人的根本就是人本身，实现人的解放最终是要建立一个这样的联合体，"在那里，每个人的自由发展是一切人的自由发展的条件""生产将以所有人的富裕为目的"。习近平经济思想坚持把马克思主义基本原理同中国具体实际相结合、同中华优秀传统文化相结合，着眼于解决新时代新阶段我国经济发展面临的实际问题，如城乡区域发展和收入分配差距仍然较大，群众在就业、教育、医疗、托育、养老、住房等方面面临不少难题等，创造性提出坚持以人民为中心的发展思想等重要思想，强调坚定不移走共同富裕道路，阐明了我国经济发展的根本立场，继承和发展了马克思主义的价值追求。

马克思主义理论的科学性和革命性源于辩证唯物主义和历史唯物主义的科学世界观和方法论。党的十八大以来，习近平总书记运用辩证唯物主义和历史唯物主义的科学世界观和方法论，系统、具体、历史地分析我国经济发展的阶段性特征，提出了坚持稳中求进工作总基调、坚持系统观念、坚持目标导向和问题导向相结合、坚持以钉钉子精神抓落实、统筹发展和安全等一系列做好经济工作的科学方法和指导原则。习近平经济思想在方法论上的重要创新成果，为我们做好新时代新阶段经济工作解决了"桥"和"船"的问题。

经济发展是一个历史运动过程。恩格斯指出，"政治经济学本质上是一门历史的科学""历史从哪里开始，思想进程也应当从哪里开始"。一国经济发展的每一个历史阶段都面临着特有的矛盾和问题，解决这些矛盾和问题所取得的实践和理论成果，不仅构成后来发展的历史前提，而且成为经济理论创新发展的重要来源。习近平经济思想是中国共产党不懈探索社会主义经济发展道路形成的宝贵思想结晶，不仅继承了新中国成立以来我国经济发展各个历史阶段所取得的宝贵实践经验和理论创新成果，如坚持中国共产党领导、坚持社会主义制度、坚持社会主义市场经济改革方向、坚持改革开放、坚持以经济建设为中心等，而且根据时代特征和发展要求进一步丰富和拓展了这些理论创新成果的内涵和外延，创新性提出坚持党对经济工作的集中统一领导、坚持和完善社会主义基本经济制度、坚定不移全面扩大开放、坚持以推动高质量发展为主题、推动有效市场和有为政府更好结合等重要思想观点，开辟了中国特色社会主义政治经济学新境界。

进入新时代，我国经济发展面对的环境和条件发生了深刻复杂变化，原有粗放的经济发展模式难以为继，经济发展不平衡不充分、资源环境约束趋紧、发展动力减弱等问题凸显，亟须以新的发展理念引领新时代的经济发展实践。习近平总书记深刻把握我国经济发展新阶段新特征新要求，作出"我国已进入新发展阶段"的重大论断；对发展理念和思路作出及时调整，提出创新、协调、绿色、开放、共享的新发展理念；根据我国发展内外部环境变化，作出构建以国内大循环为主体、国内国际双循环相互促进的新发展格局的战略抉择；等等。立足新发展阶段、贯彻新发展理念、构建新发展格局等一系列战略思想，系统回答新时代我国经济发展的历史方位、指导原则、路径选择等重大理论和实践问题，指引新时代我国经济发展取得历史性成就、发生历史性变革。

（《人民日报》2023年03月28日　第9版）

36

增强战略的前瞻性全局性稳定性

胡长栓

　　无论对于一个国家、一个政党来说，还是对于一个地区来说，战略问题都是根本性问题。习近平总书记高度重视战略策略问题。在学习贯彻党的二十大精神研讨班开班式上，习近平总书记强调，要"增强战略的前瞻性""增强战略的全局性""增强战略的稳定性"。这为我们深刻理解和正确把握战略的内涵与本质指明了方向、提供了根本遵循。

　　前瞻性是战略思维的重要特征。习近平总书记指出："准确把握事物发展的必然趋势，敏锐洞悉前进道路上可能出现的机遇和挑战，以科学的战略预见未来、引领未来。"增强战略的前瞻性，就要深刻认识和把握事物发展变化的规律，站在时代前沿观察思考问题，把谋事和谋势、谋当下和谋未来统一起来，在掌握历史发展大势的主动中确定战略、确立方针、制定政策。党的二十大报告既立足当前又放眼长远，提出到2035年我国发展的总体目标和未来五年的主要目标任务，是彰显战略前瞻性的纲领性文献。增强前瞻性，既要看大势，也要看风险。推进中国式现代化是一项前无古人的开创性事业，必然会遇到各种可以预料和难以预料的风险挑战、艰难险阻甚至惊涛骇浪。这就要求我们增强忧患意识，坚持底线思维，居安思危、未雨绸缪，下好防范化解风险的先手棋，打好主动仗。

不谋全局者，不足以谋一域。我国是一个发展中大国，正在经历广泛而深刻的社会变革，推进改革发展、调整利益关系往往牵一发而动全身。增强战略的全局性，就要从事物存在的整体性出发，抓住事物的根本性矛盾和全局性问题，立足全局、统筹局部，以根本性矛盾和全局性问题的有效解决，带动推进局部性矛盾和问题的化解，推动事物向更好的方向发展。以中国式现代化全面推进中华民族伟大复兴，需要牢固树立全国一盘棋思想，自觉在大局下行动。谋划和推动本地区本部门工作要以贯彻党中央决策部署为前提，坚持算大账、算长远账，不打小算盘、不搞小聪明，创造性开展工作，做到既为一域增光、又为全局添彩。始终围绕中华民族伟大复兴这一历史主题，着眼于解决事关党和国家事业兴衰成败、牵一发而动全身的重大问题，不断推进我国经济社会全面发展和各项事业全面进步。

政贵有恒，治须有常。稳定性是保证战略顺利推进、如期实现的必要条件。习近平总书记指出："战略一经形成，就要长期坚持、一抓到底、善作善成，不要随意改变。"增强战略的稳定性，就要深刻认识到战略本身不是一时的、一隅的，而是立足长远、着眼全局的，需要持之以恒地贯彻落实。党的二十大擘画了全面建成社会主义现代化强国、以中国式现代化全面推进中华民族伟大复兴的宏伟蓝图，深刻阐述了中国式现代化的中国特色、本质要求和重大原则，对全面建成社会主义现代化强国两步走战略安排进行宏观展望，吹响了奋进新征程的时代号角。无论国际风云如何波谲云诡、国内形势如何复杂严峻，我们都要保持历史耐心，坚持稳中求进、循序渐进、持续推进。只要我们全面贯彻习近平新时代中国特色社会主义思想，深入贯彻落实党的二十大精神，认真贯彻落实党中央决策部署，就能把中国式现代化的宏伟蓝图一步步变成现实，以中国式现代化全面推进中华民族伟大复兴。

（《人民日报》2023年03月29日　第9版）

37

为创新人才创造良好环境

周城雄

创新之道，唯在得人。在参加十四届全国人大一次会议江苏代表团审议时，习近平总书记强调："要深化科技体制改革，大力培育创新文化，健全科技评价体系和激励机制，为创新人才脱颖而出、尽展才华创造良好环境。"科技是第一生产力，人才是第一资源，创新是第一动力。推动科技创新，关键在人才。让创新人才脱颖而出、尽展才华，需要为其创造政策完善、机制顺畅、平台广阔、氛围友好的环境。

习近平总书记指出："环境好，则人才聚、事业兴；环境不好，则人才散、事业衰。"想有乔木，想看好花，一定要有好土。发展环境是影响人才成长、汇聚和作用发挥的关键因素。深化科技体制改革，积极创造良好的人才发展环境，人才队伍才能不断壮大，事业发展才有不竭动力。

习近平总书记对改革和创新作出过一个形象的比喻："如果把科技创新比作我国发展的新引擎，那么改革就是点燃这个新引擎必不可少的点火系。"我国创新驱动发展战略提出以来，科技体制改革不断深化，在减少束缚与加强激励上持续用力，既致力于消除制约科研活动的种种障碍，又着力增强科研人员开展创新活动的内在动力，为科研人员创造宽松自由的工作环境，激发其创新创造活力，从而使创新人才不断涌现、创新成果竞相迸发、创新价值不断增加。2022年我国全社会研究与试验发展经费投入与国内生产总值之比达2.55%，再创新高。我国全球创新指数排名连续十年稳步上升，进入创新型国家行列。这些成绩的取得，都与良好的创新环境密不可分。

创新人才都希望自己所学的东西能有用武之地，都希望干出一番事业来。对于创新人才来说，事业是吸铁石，平台就是梧桐树。但有些地方和单位在引才用才方面还存在一些问题，有的把重视人才简单化为提高物质待遇，没有真正把服务工作做实做细，出现引得进却留不住、作用发挥不佳的情况。有的人才政策厚此薄彼、顾此失彼，"优惠"外来人才，"冷落"本土人才，造成人才资源浪费。为创新人才创造良好环境，需要因地制宜、因人制宜。对于基础研究型人才，要营造允许失败、长期稳定的科研环境，鼓励自由畅想、大胆假设、不断试错，让他们静心做学问、搞研究、出成果。对于技术创新型人才，要鼓励其以技术突破和产业贡献为方向，不断提升技术创新与集成能力，多做推动科技成果应用和经济社会发展的创新工作，尽可能为其提供创新创业所需的各种资源，搭建干事创业的平台。

为创新人才脱颖而出、尽展才华创造良好环境，还要继续为人才减负松绑。党的十八大以来，在科技体制改革的推动下，许多长期为科技界所诟病的机制障碍和观念藩篱得以破除，科研管理更加灵活，评价激励更加科学，知识价值更受重视。进一步释放科技人才队伍蕴藏的创新潜能，需要继续深化科技体制改革，打破束缚科研人员手脚的条条框框，把科研人员从不必要的"繁文缛节"中解放出来，为他们心无旁骛地投入科研工作创造条件，让他们在新征程上放手拼搏、在广阔天地中大展其才。

（《人民日报》2023年03月31日　第9版）

38

努力成为本职工作的行家里手

肖伟光

在中央党校建校90周年庆祝大会暨2023年春季学期开学典礼上，习近平总书记强调："履行好党和人民赋予的新时代职责使命，领导干部必须全面增强各方面本领，努力成为本职工作的行家里手。"

当今世界正经历百年未有之大变局，中华民族伟大复兴进入关键时期，前进道路上风险挑战复杂多变，改革发展稳定任务艰巨繁重，对领导干部各方面的本领提出了更高要求。习近平总书记高度重视提高领导干部的本领，强调领导干部要成为经济社会管理的行家里手，必须具备领导工作应具备的专业思维、专业素养和专业方法。在党的十九大报告中，习近平总书记提出"建设高素质专业化干部队伍"，强调要"全面增强执政本领"，并从学习本领、政治领导本领、改革创新本领等八个方面提出明确要求。在党的二十大报告中，习近平总书记要求"加强实践锻炼、专业训练，注重在重大斗争中磨砺干部，增强干部推动高质量发展本领、服务群众本领、防范化解风险本领"。

党的二十大擘画了全面建设社会主义现代化国家、以中国式现代化全面推进中华民族伟大复兴的宏伟蓝图。在实践中，深入贯彻落实党的二十大精神，完整准确全面贯彻新发展理念、加快构建新发展格局、着力推动高质量发展、统筹发展和安全等，都要求领导干部增强本领。加之新一轮科技革命和产业变革深入推进，新技术新模式新业态不断涌现，"知识半衰期"越来越短，如果领导干部不能通过学习使自己的专业素养和工作能力跟上时代节拍，就无法成为本职工作的行家里手，也就难以胜任岗位、履职尽责。

习近平总书记在党的二十大报告中强调，增强干部推动高质量发展本领、服务群众本领、防范化解风险本领。这是从党和国家事业发展全局出发提出的重要要求，具有很强的现实针对性。高质量发展是全面建设社会主义现代化国家的首要任务，是中国式现代化的本质要求之一。这就迫切要求领导干部完整、准确、全面贯彻新发展理念，始终以创新、协调、绿色、开放、共享的内在统一来把握发展、衡量发展、推动发展，努力打通制约高质量发展的卡点瓶颈。为民造福是立党为公、执政为民的本质要求，让人民生活幸福是"国之大者"。领导干部要紧紧抓住人民最关心最直接最现实的利益问题，带着感情、带着责任，深入群众、深入基层，采取更多惠民生、暖民心举措，着力解决好人民群众急难愁盼问题。

安全是发展的基础，稳定是强盛的前提。在各类矛盾和风险易发多发的情况下，更加需要领导干部增强忧患意识、坚持底线思维，善于统筹发展和安全，提高对重大风险的预见、应对、处置能力，备足工具箱、下好先手棋、打好主动仗，时刻准备经受风高浪急甚至惊涛骇浪的重大考验，切实扛起防范化解风险的政治责任。

全面增强各方面本领，努力成为本职工作的行家里手，要靠领导干部个人自觉努力，也要靠组织引导和培养。领导干部负责哪个部门和领域的工作，就要深入钻研这个部门和领域的业务，干一行爱一行、专一行精一行、管一行像一行。要从正在做的事情和遇到的问题出发，加强斗争精神和斗争本领养成，着力增强防风险、攻难关、迎挑战、抗打压能力。与此同时，要充分发挥选人用人的风向标、指挥棒作用，把那些能力突出、业绩突出，有专业能力、专业素养、专业精神的优秀干部及时用起来，激励广大干部不断学习、实践、提高。还要用好各种平台，紧紧围绕党中央重大决策部署，紧密结合国家重大战略需求，组织开展务实管用的专业化能力培训，帮助领导干部拓宽思路视野、更新思想观念、提升履职能力。

（《人民日报》2023年04月04日　第9版）

39

着力提升理论修养

欧阳恩良

习近平总书记在许多场合强调，党员干部一定要加强理论学习。在中央党校建校90周年庆祝大会暨2023年春季学期开学典礼上，习近平总书记指出："理论修养是领导干部综合素质的核心，理论上的成熟是政治上成熟的基础，政治上的坚定源于理论上的清醒。"在加强理论学习方面，习近平总书记作出了表率。早在1985年，习近平同志在谈到自己研读《资本论》的体会时就说："读马克思主义原著要重视序、跋以及书页下面和书后附录的注释，还有马克思、恩格斯之间有关《资本论》的通信内容。"在被问及怎么对《资本论》这么熟悉时，习近平同志回答，自己下乡时在窑洞的煤油灯下通读过3遍《资本论》，记了很多本笔记，还读过几种不同译本。奋进新征程、建功新时代、创造新伟业，领导干部必须着力提升理论修养，切实掌握马克思主义这个看家本领，自觉用新时代党的创新理论武装头脑、指导实践、推动工作。

一个政党要走在时代前列，离不开科学理论指导。领导干部要做好本职工作，也离不开理论学习。习近平总书记指出："对领导干部来说，马克思主义这个看家本领掌握得越牢靠，政治站位就越高，政治判断力、政治领悟力、政治执行力就越强，观察时势、谋划发展、防范化解风险就越主动。"领导干部要完成好各项任务部署，带领群众不断把事业推向前进，需要掌握的本领很多，如推动高质量发展本领、服务群众本领、防范化解风险本领等。这就需要不断学习实践，提高自身综合素质。在这些素质中，核心的就是理论修养。不断提高理论修养，掌握好马克思主义这个看家本领，就有了观察和认识事物的"望远镜"和"显微镜"，就能用正确的立场观点方法打开看待问题的大视野，提高见微知著的敏锐性和洞察力，也就有了推动工作、破解难题的"金钥匙"。

提升理论修养，首先要加强理论学习。读原著、学原文、悟原理，是学习理论的有效方法。这就要求全面系统地研读原著，带着问题、联系实际学习原文，从而更加深刻领悟科学理论的学理哲理、道理情理。当前，最重要的就是学懂弄通做实习近平新时代中国特色社会主义思想。习近平新时代中国特色社会主义思想是马克思主义中国化时代化的最新成果，是当代中国马克思主义、二十一世纪马克思主义。领导干部必须学会自觉用习近平新时代中国特色社会主义思想观察新形势、研究新情况、解决新问题，把握好这一重要思想的世界观和方法论，坚持好、运用好贯穿其中的立场观点方法，把这一重要思想贯彻落实到实际工作各方面全过程。

学习的目的全在于运用，学习的成效由实践检验。本领掌握得是否牢靠，不是单纯地看读书多不多，更要看运用理论解决实际问题的能力强不强。要坚持理论和实践相结合。只有深入实际、深入基层，问需于民、问计于民，才能找到排忧解难、为民造福的着力点。要在实践中学真知、在实践中悟真谛、在实践中长真才，创造性落实党中央决策部署，将学习成果体现到提高政治能力上、体现到推动高质量发展上、体现到增进民生福祉上，努力在新征程上作出无负时代、无负历史、无负人民的新业绩。

（《人民日报》2023年04月06日　第9版）

40

教育是国之大计、党之大计

鲍文涵

党的二十大报告提出"教育是国之大计、党之大计",首次将教育、科技、人才作为一个整体进行论述,强调"教育、科技、人才是全面建设社会主义现代化国家的基础性、战略性支撑""深入实施科教兴国战略、人才强国战略、创新驱动发展战略"。这充分体现了我们党对教育、科技、人才的高度重视,深刻揭示了建设教育强国、科技强国、人才强国的内在联系。只有加快建设教育强国,才能为建设科技强国、人才强国涵养源头活水。我们要坚持教育优先发展,坚持为党育人、为国育才,以高质量教育立德树人,加快建设教育强国,办好人民满意的教育。

教育是民族振兴、社会进步的重要基石。一个国家、一个民族要富强,必须有繁荣的经济、昌盛的文化、强大的国防,而这一切都要靠教育来奠基。教育肩负着培养担当民族复兴大任时代新人的重要使命,对提高人民综合素质、促进人的全面发展、增强中华民族创新创造活力、实现中华民族伟大复兴具有决定性意义。在党的领导下，我国教育事业不断发展，全体人民的思想道德素质和科学文化素质全面提升，为实现中华民族伟大复兴提供了有力人才和智力支撑。特别是党的十八大以来，以习近平同志为核心的党中央把教育摆在优先发展的战略位置，引领教育改革更加深化、教育公平和质量不断提升，教育事业取得历史性成就、发生历史性变革，人民群众的获得感、幸福感、安全感不断增强。

教育是提高科技水平、涵养人才资源、激发创新活力的根本。创新之道，唯在得人。当今世界的综合国力竞争，说到底是人才竞争，人才越来越成为推动经济社会发展的战略性资源，这让教育的基础性、先导性、全局性地位和作用更加凸显。只有加快建设教育强国，造就一大批拔尖创新人才、数以千万计的高级专门人才和数以亿计的高素质劳动者，才能提高我国科技创新水平和全要素生产率，加快推进社会主义现代化建设。只有培养造就一大批具有国际水平的战略科技人才、科技领军人才、青年科技人才和高水平创新团队，才能不断抢占世界科技竞争和未来发展制高点，把创新主动权和发展主动权牢牢掌握在自己手中。要不断优化同推进中国式现代化相适应的教育结构、学科专业结构、人才培养结构，努力形成有利于创新人才成长的育人环境，以创造之教育培养创造之人才，以创造之人才造就创新之国家。

育人的根本在于立德。党的二十大报告提出："全面贯彻党的教育方针，落实立德树人根本任务，培养德智体美劳全面发展的社会主义建设者和接班人。"浇花浇根，育人育心。培养担当民族复兴大任的时代新人，德是首要、是方向，一个人只有明大德、守公德、严私德，其才方能用得其所。立德树人，关系党的事业后继有人，关系国家前途命运。必须始终坚持社会主义办学方向，坚持把立德树人作为根本任务，办好人民满意的教育。坚持为党育人、为国育才，引导青少年把爱国情、强国志、报国行融入坚持和发展中国特色社会主义事业的奋斗之中，在实现中华民族伟大复兴中国梦的生动实践中放飞青春梦想，书写人生华章。

教育传承过去、造就现在、开创未来。只要我们坚持教育优先发展，不断推动教育同党和国家事业发展要求相适应、同人民群众期待相契合、同我国综合国力和国际地位相匹配，加快建设教育强国，办好人民满意的教育，就一定能够培养更多担当民族复兴大任的时代新人，为以中国式现代化全面推进中华民族伟大复兴提供源源不竭的人才支持和智力支撑。

（《人民日报》2023年04月07日　第9版）

41

一切都是为了造福人民

戴立兴

为民造福，是中国共产党立党为公、执政为民的本质要求。正在全党深入开展的学习贯彻习近平新时代中国特色社会主义思想主题教育，把"践行宗旨为民造福"作为具体要达到的目标之一。习近平总书记指出："一切脱离人民的理论都是苍白无力的，一切不为人民造福的理论都是没有生命力的。""必须坚持人民至上"作为"六个必须坚持"的重要内容，深刻揭示了习近平新时代中国特色社会主义思想的理论品格，展现了习近平新时代中国特色社会主义思想坚持造福人民的鲜明本色。

相信谁、为了谁、依靠谁，是否始终站在最广大人民的立场上，是衡量一种思想理论先进性的根本尺度。马克思主义是人民的理论，第一次创立了人民实现自身解放的思想体系。在马克思之前，社会上占统治地位的理论都是为统治阶级服务的。马克思主义一经诞生，就表明自己是为了人民、造福人民的理论。一方面，马克思主义植根人民之中，指明了依靠人民推动历史前进的人间正道，使无产阶级从自在的阶级变为自为的阶级。另一方面，马克思主义第一次站在人民的立场探求人类自由解放的道路，以科学的理论为最终建立一个没有压迫、没有剥削、人人平等、人人自由的理想社会指明了方向。同时，马克思主义不是书斋里的学问，而是为了改变人民的历史命运而创立的。马克思主义的人民性决定了马克思主义政党要始终为人民利益而奋斗。马克思认为，"在无产阶级和资产阶级的斗争所经历的各个发展阶段上，共产党人始终代表整个运动的利益""他们没有任何同整个无产阶级的利益不同的利益"。正因如此，马克思主义政党能够真正做到为人民谋利益、为人类求解放而不懈奋斗，真正从理论到实践上坚持造福人民的价值追求。

以马克思主义为指导的中国共产党自成立以来，不断推进理论创新、进行理论创造，不断开辟马克思主义新境界，创立了毛泽东思想、邓小平理论，形成了"三个代表"重要思想、科学发展观，创立了习近平新时代中国特色社会主义思想。在推进马克思主义中国化时代化的历史进程中，党的创新理论始终注重造福人民。毛泽东同志强调："一切从人民的利益出发，而不是从个人或小集团的利益出发。"邓小平同志对增进人民福祉孜孜以求，强调："贫穷不是社会主义，社会主义要消灭贫穷。不发展生产力，不提高人民的生活水平，不能说是符合社会主义要求的。"江泽民同志要求我们党"始终代表最广大人民的根本利益"，强调："在任何时候任何情况下，我们的一切工作和言行都要以是否符合最广大人民的根本利益为最高衡量标准。这必须成为我们观察和处理问题的根本原则。"胡锦涛同志强调："要坚持发展为了人民、发展依靠人民、发展成果由人民共享。"中国共产党人深刻认识到，只有造福人民，党的理论才能具有旺盛生命力。

党的十八大以来，以习近平同志为主要代表的中国共产党人，创立了习近平新时代中国特色社会主义思想。我们党的理论是造福人民的理论在新时代得到充分体现。习近平总书记指出，"中国共产党人的初心和使命，就是为中国人民谋幸福，为中华民族谋复兴""共产党人必须牢记，为民造福是最大政绩""全党自觉用党的创新理论滋养初心、引领使命，增强为党分忧、为国奉献、为民造福的政治担当"。习近平总书记的重要论述，从党的初心和使命的高度阐明了造福人民的极端重要性。新时代十年，无论是打赢脱贫攻坚战，还是解决人民最关心最直接最现实的利益问题，无论是推进健康中国、平安中国、美丽中国等建设，还是坚持"人民至上、生命至上"取得疫情防控重大决定性胜利，都充分展现了习近平总书记"我将无我，不负人民"的深厚情怀和使命担当，充分展现了习近平新时代中国特色社会主义思想始终坚持人民至上，不断实现好、维护好、发展好最广大人民根本利益。

实践没有止境，理论创新也没有止境。新时代新征程，不断谱写马克思主义中国化时代化新篇章，是当代中国共产党人的庄严历史责任。我们既要不断把为民造福事业推向前进，也要立足为民造福推进理论创新、进行理论创造，始终站稳人民立场、把握人民愿望、尊重人民创造、集中人民智慧，以始终造福人民的坚定性永葆马克思主义的生机活力。

（《人民日报》2023年04月10日 第9版）

42

中国的问题必须由中国人自己来解答

曾　峻

　　"必须坚持自信自立"，是党的二十大报告提出的"六个必须坚持"的重要内容，是习近平新时代中国特色社会主义思想的立场观点方法的重要体现。习近平总书记在党的二十大报告中指出："党的百年奋斗成功道路是党领导人民独立自主探索开辟出来的，马克思主义的中国篇章是中国共产党人依靠自身力量实践出来的，贯穿其中的一个基本点就是中国的问题必须从中国基本国情出发，由中国人自己来解答。"习近平总书记的重要论述，深刻总结了百余年来我们党推进理论创新的宝贵历史经验。必须坚持自信自立，体现了中国共产党和中国人民独立自主的探索和实践精神。

　　党的十八大以来，习近平总书记反复强调"要坚定中国特色社会主义道路自信、理论自信、制度自信、文化自信"，围绕坚定历史自信、增强历史主动发表了一系列重要论述。这种自信自立，生动体现在新时代中国共产党人的理论创新、实践探索和政治品格之中，充分彰显了习近平新时代中国特色社会主义思想的强大真理力量和实践伟力。深刻把握必须坚持自信自立这一立场观点方法，就要深刻领悟和牢牢把握"中国的问题必须从中国基本国情出发，由中国人自己来解答"这个基本点。

中国人对中国问题有着最深切的认识，对其独特成因有着最准确的把握，能够依靠自己的力量解答中国问题。近代以后，中华民族遭受了前所未有的劫难。中国共产党成立后，团结带领全国各族人民为争取民族独立、人民解放和实现国家富强、人民幸福而不懈奋斗。新民主主义革命时期，我们党团结带领人民反对帝国主义、封建主义、官僚资本主义，争取民族独立、人民解放。社会主义革命和建设时期，我们党团结带领人民实现从新民主主义到社会主义的转变，进行社会主义革命，推进社会主义建设。改革开放和社会主义现代化建设新时期，我们党团结带领人民继续探索中国建设社会主义的正确道路，解放和发展社会生产力，使人民摆脱贫困、尽快富裕起来。中国特色社会主义进入新时代，我们党团结带领人民全面建成小康社会、实现第一个百年奋斗目标，开启实现第二个百年奋斗目标新征程，朝着实现中华民族伟大复兴的宏伟目标继续前进。在百余年奋斗历程中，我们党在不同历史时期面临的主要任务各不相同，如何完成这些主要任务从来没有教科书，更没有现成答案。中国共产党和中国人民正是坚持自信自立，依靠自身力量，通过不断实践探索找到适合自己的道路和办法。

马克思主义的中国篇章是中国共产党人依靠自身力量实践出来的。百余年来，中国共产党人不断推进实践基础上的理论创新，不断推进马克思主义中国化时代化，谱写了马克思主义的中国篇章。我们党创立毛泽东思想，为中国革命和建设提供了科学理论指引。我们党创立邓小平理论，形成"三个代表"重要思想、科学发展观，形成中国特色社会主义理论体系，指引中国大踏步赶上时代。党的十八大以来，以习近平同志为主要代表的中国共产党人创立了习近平新时代中国特色社会主义思想。在以习近平同志为核心的党中央坚强领导下，在习近平新时代中国特色社会主义思想科学指引下，党和国家事业取得历史性成就、发生历史性变革，为实现中华民族伟大复兴提供了更为完善的制度保证、更为坚实的物质基础、更为主动的精神力量。回顾我们党百余年来推进理论创新、进行理论创造的历程可以清晰地看到，自信自立始终是我们党开辟马克思主义中国化时代化新境界坚持的重要原则。新时代十年，正是因为我们党坚持自信自立，在重大政治问题上有定力、有主见，不信邪、不怕鬼、不怕压，才能以更加积极的历史担当和创造精神为坚持和发展马克思主义不断作出新的贡献。

习近平总书记指出："人类历史上，没有一个民族、没有一个国家可以通过依赖外部力量、跟在他人后面亦步亦趋实现强大和振兴。那样做的结果，不是必然遭遇失败，就是必然成为他人的附庸。"自信是中国共产党素有的精神气度，自立是我们立党立国的重要原则。百余年来，中国人民对中国具体实际的把握、对中国问题的解答都是在中国共产党的领导下进行的。我们党勇于结合新的实践不断推进理论创新，形成为人民所喜爱、所认同、所拥有的理论，让党的创新理论成为指导人民认识世界和改造世界的强大思想武器。同时，我们党善于从人民中汲取智慧和力量，善于把亿万人民的创造伟力凝聚成攻坚克难的磅礴力量，带领人民不断从胜利走向新的胜利。历史告诉我们，坚持中国的问题必须由中国人自己来解答，是党的百余年奋斗历史经验的集中体现。新时代新征程，我们要全面贯彻习近平新时代中国特色社会主义思想，坚持自信自立，始终把中国发展进步的命运牢牢掌握在自己手中。

（《人民日报》2023年04月11日　第9版）

43

以满腔热忱对待一切新生事物

闫志民

习近平总书记在党的二十大报告中强调："紧跟时代步伐，顺应实践发展，以满腔热忱对待一切新生事物，不断拓展认识的广度和深度，敢于说前人没有说过的新话，敢于干前人没有干过的事情，以新的理论指导新的实践。"新生事物往往体现着社会发展的新方向和新趋势，蕴含着世界发展和人类进步的积极成果。以什么样的态度对待新生事物，是一个关系如何认识世界和改造世界的重大问题。以满腔热忱对待一切新生事物，彰显我们党把握时代大势、引领时代潮流的历史主动精神。

从社会发展规律来看，新生事物破土而出并非偶然，而是生产力和生产关系相互作用的结果。进入新时代，国际国内环境发生深刻复杂变化，我国发展面临新的战略机遇、新的战略任务、新的战略阶段、新的战略要求、新的战略环境。有效应对风险挑战，牢牢把握战略机遇和有利条件，首先要对新生事物保持高度敏锐和满腔热忱。这要求我们高度重视创新，全面推进创新，紧紧牵住创新这一"牛鼻子"，不断增强创新这个第一动力，在走近新生事物中科学研判发展态势，在研究新生事物中准确把握发展方向，在创造新生事物中主动引领发展潮流。

新生事物从萌芽破土成长为参天大树，看似是个体由小到大、由弱变强的过程，实则是发展理念、创新环境、制度保障、价值文化等诸多要素交互作用、系统集成的结果。只有从系统性、整体性上不断为新生事物发展壮大营造良好环境，开辟新领域新赛道，塑造新动能新优势，才能推动新生事物大量涌现、层出不穷，让创新在全社会蔚然成风。进入新时代，以习近平同志为核心的党中央顺应时代发展要求，着眼于解决重大理论和实践问题，将创新摆在国家发展全局的突出位置，把创新作为引领发展的第一动力，通过创新培育发展新动力。以前所未有的决心和力度冲破思想观念的束缚，突破利益固化的藩篱，坚决破除各方面体制机制弊端，不断推进理论创新、实践创新、制度创新、文化创新以及其他各方面创新，各领域基础性制度框架基本确立，许多领域实现历史性变革、系统性重塑、整体性重构。

抓创新就是抓发展，谋创新就是谋未来。党的十八大以来，一系列重大创新举措，为新生事物发展壮大营造了良好环境，为创新发展汇聚了强劲动能。世界知识产权组织发布的《世界知识产权指标》报告显示，2021年，中国国家知识产权局受理的专利申请数量排名世界第一，中国成为有效专利数量最多的国家。在《2022年全球创新指数报告》中，我国位列第十一位，较2012年上升23位，实现连续10年稳步提升。量子计算原型机"九章""祖冲之号"问世，首架C919大飞机正式交付，5G移动通信技术率先实现规模化应用……今天的中国，已跻身创新型国家行列，创新活力竞相迸发，发展动力日益增强。党的二十大报告对完善科技创新体系、加快实施创新驱动发展战略进行具体部署，体现了我们党对发展规律和时代趋势的深刻把握，展现出赢得优势、赢得主动、赢得未来的信心和决心。

新生事物往往蕴含着引领和推动社会进步的蓬勃朝气和旺盛生命活力，同时，受发展程度等因素影响，新生事物也具有一定的不稳定性和不确定性，人们对新生事物的认识也存在广度和深度方面的不充分性。以满腔热忱对待一切新生事物，既要主动走近、积极面对新生事物，又要深入研究、正向引导新生事物，在不断拓展认识广度和深度的基础上，在变与不变、继承与发展、原则性与创造性的辩证统一中，引领和促进新生事物沿着正确方向发展，通过充分激发全社会创新创造活力，推动中国式现代化不断取得新进展新突破。

（《人民日报》2023年04月12日　第9版）

44

以深化调查研究推动解决发展难题

洪银兴

习近平总书记在学习贯彻习近平新时代中国特色社会主义思想主题教育工作会议上强调："紧紧围绕高质量发展这个全面建设社会主义现代化国家的首要任务，以强化理论学习指导发展实践，以深化调查研究推动解决发展难题"。新时代新征程，我们所面临问题的复杂程度、解决问题的艰巨程度明显加大。要坚持问题导向，紧紧围绕高质量发展这个全面建设社会主义现代化国家的首要任务，努力作出符合中国实际和时代要求的正确回答，形成与时俱进的理论创新成果，更好推进中国式现代化伟大实践。

问题是创新的起点，也是创新的动力源。研究和解决我国经济问题，不能照搬照抄西方理论，食洋不化，而是要从我国经济发展实际出发，立足我国所处的发展阶段，清醒认识我国当前发展中需要解决的重大问题，以此为起点，分析问题、解决问题，不断推进理论创新和实践创新。比如，我国仍是发展中大国，已进入高质量发展阶段，人均国内生产总值接近高收入国家门槛，同时存在发展方式依然粗放、科技创新能力还不强、城乡区域发展和收入分配差距仍然较大、生态环境保护任务依然艰巨等问题。如何转变发展方式、优化经济结构、转换增长动力成为当前亟待解决的问题。又如，中国特色社会主义进入新时代，我国进入了新发展阶段。如何解决发展不平衡不充分问题，更好满足人民日益增长的美好生活需要，成为新阶段推动经济社会发展需要解决的重大问题。再如，我们已经踏上了全面建设社会主义现代化国家新征程，确立了到本世纪中叶把我国建成富强民主文明和谐美丽的社会主义现代化强国的宏伟目标。这意味着我们不仅要在经济、科技等方面赶上发达国家，而且要在促进人的全面发展和社会全面进步方面取得重要进展。如何实现这一宏伟目标，是推进中国式现代化需要解决的重大问题。此外，当今世界百年未有之大变局加速演进，我国发展的外部环境急剧变化，不确定难预料因素显著增多，尤其是以美国为首的西方国家对我实施全方位的遏制、围堵、打压，给我国发展带来前所未有的严峻挑战。在此背景下，如何维护我国产业链供应链安全稳定发展，也是我们必须面对的问题。这些都是时代考题，是我们在全面建设社会主义现代化国家进程中必须面对和解决的问题。

围绕高质量发展这个首要任务推进理论创新和实践创新，必须坚持问题导向，通过调查研究把握事物的本质和规律，找到破解难题的办法和路径；运用党的创新理论研究新情况、解决新问题、总结新经验、探索新规律。

深入调查研究推动高质量发展相关问题。高质量发展是全面建设社会主义现代化国家的首要任务。过去那种靠拼投入、拼资源、拼环境实现高速增长的经济发展方式已不可持续，亟待转变发展方式，推动高质量发展。我们要深入调查研究如何以创新、协调、绿色、开放、共享的内在统一来把握发展、衡量发展、推动发展，从而更好统筹质的有效提升和量的合理增长，加快实现以效率变革、动力变革促进质量变革，把发展成果不断转化为生活品质。

深入调查研究着力促进共同富裕相关问题。中国式现代化是全体人民共同富裕的现代化，共同富裕是中国特色社会主义的本质要求。随着我们完成脱贫攻坚、全面建成小康社会的历史任务，实现第一个百年奋斗目标，现在已经到了扎实推动共同富裕的历史阶段。党的二十大报告提出："着力促进全体人民共同富裕，坚决防止两极分化"。我们要始终把满足人民对美好生活的新期待作为理论创新的出发点和落脚点，聚焦如何提高发展的平衡性协调性包容性、如何扩大中等收入群体规模、如何促进基本公共服务均等化等问题开展深入调查研究，让现代化发展成果更多更公平惠及全体人民。

深入调查研究加快构建新发展格局相关问题。构建新发展格局是适应我国发展新阶段要求、塑造国际合作和竞争新优势的必然选择。要深化对畅通国内大循环的研究，助力打通阻碍国内大循环的堵点、卡点。从需求侧看，要聚焦完善收入分配制度、健全社会保障体系等，深入调查研究如何夯实扩大消费的基础，让老百姓能消费、愿消费、敢消费。从供给侧看，要聚焦提高供给体系对需求变化的适配性等，深入调查研究如何进一步深化供给侧结构性改革、加快突破关键核心技术"卡脖子"问题，如何加快建设现代化产业体系、构建优质高效的服务业新体系、促进数字经济和实体经济深度融合；等等。同时，要重视促进国内国际循环顺畅联通。

深入调查研究高水平对外开放相关问题。以开放促改革、促发展，是我国发展不断取得新成就的重要法宝。要深入调查研究如何深度参与全球产业分工和合作，稳步拓展规则、规制、管理、标准等制度型开放；如何深化国际科技交流合作，主动布局和积极利用国际创新资源，形成国际合作和竞争新优势；如何维护多元稳定的国际经济格局，形成具有全球竞争力的开放创新生态；如何积极参与全球经济治理体系改革，推动完善更加公平合理的国际经济治理体系；如何统筹好发展和安全，有效防范化解各类风险挑战，实现高质量发展和高水平安全的良性互动。

（《人民日报》2023年04月13日　第9版）

45

善用十个指头弹钢琴

殷 烁

要弹好钢琴，靠一个或几个指头肯定不行，灵活娴熟用好十个指头，方能弹奏出美妙的乐曲。其中体现的整体配合、系统协调的道理，广泛存在于生产生活当中。习近平总书记指出："必须在把情况搞清楚的基础上，统筹兼顾、综合平衡，突出重点、带动全局，有的时候要抓大放小、以大兼小，有的时候又要以小带大、小中见大，形象地说，就是要十个指头弹钢琴。"习近平总书记的重要论述，对于我们做好各项工作、推动事业发展具有重要指导意义。

在哲学层面，"十个指头弹钢琴"体现的是对马克思主义唯物辩证法的掌握和运用。事物是普遍联系的，事物及事物各要素相互影响、相互制约，整个世界是相互联系的整体，也是相互作用的系统。这要求我们从客观事物的内在联系去把握事物，全面系统、发展辩证地去认识问题、处理问题。

系统观念是辩证唯物主义的重要认识论和方法论，是具有基础性的思想和工作方法。早在20世纪50年代，毛泽东同志就指出："统筹兼顾，各得其所。这是我们历来的方针。"改革开放后，邓小平同志针对新时期的新情况新问题，提出"现代化建设的任务是多方面的，各个方面需要综合平衡，不能单打一"。习近平总书记在许多重要场合强调坚持系统观念，如"要坚持问题导向和系统观念，着力破除制约加快构建新发展格局的主要矛盾和问题，全面深化改革，推进实践创新、制度创新，不断扬优势、补短板、强弱项""建设中国特色社会主义法治体系，要顺应事业发展需要，坚持系统观念，全面加以推进""要坚持系统观念，从生态系统整体性出发，推进山水林田湖草沙一体化保护和修复，更加注重综合治理、系统治理、源头治理"等。

我国是一个超大规模国家，治理国家和社会是一个复杂的系统工程，必须下好全国一盘棋，统筹兼顾、协调推进。党的十八大以来，以习近平同志为核心的党中央结合新的实际，在全局上谋划、关键处落子、协同中发力，推动党和国家各项事业取得历史性成就、发生历史性变革。例如，面对各方面体制机制存在的突出矛盾，强调全面深化改革的系统性、整体性、协同性；面对逆全球化思潮抬头、国际局势急剧变化的外部环境，提出统筹国内国际两个大局、发展安全两件大事。在总揽全局、系统运筹的同时，注重优先解决主要矛盾和矛盾的主要方面，以重要领域和关键环节的突破带动全局。例如，把脱贫攻坚作为全面建成小康社会的底线任务，把降碳作为生态文明建设重点战略方向，把教育、科技、人才作为全面建设社会主义现代化国家的基础性、战略性支撑，等等，这些无不彰显出我们党对抓重点、抓关键、抓要害的战略考量。

千钧将一羽，轻重在平衡。当前，我国正在经历广泛而深刻的社会变革，前进道路上还会出现大量新情况新问题，还会面对各种矛盾和问题复杂交织的局面。领导干部心中有"谱"、胸中有"数"，对客观情况了然于胸，才能作出符合国家战略需求、符合人民群众根本利益的科学决策。在复杂形势中打开事业发展新局面，尤须"十个指头弹钢琴"，学会统筹兼顾、平衡把握、综合施策，通盘考虑各方面情况和进展，统筹好推进的速度、力度和进度，避免畸轻畸重、以偏概全。同时，也应当认识到，在不同阶段和时期，工作有主次之分、任务有大小之别，不能眉毛胡子一把抓，而要根据客观情况及其发展变化，理清工作思路、分清轻重缓急，确保各项工作有条不紊、有序运转。推进中国式现代化是一个系统工程，我们要坚持系统观念，全面协调推进各项工作，在党中央统一指挥的合奏中形成和声。

（《人民日报》2023年04月14日　第9版）

46

不断拓展世界眼光

曹　平

　　中国共产党是当今世界最大的马克思主义执政党。这种"大"，不仅表现在体量大、规模大，更体现在格局大、胸怀大。中国共产党所做的一切，就是为中国人民谋幸福、为中华民族谋复兴、为人类谋和平与发展。习近平新时代中国特色社会主义思想以高远视野把握新时代中国和世界发展大势，以宏阔格局思考人类前途命运走向，深刻彰显"兼济天下"的世界眼光和"天下为公"的博大情怀。用这一重要思想武装头脑、指导实践、推动工作，就要不断拓宽世界眼光，把中华民族伟大复兴战略全局和世界百年未有之大变局作为谋划工作的基本出发点，更好发展自身、造福世界。

　　世界眼光，体现为站在国内大局和国际大局相互联系的高度审视中国和世界发展、谋划党和人民事业发展的大局观念、战略思维，体现为把自身发展置于人类文明进步潮流之中、以自身发展推动人类文明进程的开阔胸怀和崇高担当。中国共产党历来强调树立世界眼光。在革命战争年代，我们党就认识到，中国革命是世界革命的一部分，自觉把中国革命进程与国际斗争形势联系在一起。改革开放后，邓小平同志指出，"现在的世界是开放的世界"，强调"放眼世界，放眼未来，也放眼当前，放眼一切方面"。进入新时代，中国与世界的交流互动空前紧密，相互影响日益加深。习近平总书记强调："我们要认识和把握自身发展和外部环境的互动变化，捕捉新机遇，定位新角色，创立新优势。"习近平新时代中国特色社会主义思想准确把握世界发展潮流和我国所处历史方位，在百年变局中擘画中华民族复兴伟业，在世界版图前思考人类前途命运，指引党和国家事业顺势而为、乘势而上，取得对世界具有深远影响的历史性胜利，并有力引领世界大变局发展方向。

当前，世界之变、时代之变、历史之变正以前所未有的方式展开。在一个国际形势深刻变化、外部挑战越发严峻的环境中扎实推进中国式现代化，对我们的世界眼光、战略视野都提出了更高要求。不谋全局者，不足以谋一域。把握时代脉搏、洞悉时代变化，才能赢得优势、赢得主动、赢得未来。党的十八大以来，习近平总书记提出了一系列原创性的治国理政新理念新思想新战略，在深刻把握国内外形势变化基础上，下出了把握未来发展主动权的先手棋。2020年3月，习近平总书记在浙江考察时发现，大进大出的环境条件已经变化，必须根据新的形势提出引领发展的新思路。在中央财经委员会第七次会议上，习近平总书记明确提出构建新发展格局。党的十九届五中全会对构建新发展格局作出全面部署。今天，构建新发展格局不断迈出新步伐，中国经济更具韧性、更有底气。拓展世界眼光，首先要认清时与势，从中把握危与机。要端起历史的望远镜，正确洞察国际形势，既看到和平、发展、合作、共赢的大势，也看到单边主义、霸权主义、零和思维沉渣泛起的逆流；要科学把握国内国际两个大局相互作用的态势，从中既看到机遇前所未有、挑战前所未有，也看到机遇和挑战新的变化，从而坚定必胜信心、保持战略定力，主动识变应变求变，从而化险为夷、化危为机，获得新的发展动力。

中国走的是和平发展道路，既着力把世界的机遇转变为中国的机遇，又坚持把中国的机遇转变为世界的机遇。拓展世界眼光，要在国内外机遇的相互转变上下功夫，推进中国式现代化在与世界各国的良性互动、互利共赢中深化拓展。当前，全球范围内新一轮科技革命和产业变革深入发展，带来许多新机遇。我们要准确把握学科交叉渗透、产学研深度融合、创新活动组织方式重构等变革趋势，努力赢得新科技浪潮的"科技红利"，塑造创新发展的引领态势和竞争新优势，把世界科技革命和产业变革的机遇转变为我国实现高水平科技自立自强的重大契机、转变为我国推进高质量发展的重大契机。同时也要让对外开放的大门越开越大，以更加开放的思维和举措推进国际科技交流合作，推动科技成果和科技发展经验共享，推动建设开放型世界经济，深度参与全球产业分工和合作，增加我国同各国利益的汇合点，为世界发展提供新动能、新机遇。

拓展世界眼光，要处理好自立自强与对外开放的关系，任何时候都把立足点放在国内，放在办好自己的事情和依靠自己的力量上。坚持独立自主，才不会在纷纭多变的国际乱象中迷失方向；更好争取开放发展中的战略主动，才能为世界发展进步作出更大贡献。我们要坚定不移走中国式现代化道路，坚持道不变、志不改，以中国式现代化理论和实践创新为人类对现代化道路的探索提供新动力，在人类的伟大时间历史中创造中华民族的伟大历史时间，携手各国推动历史车轮滚滚向前。

（《人民日报》2023年04月17日　第9版）

47

调查研究要端正态度

赵庆安

习近平总书记强调："调查研究是谋事之基、成事之道，没有调查就没有发言权，没有调查就没有决策权。"党的十八大以来，以习近平同志为核心的党中央高度重视调查研究工作，把改进调查研究作为中央八项规定的第一条。近日，中办印发《关于在全党大兴调查研究的工作方案》，对党员干部开展调查研究提出了重要要求。"欲事立，须是心立。"开展调查研究，首先要端正态度。以正确态度和科学方法进行调查研究，沉下心气、投入心力，才能察得实情、取得实效，调有所得、研有所获。

开展调查研究，要有实事求是的态度。毛泽东同志指出："一切结论产生于调查情况的末尾，而不是在它的先头。"调查研究之前，确定主题、制定具体方案是十分必要的，但结论一定是在调查研究之后、在科学分析研究基础上产生的。不能对调查得来的材料作主观裁剪拼凑，而要一切以事实为依据，在对材料进行全面综合分析研究的基础上深化认识，寻找解决问题的办法。

搞好调查研究，要树牢群众观点，坚持从群众中来，到群众中去。习近平总书记指出："人民群众的社会实践，是获得正确认识的源泉，也是检验和深化我们认识的根本所在。"党的十八大以来，习近平总书记走遍14个集中连片特困地区，走进贫困户的家里，直接听取贫困地区干部群众意见，在深入调查研究的基础上提出精准扶贫战略，不断完善扶贫思路和举措，带领全党全国各族人民打赢脱贫攻坚战。

开展调查研究，要真懂、真信群众是真正的英雄这个历史唯物主义的真理，眼睛向下、脚步向下，放下架子、扑下身子，真正和人民群众打成一片，倾听他们的呼声，体察他们的情绪，总结他们的经验，汲取他们的智慧，既听顺耳话也听逆耳言，赢得人民群众信任，真正把情况摸清、摸实、摸透。

当前，改革发展稳定面临的问题越来越复杂，人民群众的需求更趋多样化。调查研究要想有所收获，没有"钻"的精神和态度，不下一番细致深入的功夫是不行的。既要"身入"基层，也要"心到"基层，抓住主要矛盾和矛盾的主要方面往深里"钻"，逐步达到对事物本质的正确认识，避免浮在表面、流于形式。在这方面，我们党积累了很多有益经验和做法。比如，蹲点调研、解剖麻雀式调研就是十分有效的调研方式，我们要结合新的时代条件和具体工作要求将其运用于调查研究。细致深入的功夫要贯穿调查和研究两个环节。对调查得来的大量材料和情况，要进行一番交换、比较、反复的工作，由此及彼、由表及里，对问题进行深入分析，透过现象看到本质、找到规律，在此基础上作出正确决策。

调查研究的成效最终要体现在问题的解决上。以问题为导向，是开展调查研究应树立的正确态度。从贯彻新发展理念、构建新发展格局、推动高质量发展中的重大问题，到人民最关心最直接最现实的利益问题，全面从严治党中的重大问题……《关于在全党大兴调查研究的工作方案》从12个方面明确了调研内容，每一项都奔着问题去。开展好调查研究，要真研究问题、研究真问题，不仅要"看病"，还要"开方"。对调查研究中发现的问题要研究透彻，找准根源和症结，形成解决问题、促进工作的思路办法和政策举措。还要注意加强对调研课题完成情况、问题解决情况的督查督办和跟踪问效，使每一次调查研究的过程都成为推动问题解决、推动事业发展的过程。

（《人民日报》2023年04月19日　第9版）

48

在加强理论修养中提高政治能力

李林宝

在中央党校建校90周年庆祝大会暨2023年春季学期开学典礼上，习近平总书记指出："对领导干部来说，马克思主义这个看家本领掌握得越牢靠，政治站位就越高，政治判断力、政治领悟力、政治执行力就越强，观察时势、谋划发展、防范化解风险就越主动。"习近平总书记的重要论述，深刻阐明了领导干部加强理论修养的极端重要性，也为领导干部提高政治能力指明了方向。

旗帜鲜明讲政治，是马克思主义政党的鲜明特征，也是我们党一以贯之的政治优势。旗帜鲜明讲政治，提高政治能力，就要不断提高政治判断力、政治领悟力、政治执行力，这是对领导干部的重要要求，是领导干部的必修课、常修课。提高政治判断力、政治领悟力、政治执行力可以从许多方面入手，其中非常重要的就是加强理论学习、提升理论修养。这是因为，理论修养是领导干部综合素质的核心，理论上的成熟是政治上成熟的基础，政治上的坚定源于理论上的清醒。领导干部的理论修养在很大程度上决定其政治判断力、政治领悟力、政治执行力，决定其政治能力。

习近平总书记指出："增强政治判断力，就要以国家政治安全为大、以人民为重、以坚持和发展中国特色社会主义为本，增强科学把握形势变化、精准识别现象本质、清醒明辨行为是非、有效抵御风险挑战的能力。"马克思主义理论是关于自然界、人类社会和人类思维发展的一般规律的科学思想体系，学习马克思主义理论可以使人视野广阔、思路开阔，心明眼亮、明辨是非。对马克思主义理论特别是新时代党的创新理论掌握得越系统越牢固，政治判断力就越强。领导干部要加强理论学习，夯实理论功底，自觉用习近平新时代中国特色社会主义思想凝心铸魂，把握好这一重要思想的世界观和方法论，坚持好、运用好贯穿其中的立场观点方法，不断增强政治意识、加强政治历练，做到在重大问题和关键环节上头脑特别清醒、眼睛特别明亮，善于从一般事务中发现政治问题，善于从倾向性、苗头性问题中发现政治端倪，善于从错综复杂的矛盾关系中把握政治逻辑，坚持政治立场不移、政治方向不偏。

提高政治领悟力，需要提高从政治高度领会、体悟中央精神的能力。这就要求领导干部学深悟透习近平新时代中国特色社会主义思想，深刻领悟"两个确立"的决定性意义，增强"四个意识"、坚定"四个自信"、做到"两个维护"，胸怀"国之大者"，坚持用党中央精神分析形势、推动工作，自觉同以习近平同志为核心的党中央保持高度一致。要通过全面系统学、及时跟进学、深入思考学、联系实际学，自觉做习近平新时代中国特色社会主义思想的坚定信仰者和忠实实践者，不断提高理论素养、不断提高政治站位，自觉在大局下思考、在大局下行动。

提高政治执行力是加强理论修养的重要落脚点。党中央作出的决策部署，所有党组织、所有党员都要不折不扣地贯彻落实。广大党员、干部特别是领导干部做工作首先要自觉同党的基本理论、基本路线、基本方略对标对表，同党中央决策部署对标对表，及时校正偏差，做到党中央提倡的坚决响应、党中央决定的坚决照办、党中央禁止的坚决杜绝。要坚持不懈用习近平新时代中国特色社会主义思想凝心铸魂，以思想力量激扬奋进力量，以理论主动把握历史主动，强化责任意识，知责于心、担责于身、履责于行，敢于直面问题，不回避矛盾，不掩盖问题，以果敢坚定的行动确保党中央决策部署落实到位，不断把中国特色社会主义事业推向前进。

（《人民日报》2023年04月20日　第9版）

49

坚持把发展经济的着力点放在实体经济上

于春晖

实体经济是一国经济的立身之本，是财富创造的根本源泉，是国家强盛的重要支柱。我们党高度重视发展实体经济。习近平总书记强调，要坚持把发展经济的着力点放在实体经济上。在强国建设、民族复兴的新征程上，面对严峻复杂的国内外形势和艰巨繁重的改革发展稳定任务，我们要深刻认识发展实体经济的重要性，瞄准世界科技革命和产业变革方向，立足我国国情，把发展经济的着力点放在实体经济上，为构筑我国未来发展战略优势提供重要支撑。

党的二十大擘画了全面建设社会主义现代化国家、以中国式现代化全面推进中华民族伟大复兴的宏伟蓝图。把这一宏伟蓝图变为现实，必须坚持独立自主、自立自强，坚持把国家和民族发展放在自己力量的基点上。坚持把发展经济的着力点放在实体经济上，加快建设现代化产业体系，才能夯实构建新发展格局的物质技术基础，增强我国的生存力、竞争力、发展力、持续力，为推动高质量发展提供强大动力，把我国发展进步的命运牢牢掌握在自己手中。

党的十八大以来，在以习近平同志为核心的党中央坚强领导下，我国牢牢把握深化供给侧结构性改革这条主线，产业体系更加健全、产业链更加完整，产业整体实力、质量效益以及创新力、竞争力、抗风险能力显著提升，推动我国经济实现质的有效提升和量的合理增长，进一步筑牢了实体经济的根基。当前，党领导经济社会发展的体制机制不断完善，我们拥有显著的制度优势和不断提升的治理效能，我国经济韧性强、潜力足、长期向好的基本面没有改变，居民收入水平和消费水平不断提高，世界最大市场的潜力巨大。进一步发展实体经济，我们拥有坚定信心。

遵循经济规律，顺应发展大势，坚持把发展经济的着力点放在实体经济上，打造自主可控、安全可靠、竞争力强的现代化产业体系，需要保持战略定力和战略耐心，朝着既定的战略目标坚定不移前进。同时，要准确识变、科学应变、主动求变，下好化危为机先手棋，打好转型升级主动仗。一是坚持稳中求进，保持合理经济增速，为转型发展留出空间。以满足人民日益增长的美好生活需要为出发点和落脚点，把实施扩大内需战略同深化供给侧结构性改革有机结合起来，释放两者有机结合产生的新的巨大潜力，持续推进超大规模市场建设，为实体经济发展提供强劲持久动力。二是深入推进新型工业化，强化产业基础再造和重大技术装备攻关。推动制造业高端化、智能化、绿色化发展，提升其在全球产业分工中的地位和竞争力。抓住全球产业结构和布局调整过程中孕育的新机遇，勇于开辟新领域、制胜新赛道，发展壮大战略性新兴产业，打造高质量发展新引擎。推动短板产业补链、优势产业延链，传统产业升链、新兴产业建链，切实提升产业链供应链韧性和安全水平。优化生产力布局，推动重点产业在国内外有序转移，支持企业深度参与全球产业分工和合作，促进内外产业深度融合。三是深入实施科教兴国战略、人才强国战略、创新驱动发展战略，着力提升科技自立自强能力，努力突破关键核心技术难题，在重点领域、关键环节实现自主可控，掌握更多"撒手锏"技术，解决"卡脖子"问题。四是按照构建高水平社会主义市场经济体制、推进高水平对外开放的要求，深入推进重点领域改革，加快构建国内统一大市场，优化营商环境。持续完善全球化布局，在发展自己的同时更好贡献世界。

（《人民日报》2023年04月25日　第9版）

50

促进顶层设计与实践探索良性互动
——推进中国式现代化需要处理好的若干重大关系①

王　清

　　习近平总书记在学习贯彻党的二十大精神研讨班开班式上强调："推进中国式现代化是一个系统工程，需要统筹兼顾、系统谋划、整体推进，正确处理好顶层设计与实践探索、战略与策略、守正与创新、效率与公平、活力与秩序、自立自强与对外开放等一系列重大关系。"习近平总书记的重要论述，充分体现了马克思主义唯物辩证的思想方法，是我们党对推进中国式现代化认识的进一步深化。其中，摆在首位的就是处理好顶层设计与实践探索的关系。

　　顶层设计这个概念来自系统工程学，后来被引申应用于政治学、管理学、社会学等领域。顶层设计具有系统性、整体性、协同性、前瞻性等特征，强调从全局角度对相关各方面、各层次、各要素等进行统筹规划，为推动事业发展提供总体性的指导方案，目的在于协调各项工作，有力保障发展方向、目标、进度等。实践探索则强调一切从实际出发，既不裹足不前，又不盲目冒进，在实践中摸索规律、获得真知、积累经验，寻求有效解决新矛盾新问题的方法路径。顶层设计更注重系统思维和整体战略，为实践探索提供科学指引；实践探索则更注重创新思维和基层实践，为顶层设计提供实践基础。在现实中，只有把顶层设计与实践探索有机结合起来，才能有效推动工作。

我们党在波澜壮阔的改革发展历程中，既注重顶层设计，又重视实践探索。将顶层设计与实践探索有机结合，既是一条重要经验，也是一种重要思维方法。中国特色社会主义进入新时代，以习近平同志为核心的党中央加强顶层设计、鼓励实践探索，在实现二者的有机结合、良性互动中推动诸多重大决策、重大改革落实落地、见行见效。例如，我们党科学谋划和推进脱贫工作，把扶贫开发工作纳入"五位一体"总体布局、"四个全面"战略布局，明确脱贫攻坚的目标任务，提出精准扶贫精准脱贫，建立中国特色脱贫攻坚制度体系，为全面打赢脱贫攻坚战提供了科学指引。同时，鼓励贫困地区在党和国家大政方针的指引下，注重实践探索，因村因户因人施策，对症下药、精准滴灌、靶向治疗，真正发挥拔穷根的作用。又如，从建设雄安新区到支持深圳建设中国特色社会主义先行示范区、浦东打造社会主义现代化建设引领区、浙江高质量发展建设共同富裕示范区等，我们党把制定长期政策目标和广泛的政策试验结合起来，通过试点先行、由点到面，既实现改革的

"蹄疾步稳"，也将地方的创新精神融入中央的政策制定过程中，进一步提高了政策的创新力和适应力。

中国国土面积广袤、人口规模巨大、地区发展不平衡，在这样超大规模的国家实现现代化，尤其需要整体层面的战略谋划和部署。同时也要看到，各地情况复杂、差异大，顶层设计在基层落地，离不开基于客观实际的实践探索。推进中国式现代化，要坚持顶层设计与实践探索相结合，不断推动党和国家事业向前发展。在进行顶层设计时，要根据国内外形势的变化，准确把握人民群众的共同愿望，深入探索经济社会发展规律，使制定的规划和政策体系体现时代性、把握规律性、富于创造性，做到远近结合、上下贯通、内容协调。同时，推进中国式现代化是一项探索性事业，还有许多未知领域，需要我们尊重人民首创精神，在实践中大胆探索，努力创造可复制、可推广的鲜活经验，促进顶层设计与实践探索良性互动、相得益彰。

（《人民日报》2023年04月26日　第9版）

51

把战略的原则性和策略的灵活性有机结合起来

——推进中国式现代化需要处理好的若干重大关系②

杨　明

在学习贯彻党的二十大精神研讨班开班式上，习近平总书记深刻阐明推进中国式现代化是一个系统工程，需要统筹兼顾、系统谋划、整体推进，强调正确处理好一系列重大关系，其中包括战略与策略的关系。习近平总书记指出："要把战略的原则性和策略的灵活性有机结合起来，灵活机动、随机应变、临机决断，在因地制宜、因势而动、顺势而为中把握战略主动。"

战略与策略是辩证统一的。战略是从全局、长远、大势上作出判断和决策，策略在战略指导下为战略服务，从方法论的角度具体落实并推动实现战略目标。战略问题是一个政党、一个国家的根本性问题。只有站在时代前沿观察和思考，正确把握趋势性、前瞻性问题，牢牢把握战略主动权，才能推动事业发展。同时，正确的战略需要正确的策略来落实。没有适宜有效的策略，再正确的战略也会成为"空中楼阁"。正确处理好战略与策略的关系，既要把方向、抓大事、谋长远，又要抓准抓好工作的切入点和着力点，不断增强工作的系统性、预见性、创造性。

正确运用战略策略是我们党推进革命、建设、改革的一条重要经验。毛泽东同志指出，"我们党历来是重视战略的""政策和策略是党的生命"。邓小平同志指出，"战略问题是整个国家的问题""要用宏观战略的眼光分析问题，拿出具体措施"。江泽民同志强调："我们党的奋斗历史告诉我们，只有把马克思主义的基本原理同中国的具体实际相结合，科学地总结自己的经验，确定符合中国特点的前进道路和战略策略，我们的事业才能不断取得胜利。"胡锦涛同志指出："统筹国内国际两个大局，树立世界眼光，加强战略思维，善于从国际形势发展变化中把握发展机遇、应对风险挑战，营造良好国际环境。"新时代，习近平总书记高度重视战略策略问题，强调："要强化战略思维，保持战略定力，把谋事和谋势、谋当下和谋未来统一起来，因应情势发展变化，及时调整战略策略，加强对中远期的战略谋划，牢牢掌握战略主动权。"

推进中国式现代化是事关中华民族伟大复兴战略全局的宏大事业，我们既要善于把当前的问题放在历史长河中思考定位，保持历史耐心和战略定力，掌握战略主动权；又要脚踏实地做好自己的事情，积跬步以至千里。党的二十大擘画了全面建设社会主义现代化国家、以中国式现代化全面推进中华民族伟大复兴的宏伟蓝图，吹响了奋进新征程的时代号角。推进中国式现代化，是一项前无古人的开创性事业，必然会遇到各种可以预料和难以预料的风险挑战、艰难险阻甚至惊涛骇浪。我们要正确处理好战略与策略的关系，涉及我国发展、安全的重大问题，涉及经济、政治、文化、社会、生态等各方面的重要工作，都要从战略上进行思考谋划，也都需要以正确的策略、举措加以落实。

在推进中国式现代化的历史进程中，正确处理好战略与策略的关系，要坚持以习近平新时代中国特色社会主义思想为指导，贯彻落实党的二十大精神，在把握战略目标、战略要求的前提下，将宏伟蓝图转化为具体施工图。一方面，要保持战略定力，对形成的战略长期坚持、坚定执行。形势越是复杂，任务越是艰巨，越要保持"咬定青山不放松"的韧劲，扎扎实实办好自己的事。另一方面，坚持以灵活机动的策略推进中国式现代化，把全局和局部、当下和长远结合起来，有针对性地拿出贯彻战略意图的工作方案，致广大而尽精微。根据现实需要及时调整策略，实事求是分析新情况新问题，敏锐把握条件和形势的新变化，随机应变、因地制宜，确保党中央重大决策部署落到实处。

（《人民日报》2023年04月27日　第9版）

52

把握守正与创新的辩证统一

——推进中国式现代化需要处理好的若干重大关系③

夏锦文

　　守正创新是新时代的鲜明气象，也是习近平新时代中国特色社会主义思想的显著标识。在学习贯彻党的二十大精神研讨班开班式上，习近平总书记对推进中国式现代化需要处理好的若干重大关系作出深刻阐释、提出明确要求，其中之一就是正确处理好守正与创新的关系。这既是对推进中国式现代化提出的重要要求，也是对我们党探索现代化成功经验的深刻总结。

　　守正与创新相辅相成、辩证统一。"正"可以理解为事物的内在规定和质的要求，"新"可以理解为新的理论认识和创造性实践探索。守正创新，就是根据事物发展的内在要求，在遵循客观规律的基础上形成新判断、进行新创造、推动新进步。守正创新既是对中华优秀传统文化中恪守正道、革故鼎新观念的传承和弘扬，也是我们党推进理论创新、进行实践创造的重要经验。

实现现代化是近代以来中华民族孜孜以求的梦想。一百多年来，中国共产党团结带领中国人民矢志不渝追求民族复兴，不断探索现代化道路。经过数代人不懈努力，我们走出了中国式现代化道路。我们党领导人民不仅创造了世所罕见的经济快速发展奇迹和社会长期稳定奇迹，而且成功推进和拓展了中国式现代化，创造了人类文明新形态。中国式现代化既基于自身国情、又借鉴各国经验，既传承历史文化、又融合现代文明，既造福中国人民、又促进世界共同发展，是我们强国建设、民族复兴的康庄大道，也是中国谋求人类进步、世界大同的必由之路。

习近平总书记强调，"要守好中国式现代化的本和源、根和魂"。新时代，以习近平同志为核心的党中央提出分两步走在本世纪中叶建成富强民主文明和谐美丽的社会主义现代化强国，深入回答了中国式现代化一系列重大理论和实践问题，深刻阐释了中国式现代化的中国特色、本质要求、重大原则等。实践证明，中国式现代化道路行得通、走得远，是强国建设、民族复兴的唯一正确道路。守正，就要在推进中国式现代化进程中，守好这些中国特色、本质要求、重大原则，坚持党的基本理论、基本路线、基本方略，坚持党的十八大以来的一系列重大方针政策，确保中国式现代化的正确方向，不断开创中国式现代化新局面。

同时，推进中国式现代化是一项前无古人的开创性事业、探索性事业，还有许多未知领域，需要我们在实践中去大胆探索。我们要紧跟时代步伐，顺应实践发展，以满腔热忱对待一切新生事物，不断拓展认识的广度和深度。把创新摆在国家发展全局的突出位置，顺应时代发展要求，积极识变应变求变，大力推进理论创新、实践创新、制度创新、文化创新以及其他各方面创新，不断开辟发展新领域新赛道，不断塑造发展新动能新优势。进一步激发全社会干事创业的活力，营造干部敢为、地方敢闯、企业敢干、群众敢首创的好环境好生态，让创新创造的活力充分涌流、竞相迸发。

守正才能不迷失方向、不犯颠覆性错误，创新才能把握时代、引领时代。我们要正确处理好守正与创新的关系，在守正中把稳舵盘、保持航向，在创新中寻求突破、扬帆远航，更好地以中国式现代化全面推进中华民族伟大复兴。

（《人民日报》2023年05月04日　第9版）

53

统筹兼顾效率与公平

——推进中国式现代化需要处理好的若干重大关系④

赵 谦

习近平总书记在学习贯彻党的二十大精神研讨班开班式上发表的重要讲话，深刻阐述推进中国式现代化需要处理好的若干重大关系，其中之一是效率与公平的关系。习近平总书记强调："既要创造比资本主义更高的效率，又要更有效地维护社会公平，更好实现效率与公平相兼顾、相促进、相统一。"

一个国家要实现现代化，必须实现经济增长。从社会经济活动来看，效率主要表现为经济增长，公平则更多体现在收入分配上。但是，许多国家没能处理好效率与公平的关系，在经济增长过程中出现贫富两极分化，或者片面强调"公平"，掉入福利主义陷阱，进而带来一系列社会经济问题。

我们党在推进中国式现代化进程中，始终高度重视处理好效率与公平的关系。改革开放40多年来，我国经济社会发展取得伟大成就。1979年至2020年，我国国内生产总值年均增长

9.2%。新时代十年，我国经济实力实现历史性跃升。国内生产总值突破120万亿元、稳居世界第二位，全球创新指数排名上升到第十一位，货物贸易第一大国地位得到增强，制造业规模、外汇储备稳居世界第一。实践证明，中国式现代化伴随着社会经济效率的提高，充满勃勃生机。同时，全体人民共同富裕是中国式现代化的一个显著特征，体现中国特色社会主义的本质要求。习近平总书记指出："公平正义是我们党追求的一个非常崇高的价值，全心全意为人民服务的宗旨决定了我们必须追求公平正义，保护人民权益、伸张正义。"中国式现代化坚持以人民为中心的发展思想，这与西方一些国家遵循资本逻辑、放任两极分化、物质主义膨胀、对外扩张掠夺的发展模式有着本质区别。我们党坚持把实现人民对美好生活的向往作为现代化建设的出发点和落脚点，着力维护和促进社会公平正义，着力促进全体人民共同富裕。新时代十年，我们打赢脱贫攻坚战，创造彪炳史册的人间奇迹；建成全球最大的社会保障网；改造棚户区住房4200多万套、农村危房2400多万户，人民生活全方位改善。

公平要建立在效率的基础上，效率也要以公平为前提才能够持续。处理好效率与公平的关系，在做大"蛋糕"的同时分好"蛋糕"，让现代化建设成果更多更公平惠及全体人民，这是我们党带领人民推进中国式现代化的一条重要经验。一方面，必须不断提高经济效率，持续提升经济实力、释放社会活力，为全面建成社会主义现代化强国、为实现人民对美好生活向往奠定坚实物质基础；另一方面，要让每个人都有机会分享改革发展成果、参与到现代化进程中来，统筹兼顾地处理好效率与公平的关系。

以习近平同志为核心的党中央提出并贯彻落实新发展理念，加快构建新发展格局，着力推动高质量发展，实施供给侧结构性改革，制定一系列具有全局性意义的区域重大战略，我国经济实力、科技实力、综合国力不断跃上新台阶。同时，构建初次分配、再分配、第三次分配协调配套的制度体系，推动居民收入增长和经济增长基本同步、劳动报酬提高与劳动生产率提高基本同步，促进基本公共服务均等化，健全社会保障体系，推动全体人民共同富裕取得更为明显的实质性进展。在中国式现代化道路上，我们一定能够实现更高质量、更有效率、更加公平、更可持续、更为安全的发展，不断创造让世界惊叹的更大奇迹。

（《人民日报》2023年05月09日　第9版）

54

让社会既充满活力又安定有序
——推进中国式现代化需要处理好的若干重大关系⑤

郁建兴

　　习近平总书记在学习贯彻党的二十大精神研讨班开班式上，对推进中国式现代化需要处理好的若干重大关系作出深刻阐释、提出明确要求，其中一个重大关系就是活力与秩序的关系。一个现代化的社会，应该既充满活力又拥有良好秩序，呈现出活力和秩序的有机统一。扎实推进中国式现代化，要科学把握活力与秩序的辩证法，让我们的社会在现代化进程中既生机勃勃又安定有序。

　　纵观世界现代化发展历程，一个国家从传统社会走向现代社会，往往伴随着社会结构、社会关系、社会心理等多方面的深刻变化。处理好活力与秩序的关系，是一道世界性难题。新中国成立70多年来，中国共产党团结带领人民经过艰辛探索、付出巨大努力，创造了经济快速发展和社会长期稳定两大奇迹。对于中国这样一个幅员辽阔、人口众多的国家来说，用短短几十年时间走完发达国家几百年走过的工业化历程，并有效应对转型阵痛、协调好各方面关系，保持社会长期稳定，是十分了不起的，为破解现代化进程中活力与秩序的难题贡献了中国智慧。比如，我们坚持正确处理改革发展稳定关系，把改革力度、发展速度和社会可承受程度统一起来；发展全过程人民民主，把选举民主和协商民主结合起来，广泛凝聚社会共识，促进各方面关系和谐；加强和创新基层社会治理，形成并发展"枫桥经验"，将和谐稳定创建在基层；等等。这些实践探索和宝贵经验为我们在新征程上处理好活力与秩序的关系，续写两大奇迹新篇章奠定了基础。

改革开放是党和人民大踏步赶上时代的重要法宝，是决定当代中国命运的关键一招。推进中国式现代化，必须深入推进改革开放，激发全社会创新创造活力，为现代化建设注入源源不断的动力。要拿出更大的勇气、更多的举措深化各方面体制机制改革，抓住人民最关心最直接最现实的利益问题推进重点领域改革，增强人民获得感、幸福感、安全感，充分调动人民的积极性、主动性、创造性。充分激发各类经营主体活力，鼓励科学家、企业家、艺术家等各方面人才特别是青年人才创新创造，形成劳动创造财富、实干创造业绩、奋斗创造幸福的正确导向，使全社会形成改革创新活力竞相迸发、充分涌流的生动局面。要采取切实有效措施解决一些党员干部不愿担当、不敢担当、不善担当等问题，发挥制度保障和激励作用，充分调动广大党员干部干事创业的积极性。以良好党风政风带动社风民风，以党员干部干事创业、开拓进取的精神状态和奋进姿态带动全社会形成积极进取、向上向善的良好风尚。

站在新的起点上推进社会主义现代化建设，既面临难得机遇，也面对不少躲不开、绕不过的深层次矛盾，各种"黑天鹅""灰犀牛"事件随时可能发生。保持社会活而不乱、活跃有序的动态平衡，需要付出更大努力。要更好统筹发展和安全，贯彻总体国家安全观，健全国家安全体系，增强维护国家安全能力，坚定维护国家政权安全、制度安全、意识形态安全和重点领域安全。基层稳则国家安。要注重完善社会治理体系，在社会基层坚持和发展新时代"枫桥经验"，完善网格化管理、精细化服务、信息化支撑的基层治理平台，健全城乡社区治理体系，及时把矛盾纠纷化解在基层、化解在萌芽状态，使每个社会细胞都健康活跃。

寓活力于秩序、寓秩序于活力，在改革发展进程中科学处理活力与秩序的关系，推进中国式现代化行稳致远。一个充满生机而又稳定有序的中国，是中国式现代化的应有模样，也是东方大国向世界呈现的宏伟气象。

（《人民日报》2023年05月10日　第9版）

55

在自立自强中推进对外开放

——推进中国式现代化需要处理好的若干重大关系⑥

翟　崑

　　习近平总书记在学习贯彻党的二十大精神研讨班开班式上，深刻阐述了推进中国式现代化需要处理好的若干重大关系，其中一个重大关系就是自立自强与对外开放的关系。坚持自立自强，坚定不移走自己的路，才能始终把我国发展进步的命运牢牢掌握在自己手中。坚持对外开放，才能深化拓展与世界的沟通交往、互利合作，既利用好全球市场和资源发展自己，又推动世界共同发展。扎实推进中国式现代化，需要统筹好国内国际两个大局，用好国内国际两种资源，正确处理自立自强与对外开放的关系，不断拓展中国式现代化的发展空间。

　　中国式现代化是强国建设、民族复兴的唯一正确道路。这条道路之所以能成功，与我们党正确处理自立自强与对外开放的关系密不可分。探索现代化道路，不能跟在他人后面亦步亦趋，而要扎根本国土壤、顺应本国人民期待，同时借鉴各国经验。我们党坚持独立自主、自力更生，保持定力、坚定信心，持续推进理论和实践创新，成功推进和拓展了中国式现代化，使之既有各国现代化的共同特征，更有基于自己国情的鲜明特色。可以说，正是在"自立"探索的基础上，我们逐步走向了"自强"的道路。坚持自立自强，并不意味着封闭自己。对外开放是我国的基本国策。改革开放以来，我国打开国门搞建设，拥抱世界、学习世界、贡献世界，中国经济逐渐从全球价值链低端向中高端攀升，实现了体量和质量的双重提升。正是在与世界的紧密联系中，中国式现代化取得巨大成就，中国大踏步赶上时代。

当前，世界百年未有之大变局与中华民族伟大复兴战略全局相互交织，面对复杂外部环境和国内艰巨改革发展任务带来的各种压力和挑战，处理好自立自强和对外开放关系的重要性更加凸显。任何时候，我们都要把国家和民族发展放在自己力量的基点上，守好中国式现代化的本和源、根和魂，这是我们应对各种风险挑战、确保现代化进程不被迟滞甚至打断的关键。同时，要不断扩大高水平对外开放，深度参与全球产业分工与合作，为中国式现代化注入动力。没有自立自强，就会失去发展的立足点；没有对外开放，就会故步自封。只有在自立自强的前提下扩大对外开放，积极学习借鉴人类文明的一切有益成果，才能推动中国式现代化行稳致远。

新征程上，处理好自立自强与对外开放的关系，就要加快构建新发展格局，这是塑造我国国际合作和竞争新优势的必然选择。要立足超大规模市场优势，坚持扩大内需这个战略基点，激活需求潜力，提升供给能力，强化改革动力，实现供给和需求高水平动态平衡，增强国内大循环的内生动力。更加主动地扩大对外交流合作，继续扩大商品和要素流动型开放，稳步扩大规则、规制、管理、标准等制度型开放，增强国内国际两个市场两种资源联动效应，更好争取开放发展中的战略主动，在与世界的深度融合、互利共赢中为中国式现代化的推进积蓄更多能量。

构建新发展格局，必须牢牢守住安全发展的底线。要坚持统筹发展和安全，增强忧患意识，树立底线思维，着眼于增强发展的安全性稳定性，把增强产业链韧性和安全水平放在更加重要的位置，切实增强国内大循环的可靠性，夯实我国经济发展根基。抓紧补短板、强弱项，强化国家战略科技力量，加快科技自立自强步伐，坚决打赢关键核心技术攻坚战，破解重要领域"卡脖子"问题。要确保粮食、能源资源安全，提升战略性资源供应保障能力，为推进中国式现代化提供坚实保障。

（《人民日报》2023年05月11日　第9版）

56

以五大发展理念的内在统一来推动发展
——牢牢把握高质量发展这个首要任务①

王影迪

高质量发展是全面建设社会主义现代化国家的首要任务，是体现新发展理念的发展。习近平总书记在参加十四届全国人大一次会议江苏代表团审议时强调，"始终以创新、协调、绿色、开放、共享的内在统一来把握发展、衡量发展、推动发展"。这为我们从整体上、从内在联系中把握新发展理念，完整、准确、全面贯彻新发展理念提供了根本遵循。

新发展理念是一个系统的理论体系，五大方面既有各自内涵，更是一个整体。其中，创新是引领发展的第一动力，协调是持续健康发展的内在要求，绿色是永续发展的必要条件，开放是国家繁荣发展的必由之路，共享是中国特色社会主义的本质要求。五个方面紧密联系、相互支撑，只有充分理解和把握创新、协调、绿色、开放、共享的内在统一，才能找准推动高质量发展的正确方向。

五大发展理念内在统一于以人民为中心的发展思想。发展的目的在于造福人民。为人民谋幸福、为民族谋复兴，这既是我们党领导现代化建设的出发点和落脚点，也是新发展理念的"根"和"魂"。贯彻新发展理念，最大的受益者是人民，最大的动力来自人民。如果不发展或者发展不好，人民就不满意、不答应。高质量发展是能够很好满足人民日益增长的美好生活需要的发展。只有坚持以人民为中心的发展思想，坚持不懈推动创新发展、协调发展、绿色发展、开放发展、共享发展，才能真正使发展成果惠及最广大人民，实现高质量发展的根本目的。

五大发展理念内在统一于解决发展不平衡不充分问题。我国已成为世界第二大经济体，但我国仍然是世界上最大发展中国家，发展不平衡不充分问题突出。新发展理念具有鲜明的问题导向，是针对我国发展中的突出矛盾和问题提出来的。创新、协调、绿色、开放、共享五个方面分别针对的是发展动力问题、发展不平衡问题、人与自然和谐问题、发展内外联动问题、社会公平正义问题。立足新发展阶段的新要求，坚持问题导向，更加精准地贯彻新发展理念，采取更加精准务实的举措，才能切实解决好发展不平衡不充分问题，推动高质量发展。

五大发展理念内在统一于积极应对风险挑战。当前，世界之变、时代之变、历史之变正以前所未有的方式展开，我国改革发展稳定面临不少深层次矛盾躲不开、绕不过，发展进入战略机遇和风险挑战并存、不确定难预料因素增多的时期。积极应对外部环境变化带来的冲击挑战，关键在于办好自己的事，提高发展质量，提高国际竞争力，增强国家综合实力和抵御风险能力。只有实现创新成为第一动力、协调成为内生特点、绿色成为普遍形态、开放成为必由之路、共享成为根本目的的高质量发展，推动经济发展质量变革、效率变革、动力变革，才能不断增强发展的安全性和主动权。

完整把握、准确理解、全面落实新发展理念，必须坚持系统的观点，加强对各领域发展的前瞻性思考、全局性谋划、战略性布局、整体性推进，使发展的各方面相互促进；树立全面的观点，依照新发展理念的整体性和关联性进行系统设计，做到相互促进、齐头并进，使之协同发力、形成合力，不畸轻畸重，不以偏概全；坚持"两点论"和"重点论"的统一，善于厘清主要矛盾和次要矛盾、矛盾的主要方面和次要方面，区分轻重缓急，以重点突破带动整体推进，在整体推进中实现重点突破。始终以创新、协调、绿色、开放、共享的内在统一来把握发展、衡量发展、推动发展，就一定能够推动高质量发展取得新进展。

（《人民日报》2023年05月16日　第9版）

57

更好统筹质的有效提升和量的合理增长

——牢牢把握高质量发展这个首要任务②

陈建奇

习近平总书记在参加十四届全国人大一次会议江苏代表团审议时强调，"必须更好统筹质的有效提升和量的合理增长，始终坚持质量第一、效益优先，大力增强质量意识，视质量为生命，以高质量为追求"。这充分体现了我们党推动高质量发展的坚定决心，为我国经济发展指明了正确方向。我们要辩证认识和科学统筹经济发展质和量的关系，坚持以质取胜，以量变的积累实现质变，实现量质齐升的高质量发展。

经济发展是质和量的有机统一。量变积累到一定程度引起质变，质变推动形成新的量变，新的量变发展到一定程度又催生新的质变。质的提升为量的增长提供持续动力，量的增长为质的提升提供重要基础，二者相辅相成。新时代，我们把发展质量问题摆在更为突出的位置，经济发展在质和量上均取得历史性成就。过去十年，我国经济年均增长6.2%，在高基数基础上实现中高速增长、迈向高质量发展；经济结构不断优化，转型升级成效显著，过去五年单位国内生产总值能耗下降8.1%。我国近1亿农村贫困人口全部脱贫，历史性解决了困扰中华民族几千年的绝对贫困问题，全面建成小康社会，实现了第一个百年奋斗目标。实践表明，辩证认识和科学统筹经济发展质和量的关系，更好统筹质的有效提升和量的合理增长，才能推动经济发展质量变革、效率变革、动力变革，实现高质量发展。

质的有效提升是高质量发展的题中应有之义。我国已经全面建成小康社会，踏上了全面建设社会主义现代化国家的新征程，大部分领域"有没有"的问题基本解决，"好不好"的问题更加突出。低水平重复建设和单纯数量扩张没有出路，只有以质取胜、不断塑造新的竞争优势，才能支撑经济长期持续健康发展。不断提升国内供给质量水平，增加高质量产品和服务供给，有利于补齐经济发展短板，有效解决发展不平衡不充分问题；有利于满足居民多样化、多层次、多方面的消费需求，推动供需在更高水平上实现良性循环，推动实现高质量发展。

量的合理增长是推动质的有效提升、实现高质量发展的重要基础。当前，百年未有之大变局加速演进，世界进入新的动荡变革期。我国发展进入战略机遇和风险挑战并存、不确定难预料因素增多的时期。坚持稳中求进，保持量的合理增长，有助于保障宏观经济平稳运行，保障经济循环畅通，维护社会大局稳定，为质的有效提升奠定基础。推动经济实现更有效率、更高水平的量的增长，也有助于扩大中等收入群体、完善社会保障体系，促进经济社会各领域不断发展至更高水平，不断做大做强中国经济。

把经济发展的质和量有机统一起来，关键在于完整、准确、全面贯彻新发展理念，统筹发展和安全，通过量的合理增长支撑质的有效提升，通过质的有效提升引领量的合理增长，实现更高质量、更有效率、更加公平、更可持续、更为安全的发展。深入实施质量强国战略，树立质量第一的强烈意识，努力走以质取胜发展之路，形成全国上下竞相推动高质量发展的生动局面和强大合力，就能持续激发经济发展内生动力，推动经济高质量发展取得新突破，为全面建成社会主义现代化强国奠定坚实的物质技术基础。

(《人民日报》2023年05月17日　第9版)

58

以效率变革、动力变革促进质量变革

——牢牢把握高质量发展这个首要任务③

吴 萨

习近平总书记在参加十四届全国人大一次会议江苏代表团审议时强调，"必须坚定不移深化改革开放、深入转变发展方式，以效率变革、动力变革促进质量变革，加快形成可持续的高质量发展体制机制"。习近平总书记的重要论述，深刻阐明了质量变革是实现高质量发展的重要目标，明确指出了效率变革、动力变革是促进质量变革的有效手段，为我们在新征程上推动高质量发展提供了根本遵循。

当前，我国已经转入高质量发展阶段，人民群众对高品质产品和服务的需求越来越旺盛，转变发展方式、优化经济结构、转换增长动力的要求更加迫切。要把发展质量摆在更加突出位置，提高供给体系质量和效率，加快实现由低水平供需平衡向高水平供需平衡跃升。党的十八大以来，以习近平同志为核心的党中央顺应我国发展阶段、发展条件、发展格局变化，作出推动高质量发展的重大战略决策，坚定不移推进供给侧结构性改革，推动我国经济发展质量显著提高。新征程上，不断满足人民对美好生活的向往，实现全面建成社会主义现代化强国的宏伟目标，还需要不断提高我国发展质量和效益。促进质量变革，在狭义上要求突破制约产业发展的质量瓶颈、提高产品和服务质量；在广义上要求全面提高国民经济各领域各环节发展水平，培育以技术、标准、品牌、质量、服务等为核心的发展新优势。

推动效率变革，才能有力促进质量变革。效率变革的核心在于优化要素配置结构、提升投入产出效率，力争在更短时间、更深层次、更广领域提升经济发展的质量和效益。高水平社会主义市场经济体制为实现效率变革提供重要制度保障。我国社会主义市场经济体制不断完善，但还存在产权制度不完善、公平竞争制度不健全、要素市场发育滞后等短板和弱项。要进一步解放思想，坚持和完善社会主义基本经济制度，推动有效市场和有为政府更好结合，建立高效规范、公平竞争、充分开放的全国统一大市场，打通制约经济循环的关键堵点，使生产、分配、流通、消费各环节更加畅通，促进商品要素资源在更大范围内畅通流动，为加快实现效率变革提供高水平的制度保障。

实现动力变革，才能显著增强经济质量优势。动力变革的核心是加快实现新旧动能转换、提高全要素生产率。虽然我国经济总量稳居世界第二，但仍存在大而不强的问题，主要体现在原始创新不足、产业总体上处于中低端、一些高端技术及产品还依赖进口等。对此，必须充分发挥科学技术作为第一生产力的作用，充分发挥人才作为第一资源的作用，充分发挥创新作为引领发展第一动力的作用，努力开辟发展新领域新赛道、塑造发展新动能新优势。特别是要加强制造业领域科技创新，集聚力量进行原创性引领性科技攻关，坚决打赢关键核心技术攻坚战，加快实施一批具有战略性全局性前瞻性的国家重大科技项目。同时，要注重扩大国际科技交流合作，加强国际化科研环境建设，形成具有全球竞争力的开放创新生态。

新征程上，面对推动高质量发展中躲不开、绕不过的矛盾，我们既要以新发展理念引领全面深化改革，又要通过全面深化改革为完整、准确、全面贯彻新发展理念提供体制机制保障，着力破解深层次体制机制障碍、深入转变发展方式，以效率变革、动力变革促进质量变革，不断突破高质量发展的卡点瓶颈，有效解决发展不平衡不充分问题。

（《人民日报》2023年05月18日　第9版）

59

把发展成果不断转化为生活品质
——牢牢把握高质量发展这个首要任务④

丁任重

习近平总书记在参加十四届全国人大一次会议江苏代表团审议时强调，"必须以满足人民日益增长的美好生活需要为出发点和落脚点，把发展成果不断转化为生活品质，不断增强人民群众的获得感、幸福感、安全感。"我们要始终坚持以人民为中心的发展思想，牢牢把握高质量发展这个首要任务，不断提升我国经济发展的质量和效益，把发展成果不断转化为生活品质，更好满足人民日益增长的美好生活需要。

人民性是马克思主义最鲜明的品格。马克思、恩格斯指出，"无产阶级的运动是绝大多数人的，为绝大多数人谋利益的独立的运动"，在未来的社会主义制度中"社会生产力的发展将如此迅速""生产将以所有人的富裕为目的"。人民立场是中国共产党的根本政治立场，是马克思主义政党区别于其他政党的显著标志。毛泽东同志指出："我们这个队伍完全是为着解放人民的，是彻底地为人民的利益工作的。"邓小平同志指出："社会主义不是少数人富起来、大多数人穷，不是那个样子。社会主义最大的优越性就是共同富裕，这是体现社会主义本质的一个东西。"习近平总书记强调，"坚持以人民为中心的发展思想""人民对美好生活的向往，就是我们的奋斗目标"。

坚持以人民为中心的发展思想，不是一个抽象的、玄奥的概念，不能只停留在口头上、止步于思想环节，而是体现在经济社会发展各个环节。中国特色社会主义进入新时代，人民对美好生活的向往总体上已经从"有没有"转向"好不好"，呈现多样化、多层次、多方面的特点，期盼有更好的教育、更稳定的工作、更满意的收入、更可靠的社会保障、更高水平的医疗卫生服务、更舒适的居住条件、更优美的环境、更丰富的精神文化生活。以习近平同志为核心的党中央顺应人民群众对美好生活的向往，坚持以人民为中心的发展思想，贯彻新发展理念，着力推进高质量发展，在幼有所育、学有所教、劳有所得、病有所医、老有所养、住有所居、弱有所扶上持续用力，推动人民生活全方位改善。

当前，我们已经踏上了全面建设社会主义现代化国家、以中国式现代化全面推进中华民族伟大复兴的新征程。与此同时，我国发展不平衡不充分问题仍然突出。我们要深刻认识人民对美好生活的向往，增强解决发展不平衡不充分问题的针对性，把增进人民福祉、促进人的全面发展、朝着共同富裕方向稳步前进作为经济发展的出发点和落脚点，把发展成果不断转化为生活品质。

把发展成果不断转化为生活品质，要完整、准确、全面贯彻新发展理念，加快实施创新驱动发展战略，提高经济发展质量和效益，生产出更多更好的物质和精神产品，不断满足人民日益增长的物质文化需要。要把人民放在心中最高位置，坚持全心全意为人民服务的根本宗旨，实现好、维护好、发展好最广大人民根本利益，把人民拥护不拥护、赞成不赞成、高兴不高兴、答应不答应作为衡量一切工作得失的根本标准。要坚持在发展中保障和改善民生，解决好人民最关心最直接最现实的利益问题，更好满足人民对美好生活的向往，推动改革发展成果更多更公平惠及全体人民，推动人的全面发展、全体人民共同富裕取得更为明显的实质性进展。

（《人民日报》2023年05月23日　第9版）

60

把战略的原则性和策略的灵活性有机结合起来

晏　黎

　　"要把战略的原则性和策略的灵活性有机结合起来，灵活机动、随机应变、临机决断，在因地制宜、因势而动、顺势而为中把握战略主动。"习近平总书记在学习贯彻党的二十大精神研讨班开班式上发表的重要讲话，为我们准确把握战略与策略的关系，运用科学战略策略推进中国式现代化提供了重要方法论指引。

　　战略与策略是辩证统一的，战略主要从全局、长远、大势上作出判断和决策，策略则在战略指导下为战略服务，正确的战略需要正确的策略来落实。100多年来，我们党总是能够在重大历史关头从战略上认识、分析、判断面临的重大历史课题，以战略的稳定性、措施的灵活性有效应对前进道路上的各种风险挑战，不断从胜利走向胜利。这既是我们党创造辉煌历史、成就千秋伟业的成功秘诀，也是推进中国式现代化必须总结好、运用好的重要经验方法。

推进中国式现代化是一项前无古人的开创性事业，不可避免地会遇到各种可以预料和难以预料的风险挑战、艰难险阻甚至惊涛骇浪。只有深刻把握战略与策略的辩证统一关系，在保持战略原则性的同时增强策略的灵活性，才能做到主动识变应变求变、因时因势而动，把战略主动权牢牢掌握在自己手中。比如，面对来势汹汹的新冠疫情，以习近平同志为核心的党中央始终坚持人民至上、生命至上，以强烈的历史担当和强大的战略定力，动态优化调整疫情防控措施，高效统筹疫情防控和经济社会发展，最大程度保护人民生命安全和身体健康，最大限度减少疫情对经济社会发展的影响，创造了人类文明史上人口大国成功走出疫情大流行的奇迹。又如，我们党强调统筹维护和塑造国家安全，准确把握当今世界发展大势和时代发展潮流，在变局中把握规律、在乱局中趋利避害、在斗争中争取主动，不断塑造总体有利的国家安全战略态势。

推进中国式现代化，是一项长期的系统性工程。只有把战略的原则性和策略的灵活性有机结合起来，在战略层面发扬钉钉子精神，一张蓝图绘到底，在策略层面注重灵活性、协调性、配套性，确保策略紧密对接战略、有力支撑战略，才能朝着既定战略方向稳步前进。充分发挥战略管全局的作用，需要在统筹协调中把宏观战略谋划和具体策略规划结合起来，使之形成合力，通过强化策略的集成效应推动战略实施。充分发挥战略管长远的作用，需要增强战略的前瞻性和稳定性，准确把握事物发展的必然趋势，让战略一经形成就长期坚持、一抓到底、善作善成，并以策略的灵活性和可持续性保证战略目标贯彻落实。

实现战略的原则性和策略的灵活性有机结合，关键在人。党的二十大擘画了全面建设社会主义现代化国家、以中国式现代化全面推进中华民族伟大复兴的宏伟蓝图，明确了新时代新征程党和国家事业发展的目标任务，作出深入实施科教兴国战略、人才强国战略、创新驱动发展战略等一系列重大战略部署。党员干部要始终牢记"国之大者"，胸怀大局、把握大势、着眼大事，不断提高政治判断力、政治领悟力、政治执行力，保持战略上的清醒和坚定，以"功成不必在我"的境界和"功成必定有我"的担当贯彻落实好党中央的战略部署。始终坚持战略和策略的辩证统一、有机结合，在准确判断和把握形势的基础上制定切合实际的目标任务、政策策略，为把宏伟蓝图变成美好现实作出应有贡献。

（《人民日报》2023年05月24日　第9版）

61

以学铸魂　坚定理想信念

曾建平

　　以学铸魂，是开展学习贯彻习近平新时代中国特色社会主义思想主题教育的重要目标任务。2023年4月13日，习近平总书记在广东考察时围绕"以学铸魂"提出明确要求，强调"坚定理想信念""铸牢对党忠诚""站稳人民立场"。我们要坚持不懈用习近平新时代中国特色社会主义思想改造主观世界，深刻领会这一重要思想关于坚定理想信念、提升思想境界、加强党性锻炼等一系列要求，经受思想淬炼、精神洗礼，做好深化、内化、转化工作，从思想上正本清源、固本培元，始终保持共产党人的政治本色。

　　我们党之所以能够经受一次次挫折而又一次次奋起，归根到底是因为我们党有远大理想和崇高追求。全体党员理想信念坚定，党就拥有无比强大的力量。习近平总书记强调："认识真理，掌握真理，信仰真理，捍卫真理，是坚定理想信念的精神前提。"中国共产党人的理想信念，建立在马克思主义科学真理的基础之上。习近平新时代中国特色社会主义思想是当代中国马克思主义、二十一世纪马克思主义。以学铸魂，就要全面学习领会习近平新时代中国特色社会主义思想，全面系统掌握这一重要思想的基本观点、科学体系，深刻领会这一重要思想对共产党执政规律、社会主义建设规律、人类社会发展规律的深化认识，不断厚植理想信念的科学理论基础。坚持学而信、学而思、学而行，坚定对马克思主义的信仰、对中国特色社会主义的信念、对实现中华民族伟大复兴中国梦的信心，增强对党的价值追求和前进方向的高度政治认同，把学习成果转化为不可撼动的理想信念，转化为正确的世界观、人生观、价值观，用理想之光照亮奋斗之路，用信仰之力开创美好未来。

对党忠诚，是共产党人首要的政治品质。正是千千万万个党员以绝对忠诚铸就了我们党的无坚不摧、无往不胜。习近平总书记强调："忠诚不是自然而然产生的，对党要有朴素的感情，更要有理性的自觉。"增强理性的自觉，就要提升理论素养。习近平新时代中国特色社会主义思想集中反映了中国共产党人的政治品格、价值追求、精神风范，闪耀着真理和人格的光芒。要通过深学细思，不断增进对这一重要思想的政治认同、思想认同、理论认同、情感认同，把学习成果转化为真心爱党、时刻忧党、坚定护党、全力兴党的信念和行动。深刻领会这一重要思想关于对党忠诚的重要要求，自觉坚持党的全面领导，维护党中央权威和集中统一领导，不断提高政治判断力、政治领悟力、政治执行力，始终在政治立场、政治方向、政治原则、政治道路上同党中央保持高度一致，把对党忠诚体现到贯彻落实好党中央决策部署的实际行动上。

人民立场是中国共产党的根本政治立场，是马克思主义政党区别于其他政党的显著标志。坚持人民至上，是贯穿习近平新时代中国特色社会主义思想的一条红线，深刻体现这一重要思想的鲜明本色和根本立场。全面建成社会主义现代化强国，人民是决定性力量。只要党和人民始终保持血肉联系，始终站在一起、想在一起、干在一起，就能战胜前进道路上的一切艰难险阻。全面学习领会习近平新时代中国特色社会主义思想，要深刻感悟这一重要思想至真至诚的人民情怀，深刻把握人民是历史创造者这一历史唯物主义的基本观点，深刻体会人民是我们党执政的最深厚基础和最大底气，在学习中感悟初心使命、增强宗旨意识、树牢群众观点。牢固树立以人民为中心的发展思想，坚持一切为了人民、一切依靠人民，自觉问计于民、问需于民，提升服务群众本领，把惠民生的事办实、暖民心的事办细、顺民意的事办好，让现代化建设成果更多更公平惠及全体人民，以推动高质量发展的新成效检验主题教育成果，以人民群众急难愁盼问题的解决、民生福祉的增进来体现主题教育的实效。

（《人民日报》2023年05月25日 第9版）

62

以学增智　提高履职尽责能力水平

任　祥

开展学习贯彻习近平新时代中国特色社会主义思想主题教育，要在以学增智上取得实实在在的成效。习近平总书记近日在听取陕西省委和省政府工作汇报时强调，"以学增智，就是要从党的科学理论中悟规律、明方向、学方法、增智慧，把看家本领、兴党本领、强国本领学到手"，并从"提升政治能力""提升思维能力""提升实践能力"三个方面提出具体要求。我们要把握好习近平新时代中国特色社会主义思想的世界观和方法论，坚持好、运用好贯穿其中的立场观点方法，特别是熟练运用其中蕴含的领导方法、思想方法、工作方法解决问题、推动工作，提高履职尽责能力水平，努力创造经得起历史和人民检验的实绩。

我们党作为马克思主义政党，讲政治是突出特点和优势。新时代，以习近平同志为核心的党中央把党的政治建设作为党的根本性建设，把政治能力作为领导干部的首要履职能力。从提出"全面从严治党首先要从政治上看""政治问题要从政治上来解决",到提出"提高政治判断力、政治领悟力、政治执行力"等,习近平新时代中国特色社会主义思想蕴含的关于提高领导干部政治能力的重要论述,深刻阐明了新时代提高领导干部政治能力的重要意义、丰富内涵和实践要求。要结合新时代我们党抓住政治建设这个"牛鼻子"、根本扭转了管党治党宽松软状况的不平凡历程,深刻学习贯彻习近平总书记重要论述,对"国之大者"了然于胸,善于从党和人民的立场、党和国家工作大局出发想问题、作决策、办事情。练就一双政治慧眼,学会从政治上分析问题、解决问题,善于从繁杂问题中把握事物的规律性、从苗头问题中发现事物的趋势性、从偶然问题中认识事物的必然性,看清本质、抓住根本。增强政治敏锐性和鉴别力,善于驾驭复杂局面、凝聚社会力量、防范政治风险,切实担负好党和人民赋予的政治责任,真正成为政治上的明白人。

掌握和运用科学思想方法是我们党不断取得胜利的宝贵经验。只有把思想方法搞对头,认识问题才能站得高,分析问题才能看得深,才能有效提升工作的科学性、预见性、主动性、创造性。习近平新时代中国特色社会主义思想坚持和运用马克思主义立场观点方法,既部署"过河"的任务,又指导解决"桥或船"的问题,为我们认识问题、分析问题、解决问题树立了典范。要准确把握包括"六个必须坚持"在内的习近平新时代中国特色社会主义思想的立场观点方法,将其转化为自己的科学思想方法，作为研究问题、解决问题的"总钥匙"。从新时代十年我们党攻克难题挑战、办成大事要事的过程，深刻体会其中的科学思想方法，切实提高战略思维、辩证思维、系统思维、创新思维、历史思维、法治思维、底线思维能力，做到善于把握事物本质、把握发展规律、把握工作关键、把握政策尺度，做到方向明确、头脑清醒、应对有方、行动有力。

坚持认识和实践相结合、理论和实际相联系、改造主观世界和改造客观世界相统一，是我们党历次开展主题教育的一贯要求。通过理论学习增长的智慧最终要转化为干事创业的实践能力，不断破解改革发展难题、开创事业发展新局面。全面把握习近平新时代中国特色社会主义思想一系列新理念新思想新战略的实践要求，增强推动高质量发展、服务群众、防范化解风险本领，加强斗争精神和斗争本领养成，着力增强防风险、迎挑战、抗打压能力。现在，我国发展领域不断拓宽、分工日趋复杂、形态更加高级、国际国内联动更加紧密，这些都对领导干部的能力和素质提出了更高要求。要及时填知识空白、补素质短板、强能力弱项，不断丰富专业知识、提升专业能力、锤炼专业作风、涵养专业精神，多掌握"几把刷子"，努力成为本职工作的行家里手，更好履行党和人民赋予的职责使命。

（《人民日报》2023年05月30日 第9版）

63

以学正风　永葆清正廉洁政治本色

赵　罡

在学习贯彻习近平新时代中国特色社会主义思想主题教育工作会议上，习近平总书记指出："努力在以学铸魂、以学增智、以学正风、以学促干方面取得实实在在的成效。"以学正风，是习近平总书记从新时代新征程党和国家事业发展全局的战略高度提出的明确要求。广大党员、干部要自觉用习近平新时代中国特色社会主义思想改造主观世界，持续涵养廉洁奉公正气，做良好政治生态和社会风气的引领者、营造者、维护者。

中国共产党人在长期艰苦斗争环境中锻造了吃苦耐劳、艰苦奋斗的优秀品格，始终保持谦虚谨慎、艰苦奋斗的光荣传统和优良作风，成为我们党在不同历史时期战胜各种风险挑战、不断从胜利走向胜利的重要保证。党的十八大以来，面对"四大考验""四种危险"以及"四个不纯"长期存在的现实和管党治党一度宽松软的问题，习近平总书记指出"办好中国的事情，关键在党，关键在坚持党要管党、全面从严治党"，提出新时代党的建设总要求，强调以党的政治建设为统领，落实管党治党政治责任。习近平总书记关于全面从严治党的重要论述，坚持马克思主义建党学说基本原则，深化了我们党对共产党执政规律、党的建设规律的认识，为党长期执政、永葆活力提供了根本遵循。面对新形势新任务，我们必须把党的光荣传统和优良作风传承好发扬好。

习近平总书记强调："党的作风就是党的形象，关系人心向背，关系党的生死存亡。我们党作为一个在中国长期执政的马克思主义政党，对作风问题任何时候都不能掉以轻心。"以习近平同志为核心的党中央率先垂范，把纪律和规矩挺在前面，坚决纠正形式主义、官僚主义、享乐主义和奢靡之风，坚决破除特权思想、特权行为，坚决整治群众身边的腐败和不正之风。经过持之以恒正风肃纪，真管真严、敢管敢严、长管长严氛围基本形成，党风政风焕然一新，社风民风持续向好。

理论上的成熟是政治上成熟的基础，政治上的坚定源于理论上的清醒。以学正风，就是要通过教育引导党员、干部从思想上正本清源、固本培元，时刻保持思想上的清醒和坚定，筑牢信仰之基、补足精神之钙、把稳思想之舵，为涵养廉洁奉公正气打牢思想基础。习近平新时代中国特色社会主义思想贯穿着中国共产党人政治品格、价值追求、精神境界、作风操守的要求。党员干部要加强理论学习、提升理论修养，坚持不懈用习近平新时代中国特色社会主义思想凝心铸魂，不断提高政治判断力、政治领悟力、政治执行力。牢固树立正确的权力观、政绩观、事业观，秉公用权、依法用权、廉洁用权、为民用权，自觉接受监督、真诚对待监督。不断提升党性修养和思想境界，保持对远大理想和奋斗目标的执着追求，同时要知敬畏、存戒惧、守底线，永葆共产党人清正廉洁政治本色。

作风问题的核心是党同人民群众的关系问题。以学正风，必须学深悟透做实习近平新时代中国特色社会主义思想，紧紧围绕保持党同人民群众的血肉联系，增强群众观念和群众感情，用实际行动坚持为群众办实事、解难题，不断厚植党执政的群众基础。

（《人民日报》2023年05月31日　第9版）

64

以学促干 积极担当作为

高 岩

在学习贯彻习近平新时代中国特色社会主义思想主题教育工作会议上，习近平总书记强调："开展这次主题教育，根本任务是坚持学思用贯通、知信行统一，把新时代中国特色社会主义思想转化为坚定理想、锤炼党性和指导实践、推动工作的强大力量，使全党始终保持统一的思想、坚定的意志、协调的行动、强大的战斗力，努力在以学铸魂、以学增智、以学正风、以学促干方面取得实实在在的成效。"以学促干，就是要推动党员干部积极担当作为，不断开创事业发展新局面。

以学促干，首先要学。理论修养是干部综合素质的核心。从一定意义上说，掌握马克思主义理论的深度，决定着政治敏感的程度、思维视野的广度、思想境界的高度。党员干部如果只满足于干好眼前的事情，止步于程序性的工作，固守于既有工作方法，不肯加强理论学习，或者不善于把学习成果转化为干事创业的实际本领，就很难打开工作新局面、推动事业发展跃上新台阶。学精悟透用好马克思主义看家本领，政治站位就会更高，政治判断力、政治领悟力、政治执行力就会更强，观察时势、谋划发展、防范化解风险就会更主动。

新征程上，面对错综复杂的国际国内形势、艰巨繁重的改革发展稳定任务、各种不确定难预料的风险挑战，我们要赢得优势、赢得主动、赢得未来，必须不断提高运用马克思主义分析和解决实际问题的能力，有效应对重大挑战、抵御重大风险、克服重大阻力、化解重大矛盾、解决重大问题。习近平新时代中国特色社会主义思想是全党全国人民为实现中华民族伟大复兴而奋斗的行动指南。只有坚持不懈用习近平新时代中国特色社会主义思想凝心铸魂，我们党才能团结带领人民全面建成社会主义现代化强国、实现第二个百年奋斗目标，以中国式现代化全面推进中华民族伟大复兴。我们要沉下心来学习，认真读原著、学原文、悟原理，不断增进对党的创新理论的政治认同、思想认同、理论认同、情感认同，全面学习领会习近平新时代中国特色社会主义思想的科学体系、精髓要义、实践要求，做到整体把握、融会贯通，切实把这一重要思想变成改造主观世界和客观世界的强大思想武器。

学习的目的全在于运用，要切实做到以学促干。我们党百年奋斗的伟大成就都是党团结带领全国各族人民拼出来、干出来的，要把党的二十大描绘的宏伟蓝图变成现实，仍然要靠拼、要靠干。要通过开展这次主题教育，教育引导广大党员干部学思想、见行动，树立正确的权力观、政绩观、事业观，增强责任感和使命感，不断提高推动高质量发展本领、服务群众本领、防范化解风险本领，加强斗争精神和斗争本领养成，提振锐意进取、担当有为的精气神。

以学促干，就要坚持围绕中心、服务大局，紧密结合工作职责需要，把开展主题教育同贯彻落实党中央各项决策部署结合起来，同推动本地区本部门本单位的中心工作结合起来，将主题教育激发出来的学习、工作热情进一步转化为攻坚克难、干事创业的强大动力。要从习近平新时代中国特色社会主义思想中汲取奋发进取的智慧和力量，熟练掌握其中蕴含的领导方法、思想方法、工作方法，不断提高履职尽责的能力和水平，凝心聚力促发展，驰而不息抓落实，立足岗位作贡献，努力创造经得起历史和人民检验的实绩。

确保这次主题教育取得预期效果，就要在以学促干方面取得实实在在的成效。我们要深刻认识开展这次主题教育的重大意义，牢牢把握"学思想、强党性、重实践、建新功"的总要求，紧紧围绕新时代新征程党的中心任务，真抓实干、务求实效，聚焦问题、知难而进，以时时放心不下的责任感、积极担当作为的精气神为党和人民履好职、尽好责，以新气象新作为不断开创事业发展新局面。

（《人民日报》2023年06月01日　第9版）

65

发扬钉钉子精神

刘大成

发扬钉钉子精神，是指做事情要有一种稳扎稳打、锲而不舍的精神状态。习近平总书记强调："干部干事创业要树立正确政绩观，有功成不必在我的精神境界、功成必定有我的历史担当，发扬钉钉子精神，脚踏实地干。"新时代新征程，我们要深入贯彻落实习近平总书记的重要要求，大力发扬钉钉子精神。

干事创业，目标任务一旦确定，就要发扬钉钉子精神，全力以赴，久久为功。对于个人成长来说，发扬钉钉子精神，脚踏实地，一点一滴积累，才能增长学识、锻炼才干。对于一个单位、一个地区发展来说，在目标任务确定之后，发扬钉钉子精神，一任接着一任干，一张蓝图绘到底，才能干出成效。历史和现实充分证明，发扬钉钉子精神，一步一个脚印，保持力度、保持韧劲，善始善终、善作善成，是我们推动党和国家事业发展的宝贵经验。

中国共产党人在长期奋斗历程中不畏艰险、艰苦奋斗，始终保持战略定力和耐心，遇到任何困难都不畏缩、不动摇，始终发扬钉钉子精神，一茬接着一茬干，创造了无愧历史和人民的业绩。进入新时代，我们动员全党全国全社会力量，组织实施人类历史上规模最大、力度最强的脱贫攻坚战，攻克了一个又一个贫中之贫、坚中之坚，历史性地解决了绝对贫困问题，创造了人类减贫史上的奇迹；我们加快发展方式绿色转型，深入推进环境污染防治，咬住问题不放松，持续推进生态文明建设，美丽中国天更蓝、山更绿、水更清；我们持续整治"四风"，一个问题一个问题解决，一个节点一个节点坚守，刹住了一些长期没有刹住的歪风邪气，解决了一些长期没能解决的顽瘴痼疾，党风政风焕然一新，社风民风持续向好……这些都生动诠释了中国共产党人的钉钉子精神。

习近平总书记强调："干事业就要有钉钉子精神，抓铁有痕、踏石留印，稳扎稳打向前走，过了一山再登一峰，跨过一沟再越一壑，不断通过化解难题开创工作新局面。"一代人有一代人的际遇，一代人有一代人的奋斗。全面建成社会主义现代化强国、全面推进中华民族伟大复兴，是充满光荣和梦想的远征。蓝图已经绘就，号角已经吹响。在强国建设、民族复兴的新征程上，广大党员干部要发扬钉钉子精神，锲而不舍地将党中央的决策部署落到实处。

钉钉子往往不是一锤子就能敲好的，而是需要找准位置，一锤接着一锤敲，直到把钉子准确、牢固地钉住。党员干部发扬钉钉子精神，就要坚持钉准、钉稳、钉实，真正实现目标任务。首先要钉准，即找准定位、抓住重点。要明确自己的目标任务，把握好自己的工作重点，确保不跑偏、不走样、不变形。比如，为群众办事，首先要了解群众的实际需求，找准群众最关心最直接最现实的利益问题，将其作为开展工作的落脚点。其次，要钉稳，即稳扎稳打、持之以恒。要有长远眼光，不能急功近利，始终保持恒心和耐心，不断推进工作。工作中要啃的硬骨头，通常是多年积累的"老大难"问题，解决这样的问题就不能搞"一阵风"，必须久久为功，逐一梳理问题，列出解决措施，做到问题不解决不松劲、解决不彻底不放手。最后，要钉实，即埋头苦干、务求实效。工作中要脚踏实地，不图虚名、不做虚功，勇于担当、积极作为，以务实的态度推进工作，把惠民生的事办实、暖民心的事办细、顺民意的事办好。

（《人民日报》2023年06月05日　第9版）

66

扑下身子 沉到一线

钟 君

在全党大兴调查研究，是转变工作作风、密切联系群众、提高履职本领、强化责任担当的有效途径。怎样搞好调查研究？这就涉及调查研究的态度和方法问题。习近平总书记强调："按照党中央关于在全党大兴调查研究的工作方案，组织广大党员、干部特别是各级领导干部扑下身子、沉到一线，深入农村、社区、企业、医院、学校、'两新'组织等基层单位，把脉问诊、解剖麻雀，进行问题梳理、难题排查，运用党的创新理论研究新情况、解决新问题。"扑下身子、沉到一线，就要坚持党的群众路线，从群众中来、到群众中去，真正深入基层接地气、贴近群众解难题。

到群众中去调查研究是我们党的优良传统。在大革命时期和土地革命时期，毛泽东同志用大量时间深入工人、农民、红军战士中进行调查，写出《湖南农民运动考察报告》《寻乌调查》《反对本本主义》等光辉著作。回顾我们党的历史，调查研究对新民主主义革命的胜利、社会主义革命和建设道路的探索、改革开放新的伟大革命的开启，都起到了至关重要的作用。

习近平总书记指出："调查研究是谋事之基、成事之道，没有调查就没有发言权，没有调查就没有决策权。"党的十八大以来，正是在坚持问题导向、深入调查研究的基础上，以习近平同志为核心的党中央提出一系列治国理政新理念新思想新战略，以全新的视野深化了对共产党执政规律、社会主义建设规律、人类社会发展规律的认识，推动党和国家事业取得历史性成就、发生历史性变革。

当前，改革发展稳定面临不少深层次矛盾躲不开、绕不过，各种风险挑战、困难问题比以往更加严峻复杂，迫切需要通过调查研究把握事物的本质和规律，找到破解难题的办法和路径。在全党大兴调查研究，是应对新时代新征程前进路上的风浪考验、推进中国式现代化的有力举措。扑下身子、沉到一线，要求领导干部在调查研究中要"身入"更要"心至"，面对新情况新问题新挑战，要起而行之，到一线去、到困难多的地方去、到群众需要的地方去，真正了解并认真解决发展所需、改革所急、基层所盼、民心所向的问题，从人民群众生动丰富的实践中汲取智慧和力量。

扑下身子、沉到一线，要坚持问题导向，以"问题导向"引领"调研方向"，带着问题来，奔着问题去。通过全面深入的调查研究，发现问题、找准问题，为解决问题寻找对策。

要老老实实聚焦问题，特别是到情况复杂、矛盾突出的基层了解问题。发现问题、了解问题后，还要认真分析问题，下一番功夫捋清楚前因后果、现象本质，提出解决问题的办法。推动问题一项项解决，做到问题不解决不松劲、解决不彻底不放手。

扑下身子、沉到一线，要坚持党的群众路线。领导干部要放下架子、沉下心来，甘当人民群众小学生，真诚倾听群众呼声、真实反映群众愿望、真情关心群众疾苦。关注解决人民群众最关心最直接最现实的利益问题，特别是就业、教育、医疗、托育、养老、住房等群众急难愁盼的具体问题，把群众的意见反映上来，把群众创造的经验总结出来。在人民的创造性实践中获得正确认识，不断提出真正解决问题的新思路新办法，切实把调研成果转化为解决问题、改进工作的实际举措，转化为人民群众实实在在的获得感。

（《人民日报》2023年06月07日　第9版）

67

始终为人民利益而奋斗

步　超

在学习贯彻习近平新时代中国特色社会主义思想主题教育工作会议上的重要讲话中，习近平总书记强调，"要教育引导广大党员、干部牢固树立以人民为中心的发展思想，坚持一切为了人民、一切依靠人民"。我们党来自人民、扎根人民、造福人民，始终把最广大人民根本利益作为一切工作的根本出发点和落脚点。一百多年风雨兼程，正是因为有着始终为人民利益而奋斗的坚毅执着，我们党才能团结带领人民战胜各种风险挑战，绘就气势恢宏的历史画卷，不断创造人民美好生活，迎来民族复兴的光明前景。

是不是始终为人民利益而奋斗，事实最有说服力。井冈山险、长征路远，无数年轻的共产党人因为理想信念而前赴后继，他们不是为了自己当官发财，只为"唤起工农千百万"，让人民得解放。新中国成立后，面对旧社会留下的满目疮痍、贫穷落后的烂摊子，共产党人自强不息、发愤图强，为实现社会主义现代化而艰苦奋斗。无论是住帐篷、喝苦水、战风沙，创造"两弹一星"奇迹，还是栉风沐雨、披星戴月，把边陲小镇迅速建成经济特区，中国共产党人的一切奋斗都是为了实现国家富强、民族振兴、人民幸福。新时代，以习近平同志为核心的党中央坚持以人民为中心的发展思想，提出让人民生活幸福是"国之大者"，无论是在疫情大考中坚持人民至上、生命至上，全力护佑每一个生命，还是动员全党全国全社会力量凝心聚力打赢脱贫攻坚战，我们党的为民初心历久弥坚、永不褪色。穿越战争的烽火硝烟、走过创业的筚路蓝缕、历经改革的大潮澎湃、驶向复兴的光辉彼岸，我们党始终为人民拼搏奋斗、同人民休戚与共。

为什么我们党能摆脱以往一切政治力量追求自身特殊利益的局限，始终为人民利益而奋斗？先进思想的指引、精神力量的传承、群众路线的保障、制度作用的发挥是不可忽视的重要原因。马克思主义是来自人民、为了人民、造福人民的理论。我们党坚持以马克思主义为指导，在领导中国革命、建设、改革的伟大实践中充分贯彻马克思主义的人民性和实践性。我们党弘扬伟大建党精神，无数先进模范人物用自己的奋斗牺牲书写了对党忠诚、不负人民的精神史诗，激励一代代共产党人为实现人民利益而砥砺前行、接续奋斗。我们党践行群众路线这一党的生命线和根本工作路线，把群众路线贯彻到党治国理政全部活动之中，始终保持党同人民群众的血肉联系，使党的主张能够体现人民意志、反映人民愿望、维护人民权益、增进人民福祉。我们党坚持制度治党、依规治党，探索建立不忘初心、牢记使命的制度，完善党的自我革命制度规范体系，用一系列行之有效的制度安排建立确保党始终为人民利益而奋斗的长效机制。

新征程上，我们党面临的"四大考验""四种危险"将长期存在，要始终坚持为人民利益而奋斗，永远不变质、不变色、不变味，必须不断夯实思想根基。习近平新时代中国特色社会主义思想作为当代中国马克思主义、二十一世纪马克思主义，蕴含着深厚的人民情怀，具有鲜明的人民性。扎实开展学习贯彻习近平新时代中国特色社会主义思想主题教育，坚持以学铸魂，对于推动广大党员、干部站稳人民立场、强化宗旨意识、坚守初心使命具有重大意义。广大党员、干部在主题教育中要把自己的思想摆进去，深刻感悟党的创新理论的真理力量、实践力量、人格力量，牢记中国共产党是什么、要干什么这个根本问题，努力把学习成果转化为为人民利益而奋斗的生动实践。

（《人民日报》2023年06月08日　第9版）

68

在实践中去大胆探索

程晓宇

习近平总书记强调:"推进中国式现代化是一个探索性事业,还有许多未知领域,需要我们在实践中去大胆探索,通过改革创新来推动事业发展,决不能刻舟求剑、守株待兔。"我们党之所以能成功推进和拓展中国式现代化,关键在于在理论和实践上不懈探索、不断突破。实践发展永无止境,改革创新也永无止境。在新征程的壮阔实践中去大胆探索,以永不懈怠的精神状态不断开拓创新,才能推进中国式现代化不断取得新成就。

历史只会眷顾坚定者、奋进者、搏击者。中国共产党成立后,探索中国现代化道路的重任,历史地落在了我们党身上。在一个贫穷落后的东方大国实现现代化,没有先例可循,更没有现成道路可走,其艰巨性可想而知。中国共产党团结带领中国人民披荆斩棘、历经艰辛,开辟了中国式现代化道路,用几十年时间走完了西方发达国家几百年走过的工业化历程,创造了经济快速发展和社会长期稳定的奇迹。这条道路，是党和人民立足自身国情、借鉴各国经验，在长期实践和探索中走出来的，凝聚着亿万人民改革创新、开拓进取的勇气、智慧和汗水。我们解放思想、实事求是，大胆地试、勇敢地闯，干出了一片新天地。

走过千山万水，仍需跋山涉水。中国式现代化展现了不同于西方现代化模式的新图景，是一种全新的人类文明形态。继续推进中国式现代化，没有人能够给我们提供现成的经验，必须在独立自主的探索中前行。当前，世界百年未有之大变局加速演进，我国改革发展稳定任务艰巨繁重。中国式现代化越向纵深推进，越会遇到更多新情况新问题新挑战。比如，如何破解"卡脖子"问题，加快实现高水平科技自立自强？如何在确保安全的前提下扩大开放，更好掌握发展主动权？如何既做大"蛋糕"又分好"蛋糕"，促进全体人民共同富裕不断取得新进展？这些都需要在实践中去大胆探索。要结合具体实际开拓创新，特别是在前沿实践、未知领域更要敢为人先，破除体制机制障碍，探索优化方法路径，寻求解决新矛盾新问题的思路和办法，努力创造可复制、可推广的新鲜经验，以实践中的锐意创新、大胆突破为中国式现代化注入源源不断的生机和活力。

在实践中去大胆探索，要把握好守正创新的辩证法。大胆探索，不是脱离实际异想天开，也不能毫无章法地蛮干。党的二十大报告明确概括了中国式现代化五个方面的中国特色，这既是理论概括，也是实践要求，为全面建成社会主义现代化强国、实现中华民族伟大复兴指明了一条康庄大道。要把握好中国式现代化的科学内涵，既始终守好中国式现代化的本和源、根和魂，又勇于站立时代潮头，积极识变应变求变，激发创造活力，为把中国式现代化的中国特色转化为生动实践、制度优势而大胆探索，推动中国式现代化锚定目标扎实推进。

中国式现代化的许多未知领域，正是充满机遇、大有可为的领域，正是我们能够对人类现代化作出创新性贡献的领域。事要去做才能成就事业，路要去走才能开辟通途。在实践中去大胆探索，抓住宝贵机遇，关键靠敢于担当作为、勇于锐意进取的干部队伍。党员、干部要坚持守正创新，紧跟时代步伐、洞察时代变化，保持对新鲜事物的满腔热忱，拓展认识的广度和深度，不断掌握新知识、熟悉新领域、开拓新视野。保持爬坡过坎的压力感、干事创业的责任感，既大胆探索又脚踏实地，敢闯敢干，大胆实践。坚持问题导向，把发展中的难题、人民群众急难愁盼的问题作为不断探索创新的出发点和着力点，敢于较真碰硬，勇于破难题、闯难关，在实践中求真知，在探索中找规律，不断深化新认识、形成新经验，推动中国式现代化取得新进展新突破。

（《人民日报》2023年06月13日　第9版）

69

提振锐意进取、担当有为的精气神

涂仲林

雄安新区，项目建设现场热火朝天，这座"未来之城"正在拔地而起；四川甘孜，世界海拔最高的水光互补电站雅砻江柯拉光伏电站建设正酣……2023年是全面贯彻落实党的二十大精神的开局之年，许多地方以"开局就是决战、起步就是冲刺"的清醒和拼劲，锚定奋斗目标、坚持真抓实干、勇于攻坚克难，展现出锐意进取、担当有为的精气神。

党员、干部干事创业，要有锐意进取、担当有为的精气神。习近平总书记在学习贯彻习近平新时代中国特色社会主义思想主题教育工作会议上指出："要教育引导广大党员、干部学思想、见行动，树立正确的权力观、政绩观、事业观，增强责任感和使命感，不断提高推动高质量发展本领、服务群众本领、防范化解风险本领，加强斗争精神和斗争本领养成，提振锐意进取、担当有为的精气神。"

中国共产党自成立之日起，就肩负起为中国人民谋幸福、为中华民族谋复兴的初心和使命。一代又一代中国共产党人直面艰险、顽强拼搏，锐意进取、担当有为，展现出大无畏的英雄气概，形成党的光荣传统和优良作风。就是凭着那么一股革命加拼命的强大精神，我们党历经百年而风华正茂、饱经磨难而生生不息。带领人民战风沙、斗内涝、治盐碱的焦裕禄，水过不去、拿命来铺的黄大发，扎根乡土、奉献家乡的黄文秀等，他们身上都鲜明展现了共产党人锐意进取、担当有为的精气神。

党的十八大以来，在以习近平同志为核心的党中央坚强领导下，党和国家事业取得历史性成就、发生历史性变革，中国人的志气、骨气、底气极大增强，历史主动性和创造性更加焕发。团结带领全国各族人民全面建成社会主义现代化强国、实现第二个百年奋斗目标，以中国式现代化全面推进中华民族伟大复兴，是新时代新征程我们党的中心任务。这是一项前无古人的开创性事业。前进道路上，我们会遭遇各种艰难险阻，要经受许多风高浪急甚至惊涛骇浪的重大考验。唯有始终保持锐意进取、担当有为的精气神，才能胜利推进强国建设、民族复兴的历史伟业。

提振锐意进取、担当有为的精气神，是解决大党独有难题中"如何始终保持干事创业精神状态"的必然要求。总体来看，现在广大党员、干部的能力素质和精神状态是好的，但在一些党员、干部身上也存在不愿担当、不敢担当、不善担当的问题。这一问题尽管只存在于少数党员、干部身上，但若任其发展，就会损害党的形象、贻误党的事业。

影响党员、干部精神状态的因素有很多，最主要的是权力观、政绩观、事业观。权力观、政绩观、事业观正确了，就能摆脱名利束缚，戒除浮躁虚荣，心无旁骛干事，在成绩面前不自满不懈怠，在困难面前不气馁不退缩，以永不懈怠的精神状态、一往无前的奋斗姿态和越是艰险越向前的斗争精神打开事业发展新天地。党员、干部要敬畏权力，坚持权为民所用，不能以权谋私，不能损公肥私；处理好"显绩"与"潜绩"、"功成不必在我"与"功成必定有我"的关系，多做打基础、利长远的事情，多做解民忧利民生的工作；不断提升工作的水平、质量和标准，推动党和人民事业发展。

习近平总书记强调："社会主义是拼出来、干出来、拿命换来的，不仅过去如此，新时代也是如此。"新时代新征程，党员、干部要学思想、见行动，不断提振锐意进取、担当有为的精气神，努力践行以人民为中心的发展思想，以初心为恒心，视使命如生命，在推动高质量发展上闯出新路子，在服务群众中体现新担当，在防范化解风险中展现新作为。

（《人民日报》2023年06月15日 第9版）

70

防范风险要时刻保持箭在弦上的备战姿态

杨　莘

　　箭在弦上意指一种高度警惕、引而待发的备战姿态。面对风险挑战，保持箭在弦上，才能快速反应、有效应对、及时化解。中共中央政治局不久前就学习贯彻习近平新时代中国特色社会主义思想进行第四次集体学习，习近平总书记在主持学习时强调："要善于运用这一思想防范化解重大风险，增强忧患意识，坚持底线思维，居安思危、未雨绸缪，时刻保持箭在弦上的备战姿态，下好先手棋，打好主动仗，对各种风险见之于未萌、化之于未发，坚决防范各种风险失控蔓延，坚决防范系统性风险。"时刻保持箭在弦上的备战姿态，要求我们增强忧患意识和底线思维，大力发扬斗争精神，打好防范和抵御风险的有准备之战。

　　当前，我国正处于一个大有可为的历史机遇期，发展形势总的是好的，大局是稳定的。但我们面临的风险也是多方面的，有外部风险，也有内部风险；有一般风险，也有重大风险。各种矛盾风险挑战源、各类矛盾风险挑战点相互交织、相互作用。如果防范不及、应对不力，就有可能导致各种风险传导、叠加、演变、升级。

中国特色社会主义进入新时代，面对风高浪急甚至惊涛骇浪的风险挑战，以习近平同志为核心的党中央团结带领全党全国各族人民增强忧患意识、坚持底线思维，迎难而上、砥砺前行，攻克了许多长期没有解决的难题，办成了许多事关长远的大事要事，经受住了来自政治、经济、意识形态、自然界等方面的风险挑战考验，为党和国家兴旺发达、长治久安提供了有力保证。

党的二十大报告提出："我国改革发展稳定面临不少深层次矛盾躲不开、绕不过，党的建设特别是党风廉政建设和反腐败斗争面临不少顽固性、多发性问题，来自外部的打压遏制随时可能升级。我国发展进入战略机遇和风险挑战并存、不确定难预料因素增多的时期，各种'黑天鹅''灰犀牛'事件随时可能发生。"错综复杂的风险挑战、矛盾问题对进行伟大斗争提出了更高要求。

时刻保持箭在弦上的备战姿态，要求我们始终安不忘危、存不忘亡、乐不忘忧，把困难估计得更充分一些，把风险思考得更深入一些，做到有备无患、防患未然。同时，务必敢于斗争、善于斗争，发扬斗争精神，提高斗争本领，全力战胜前进道路上各种困难和挑战，向着既定目标奋勇前行。

首先要坚定斗争意志，把箭放在弦上。习近平总书记指出："在重大风险、强大对手面前，总想过太平日子、不想斗争是不切实际的，得'软骨病'、患'恐惧症'是无济于事的。"广大党员干部要坚定斗争意志，敢于直面风险挑战，以坚韧不拔的意志和无私无畏的勇气战胜前进道路上的一切艰难险阻。其次要保持战略定力，把箭在弦上的备战姿态保持住。前进道路上，我们既要有任凭风浪起、稳坐钓鱼船的战略自信，又要有千磨万击还坚劲、任尔东西南北风的战略定力，做到在各种重大斗争考验面前不畏浮云遮望眼、乱云飞渡仍从容。还要增强斗争本领，瞄得准、射得正。习近平总书记要求，"增强推动高质量发展、服务群众、防范化解风险本领，加强斗争精神和斗争本领养成，着力增强防风险、迎挑战、抗打压能力"。我们要全面把握习近平新时代中国特色社会主义思想一系列新理念新思想新战略的实践要求，努力克服能力不足、本领恐慌，积极投身斗争一线，善于在斗争中学会斗争，牢牢掌握斗争主动权，以顽强斗争精神、高超斗争本领，奋力在新的赶考之路上交出优异答卷。

（《人民日报》2023年06月16日　第9版）

71

中华文明具有突出的连续性
——深刻把握中华文明的突出特性①

方志远

　　中华文明是中华民族生生不息、发展壮大的丰厚滋养。习近平总书记在文化传承发展座谈会上发表的重要讲话，凝练概括了中华文明的五个突出特性，列于首位的就是"中华文明具有突出的连续性"。习近平总书记指出："中华文明具有突出的连续性，从根本上决定了中华民族必然走自己的路。如果不从源远流长的历史连续性来认识中国，就不可能理解古代中国，也不可能理解现代中国，更不可能理解未来中国。"中华文明具有突出的连续性这一重大论断，是建立在坚实的考古发现和丰富的文献记载基础之上的，中华文明起源、形成、发展的历史脉络充分体现了中华文明突出的连续性。

　　认识文明的连续性需要从认识历史开始。古老的中华文明与古代埃及文明、两河文明、印度文明并称为历史最悠久的世界四大文明，但唯有中华文明5000多年来一脉相承、从未中

215

断，一直延续到今天。这是很了不起的。

8000多年前，在中国大地上，农业有了初步发展，社会出现分化的端倪，开始了中华文明的起源进程，正是中国农业生产方式的稳定性，保障了中华文明的连续性。6000多年前，社会明显分化，开始出现大型中心性聚落和规模较大的墓葬，中华文明加速发展。5000多年前，出现了大型都邑性城址和权贵阶层的大墓，社会分化显著，形成了金字塔式的社会结构，中华文明从此进入古国文明阶段。4000多年前，中原地区开始进入夏王朝时期，中华文明也从此进入以王朝为引领的文明一体化的王朝文明阶段。夏朝之后的商朝，逐渐建立起王朝内部的各种政治和礼仪制度，通过出土的青铜器具、甲骨文字以及后世的文献典籍，我们可以了解这些制度。周朝在取代商朝之后，通过封邦建国的方式，将血缘纽带与地缘政治相结合，确立"周天子"对各诸侯的"宗主"地位，实现了前所未有的对京畿地区之外广大区域的控制，"普天之下，莫非王土；率土之滨，莫非王臣"的大一统理念开始确立，促进了中华文明的文化认同。这个文化认同，成为保障中华文明连续性的强大精神力量。

秦并六国后，不但形成了一个地域更加辽阔的庞大国家，而且建立起一整套维护这个庞大国家的政治、经济、文化制度，标志着中国大一统历史的开始，并由两汉所继承和发展。大一统保障着中华文明从未中断、坚不可摧。公元3—6世纪的三国两晋南北朝时期，也是中国统一多民族国家、中华文明发展的重要时期。正是因为有了这个时期的民族大融合，隋唐时期形成融入了匈奴、鲜卑、羯、氐、羌各民族的大一统，这已经超越秦汉时期。中华文明也在民族大融合中得到新的发展，更加具有生命力和凝聚力，文化认同达到新的高度。在此后的历史发展进程中，中国统一多民族国家不断发展，中华文明也在大一统中得到持续发展。

中华文明具有突出的连续性，还可以从许多方面得到说明。比如，今天我们使用的汉字，同甲骨文没有根本区别，这说明作为承载中华文明的基本载体的文字，其发展历程清晰连贯。又如，浩若烟海、绵延不断的典籍文献，一直滋养着中华儿女的精神世界，诸如仁民爱物、天人合一、一诺千金等道德信条，古人今人都深受其益。这些都是中华文明连续性的最好见证。

1840年鸦片战争后，中华民族遭遇了文明难以赓续的深重危机。中国共产党领导人民不懈奋斗，成功开辟了实现中华民族伟大复兴的正确道路。今天的中华民族向世界展现的是一派欣欣向荣的气象，一度蒙尘的中华文明焕发出新的光彩，实现了从古代到现代的一脉相承。

回望历史，中华文明如同一条波澜壮阔的长河，一路奔涌，从未断流。这条文明之河浇灌的这片古老大地始终生机勃勃。今天，我们不仅成功传承中华文明并继续从中汲取养分，而且要在新的历史起点上牢牢把握中华文明突出的连续性，继续推动中华优秀传统文化创造性转化、创新性发展，推进新时代中国特色社会主义文化建设，共同努力创造属于我们这个时代的新文化，建设中华民族现代文明。

（《人民日报》2023年06月21日 第9版）

72

中华文明具有突出的创新性
——深刻把握中华文明的突出特性②

张海鹏

　　自古以来，中华文明在继承创新中不断发展，在应时处变中不断升华，积淀着中华民族最深沉的精神追求。习近平总书记指出："中华文明具有突出的创新性，从根本上决定了中华民族守正不守旧、尊古不复古的进取精神，决定了中华民族不惧新挑战、勇于接受新事物的无畏品格。"深刻认识中华文明的悠久历史、感知中华文明的博大精深，就要深刻把握中华文明具有突出的创新性这个重要特征。这不仅有利于我们树立正确的文明观、历史观，而且对于在新的起点上继续推动文化繁荣、建设文化强国、建设中华民族现代文明具有重要意义。

　　中华文明源远流长、博大精深。自强不息、革故鼎新、与时俱进是中华文明永恒的精神气质，追求日日新是中华文明的鲜明特点。回顾历史可以看到，中华文明突出的创新性，鲜明地体现在国家制度和国家治理思想的发展中。周朝实行分封制。秦朝统一中国后在地方上采用郡县制，实行"书同文，车同轨""令黔首自实田"，推动政治、经济、文化制度在继承中创新，建立了中央集权的统一多民族国家。后来，隋唐开创实行科举制、元代确立行省制度、明代废除宰相制度、清代实施对少数民族因俗而治的政策等，都是对国家治理体系的重大创新，都不同程度体现了中华文明中"变则通"的创新思想。

中华文明具有突出的创新性，还体现在我们创造了灿烂辉煌的文化。从思想到器物、从艺术到科技，中华文明突出的创新性在历史长河中熠熠生辉。中华民族不仅涌现了老子、孔子、庄子、孟子、墨子、孙子、韩非子等闻名于世的伟大思想巨匠，产生了儒、道、墨、名、法、阴阳、农、杂、兵等各家学说，创作了诗经、楚辞、汉赋、唐诗、宋词、元曲、明清小说等伟大文艺作品，传承了格萨尔王、玛纳斯、江格尔等震撼人心的伟大史诗，在科技上也有诸多领先世界的发明……正是我们自己创造和培育的独具特色、博大精深的中华文化，为中华民族生生不息、长盛不衰提供了强大精神支撑。

鸦片战争以后，由于西方列强入侵和封建统治腐败，中国逐步成为半殖民地半封建社会。中国共产党坚持以马克思主义为指导，团结带领中国人民不断推进理论创新、实践创新、制度创新、文化创新以及其他各方面创新，彻底摆脱了被欺负、被压迫、被奴役的命运。回顾历史，为什么照搬西方政治制度模式的各种方案都不能完成中华民族救亡图存和反帝反封建的历史任务？为什么中国共产党能够带领中国人民成功开辟实现中华民族伟大复兴的正确道路？究其原因，在于中国共产党坚持把马克思主义基本原理同中国具体实际相结合、同中华优秀传统文化相结合，把马克思主义中国化时代化的科学理论作为治国理政的指导思想，尊重中华文明发展的历史脉络，同时发扬恪守正道、与时俱进、革故鼎新的历史文化传统，为中华民族生生不息、发展壮大提供了不竭的思想源泉。

习近平总书记强调："守正才能不迷失方向、不犯颠覆性错误，创新才能把握时代、引领时代。"回望历史，我国国家制度和国家治理思想的传承和创新，深刻体现了中华文明勇于创新、善于创新的人文传统和治理智慧。天下为公、天下大同、民为邦本、富民厚生、义利兼顾、自强不息的优秀价值理念为中国共产党所继承和发展，"为万世开太平""先天下之忧而忧，后天下之乐而乐"等主张又在中国共产党治国理政过程中结合新的时代条件不断推陈出新。百余年来，我们党继承和弘扬中华文明具有的突出的创新性，用马克思主义真理的力量激活了中华民族历经几千年创造的伟大文明，使中华文明再次迸发出强大精神力量。作为中华文化和中国精神的时代精华，习近平新时代中国特色社会主义思想的创立是我们文化主体性的最有力体现，标志着中华民族和中国人民的文化自信、文化自觉达到了新的历史高度。

新时代新征程，我们要大力弘扬中华文明具有的突出的创新性，扎根中华大地，继续推进中华优秀传统文化创造性转化、创新性发展，把马克思主义的思想精髓和中华文化的精神特质融会贯通起来，为全面建设社会主义现代化国家、全面推进中华民族伟大复兴注入强大精神力量。

（《人民日报》2023年06月27日　第9版）

73

中华文明具有突出的统一性
——深刻把握中华文明的突出特性③

尹　志

　　中华民族是多元一体的伟大民族，中华文明是由各民族优秀文化百川汇流而成的伟大文明。经过漫长的历史演进，今天的中国是一个拥有56个民族、14亿多人口而又高度团结统一的国家。习近平总书记在文化传承发展座谈会上发表的重要讲话，将"具有突出的统一性"列为中华文明的突出特性之一。习近平总书记指出："中华文明具有突出的统一性，从根本上决定了中华民族各民族文化融为一体、即使遭遇重大挫折也牢固凝聚，决定了国土不可分、国家不可乱、民族不可散、文明不可断的共同信念，决定了国家统一永远是中国核心利益的核心，决定了一个坚强统一的国家是各族人民的命运所系。"中华文明突出的统一性，鲜明体现为九州共贯、多元一体的大一统传统深深熔铸于中华文明发展历史中。

　　一部中国史，就是一部各民族交融汇聚成多元一体中华民族的历史，就是各民族共同缔造、发展、巩固统一的伟大祖国的历史。中国历史上，各民族先民胼手胝足、披荆斩棘，共同开发了祖国的锦绣河山，各民族人民之间频繁互动。秦朝实现"书同文，车同轨，量同衡，行同伦"，开启了中国统一的多民族国家发展历程。秦汉实行的郡县制，顺应经济社会发展需要和历史发展趋势，以郡县对辽阔的国土直接进行管辖，为统一多民族国家发展作出了重要贡献，也推动汉唐文明的高度繁荣和多民族融合。秦汉以后，历经几次民族大融合，各民族你中有我、我中有你，为此后特别是元明清时期的统一多民族国家的发展奠定了坚实基础。

中国历史上，为促进统一多民族国家发展，各朝代都因时因势采取各种有效举措。如汉代设立西域都护府统辖新疆，唐代创设羁縻州府经略边疆。元朝建立后，完成了大漠塞外与中土农耕区连为一体的政治统一，民族实现融汇，并设宣政院管理西藏。清朝通过理藩院统辖、盟旗制等制度，使统一多民族国家的根基不断强化。清中后期，儒学逐渐成为主导文化，藏传佛教又成为沟通藏、蒙两族的另一文化纽带，强化了文化融合。在漫长的历史发展中，中华文明的统一性不断得到加强与升华。我们可以看到，在秦朝开启了中国统一的多民族国家发展历程后，无论哪个民族入主中原，都以统一天下为己任，都以中华文化的正统自居。

从赵武灵王胡服骑射到北魏孝文帝汉化改革，从"洛阳家家学胡乐"到"万里羌人尽汉歌"，各民族在民族融合中形成了强大的文化认同，铸就了追求团结统一的民族精神，即便遭遇重大挫折也团结凝聚、奋勇向前，把国家统一作为中国核心利益的核心。近代以后，中国逐步成为半殖民地半封建社会，面对外敌入侵，我国各族人民发扬伟大团结精神，英勇奋斗，浴血奋战，共同书写了中华民族保卫祖国、抵御外侮的壮丽史诗。中国之所以在衰败凋零中浴火重生，离不开中华文明突出的统一性。

今天，在中国共产党的坚强领导下，我们铸牢中华民族共同体意识，全国各族人民同心同德、同心同向，通过不懈奋斗取得了举世瞩目的发展成就，中华民族迎来了历史上最好的发展时期，中华民族伟大复兴进入了不可逆转的历史进程。新时代新征程，我们要深刻认识中华文明突出的统一性，从历史中汲取智慧，不断坚定国土不可分、国家不可乱、民族不可散、文明不可断的共同信念，深刻认识国家统一永远是中国核心利益的核心、一个坚强统一的国家是各族人民的命运所系，坚持团结奋斗，共建美好家园，共创美好未来。

（《人民日报》2023年06月28日　第9版）

74

中华文明具有突出的包容性

——深刻把握中华文明的突出特性④

林文勋

海纳百川，有容乃大。文明的繁荣、人类的进步，离不开求同存异、开放包容，离不开文明交流、互学互鉴。中华文明自古就以开放包容闻名于世。在文化传承发展座谈会上，习近平总书记指出："中华文明具有突出的包容性，从根本上决定了中华民族交往交流交融的历史取向，决定了中国各宗教信仰多元并存的和谐格局，决定了中华文化对世界文明兼收并蓄的开放胸怀。"中华文化源远流长，中华文明博大精深，得益于中华文明具有突出的包容性，能在同其他文明互通有无、交流互鉴中不断焕发新的生命力。中华文明突出的包容性，体现为求同存异、和合共生、兼收并蓄的文化品格，表现在我国各民族交往交流交融的历史中、中外文明交流互鉴的历史中。

一部中国史就是一部中华大地上各民族交往交流交融的历史。我国古代先民很早就乘舟车之利，纵贯南北、沟通东西，绘就了各民族交往交流交融的壮美文明画卷。可以说，中华民族的形成和发展，就是各民族交往交流交融的结果。先秦时期，形成了"五方之民"共天下的交融格局，推动形成了强盛的秦汉王朝。魏晋南北朝时期虽然战乱频仍，但各民族交往交流交融不论是广度还是深度都超乎以往。隋唐时期经济社会发展又进一步促进了各民族交往交流交融。宋元时期，各民族交往交流交融进入新阶段，为明清两代的强盛奠定了基础。历史表明，各民族的交往交流交融带来了国家强盛，而国家强盛又促进了各民族的交往交流交融。在长期的交往交流交融过程中，各民族相互认同、相互借鉴，逐渐形成中华民族共同体。在中华民族大家庭里，各民族休戚与共、荣辱与共、生死与共、命运与共，这是千百年来各民族交往交流交融历史得出的基本结论。各民族交往交流交融是广泛、全面、深度的，既有经济交流，也有政治交流，还有文化交流等。正是这种交往交流交融，推动形成了中华民族独特的生产生活方式，形成了中华文明兼容并包的特点，也成就了中华文明的源远流长、根深叶茂。

习近平总书记强调："中华文明是在中国大地上产生的文明，也是同其他文明不断交流互鉴而形成的文明。"中华文明对待外来文明从来不是以邻为壑而是以邻为友，不是对立对抗而是交流互鉴。例如，《左传》说"亲仁善邻，国之宝也"，《礼记·中庸》说"万物并育而不相害，道并行而不相悖"，阐释的都是这个道理。从先秦时期青铜器上的异域元素，到汉唐时期在丝绸之路沿线流行的胡乐胡舞，再到宋元时期跨海而来的番客番舶，这些外来文化不断融入中华文明之中，成为中华文明不断发展壮大并赓续至今的重要源泉。"各美其美，美人之美，美美与共，天下大同。"构建人类命运共同体理念的重要思想根基，正在于中华文明开放包容的内在特质。

中华民族是一个兼收并蓄、海纳百川的民族。中华文明具有强大的生命力、凝聚力和创造力，是由其突出的包容性等特质所决定的。在长期的历史演进中，中华文明与世界其他文明不断碰撞、交流、融合，在取长补短、择善而从、兼收并蓄中丰富发展。可以说，中华文明的发展史，就是一部中华优秀传统文化不忘本来、吸收外来、面向未来的发展史。新时代新征程，我们要继续秉持开放包容，坚持马克思主义中国化时代化，传承发展中华优秀传统文化，促进外来文化本土化，不断培育和创造新时代中国特色社会主义文化。要尊重世界文明多样性，坚持文明平等、互鉴、对话、包容，以文明交流超越文明隔阂、文明互鉴超越文明冲突、文明包容超越文明优越，让文明交流互鉴成为推动人类文明进步的重要动力，推动建设一个开放包容的世界。

（《人民日报》2023年06月30日　第9版）

75

中华文明具有突出的和平性
——深刻把握中华文明的突出特性⑤

胡德坤

    有着5000多年历史的中华文明，始终崇尚和平、和睦、和谐的价值追求。习近平总书记在文化传承发展座谈会上发表的重要讲话将"具有突出的和平性"列为中华文明的五个突出特性之一，对于我们全面深入了解中华文明的历史、共同努力创造属于我们这个时代的新文化具有重要指导意义。中国历史上曾经长期是世界上最强大的国家之一，但没有留下殖民和侵略他国的记录。今天的中国坚持走和平发展道路，是对中华民族和平、和睦、和谐文化传统的继承和发扬。

    从"天下一家"到推动构建人类命运共同体，中国始终是世界和平的建设者。习近平总书记在二〇二一年新年贺词中指出："大道不孤，天下一家。经历了一年来的风雨，我们比任何时候都更加深切体会到人类命运共同体的意义。""天下一家"是中华优秀传统文化中天下观的重要内容，强调要视天下人为一家，和睦相处。构建人类命运共同体，就是要把每个民族、每个国家的前途命运紧紧联系在一起，风雨同舟、荣辱与共，要把我们生于斯、长于斯的这个星球建成一个和睦的大家庭。当前，世界又一次站在历史的十字路口，人类社会面临前所未有的挑战。面对"世界向何处去、人类怎么办"的时代之问，习近平总书记提出构建人类命运共同体理念，为建设更加美好世界提供中国方案，推动不同社会制度、不同意识形态、不同历史文化、不同发展水平的国家在国际事务中利益共生、权利共享、责任共担，形成共建美好世界的最大公约数。构建人类命运共同体理念是对"天下一家"天下观的传承发展，已成为引领时代潮流和人类文明进步方向的鲜明旗帜。

从"天下大同"到为世界谋大同，中国始终是全球发展的贡献者。习近平总书记指出："我们所做的一切都是为人民谋幸福，为民族谋复兴，为世界谋大同。"2013年至2021年，中国对世界经济增长的平均贡献率达到38.6%。同时，我国认真履行国际义务，积极做好对外援助工作。新冠疫情期间，我们发起了新中国成立以来援助时间最集中、涉及范围最广的紧急人道主义行动，为全球疫情防控注入源源不断的动力。此外，我国一直努力为国际社会提供更多公共产品，积极回馈国际大家庭。共建"一带一路"成为深受欢迎的国际公共产品和国际合作平台，为各国经济发展、民生改善带来实惠。今天，"天下大同"的愿景已经转化成为为世界谋大同的行动，中国以自己的发展为世界的发展注入强劲动力，积极为全球发展作贡献。

从"协和万邦"到构建以合作共赢为核心的新型国际关系，中国始终是国际秩序的维护者。习近平总书记指出："中国人民讲求以和为贵、协和万邦。""协和万邦"就是要使各个国家都能和谐相处。"协和万邦"是中国"和"文化的重要内容，习近平总书记将"协和万邦"的和平、和睦、和谐相处思想引申到当今国际关系中，提出构建以合作共赢为核心的新型国际关系。习近平总书记指出："我们要继承和弘扬《联合国宪章》的宗旨和原则，构建以合作共赢为核心的新型国际关系，打造人类命运共同体。"作为国际秩序的维护者，我国坚定维护以联合国为核心的国际体系、以国际法为基础的国际秩序、以《联合国宪章》宗旨和原则为基础的国际关系基本准则，既始终高举和平、发展、合作、共赢的旗帜，同各国发展友好合作；又秉持相互尊重、公平正义、合作共赢原则，推动全球治理朝着更加公正合理的方向发展。

历史和实践都表明，中华文明具有突出的和平性，从根本上决定了中国始终是世界和平的建设者、全球发展的贡献者、国际秩序的维护者，决定了中国不断追求文明交流互鉴而不搞文化霸权，决定了中国不会把自己的价值观念与政治体制强加于人，决定了中国坚持合作、不搞对抗，决不搞"党同伐异"的小圈子。

76

在调查研究中提高履职本领

蔡礼强

推进中国式现代化这项前无古人的伟大事业，对领导干部能力素质提出了更高要求。习近平总书记指出："调查研究是谋事之基、成事之道，没有调查就没有发言权，没有调查就没有决策权。"领导干部不断提高履职本领，非常重要的一个方面就是通过调查研究把握事物的本质和规律，找到破解难题的办法和路径。

正确认识世界是改造世界的前提。无论开展何种工作，都要建立在对客观实际情况正确认识的基础之上。"要了解实际，就要掌握调查研究这个基本功。"通过调查研究，真正摸清本地区本部门本单位的实际情况，查明存在的突出问题，了解基层群众的愿望和想法，做到耳聪目明、心中有数，开展工作才能张弛有度、收放自如。毛泽东同志曾说："人们要想得到工作的胜利即得到预想的结果，一定要使自己的思想合于客观外界的规律性，如果不合，就会在实践中失败。"不进行调查研究或调查研究不深入，就无法使主观认识符合客观实际、主观判断遵从客观规律，在工作中就会遭遇挫折。要把调查研究作为做好工作的必修课，在调查研究中不断提高认识能力，通过扎实细致的调查、系统深入的研究，把群众面临的问题发现出来，把群众的意见反映上来，把群众创造的经验总结出来，认识事物本质、把握工作规律，更加主动、更富前瞻性地开展工作。

习近平同志在福建工作期间，为改变福建是林业大省、广大林农却守着"金山银山"过穷日子的状况，解决产权归属不清等体制机制问题，在深入调查研究的基础上推动实施林权制度改革。抓住"山要怎么分""树要怎么砍""钱从哪里来""单家独户怎么办"等难题深入调研、反复论证，推出有针对性的改革举措，形成了全国第一个省级林改文件。调查研究是领导干部提高科学决策能力的重要途径。只有深入调查研究，才能了解实际情况，总结基层经验，为作出正确决策创造条件。基层实践是最丰富最生动的实践，群众中蕴藏着无穷的智慧和力量。跑基层多了，情况自然了然于胸；跟群众交流多了，就能找到解决问题、克服困难的办法。要多一些现场看、当面听、直接问，倾听"八面来风"，谋定而后动，把决策建立在扎实的调研基础上。当然，调查研究不能止步于决策制定阶段，而要贯穿于决策制定、实施、监督、评价等各个环节。决策在执行中是否符合群众利益和需要，有没有偏差和失误，只有通过调查研究才能准确掌握。领导干部要迈开步子、走出院子，向群众宣传解释政策意图，及时掌握群众反馈，针对实施中的问题作出整改，使调查研究既成为制定科学决策的过程，也成为推动工作的过程。

党的二十大对推进中国式现代化作出全面部署，如何让这些部署落地生根、开花结果，考验着领导干部抓落实的能力。调查研究之风，也是崇尚实干、狠抓落实之风。调查研究蔚然成风，不实作风就会大大减少，抓落实的成效就会明显提高。也只有通过调查研究，才能把党中央的决策部署细化为本地区本部门的工作任务，拿出既符合党中央精神又符合本地区本部门实际情况的落实方案，避免简单化、机械化、形式化地抓落实。要以贯彻党中央决策部署为前提，坚持眼睛向下看、身子往下沉，深入调研、精准发力，及时了解各类新情况、新问题，干实事、谋实招、求实效，把改革发展稳定的各项任务落下去，让惠及百姓的各项工作实起来。

（《人民日报》2023年07月04日　第9版）

77

牢牢掌握战略主动权

林木西

战略问题是一个政党、一个国家的根本性问题。战略上判断得准确，战略上谋划得科学，战略上赢得主动，党和人民事业就大有希望。战略思维是习近平总书记反复强调的重要思维方法。全面建设社会主义现代化国家，必须深入学习领会习近平新时代中国特色社会主义思想蕴含的战略思维，保持战略定力，牢牢掌握战略主动权。

战略是从全局、长远、大势上作出的判断和决策。100多年来，我们党之所以能够战胜无数风险挑战、不断从胜利走向胜利，一个重要原因就在于我们党总是能够在重大历史关头从战略上认识、分析、判断面临的重大历史课题，制定正确的政治战略策略。比如，新民主主义革命时期，我们党实行正确的抗日民族统一战线政策，坚持全面抗战路线，提出和实施持久战的战略总方针和一整套人民战争的战略战术，开辟广大敌后战场和抗日根据地，领导八路军、新四军、东北抗日联军和其他人民抗日武装英勇作战，成为全民族抗战的中流砥柱，直到取得中国人民抗日战争最后胜利。社会主义革命和建设时期，我们党推动实现从新民主主义到社会主义的转变，从政治、经济、军事等方面提出一系列战略策略，提出过渡时期总路线，审时度势调整外交战略，提出划分三个世界的战略，领导人民完成社会主义革命，不断推进社会主义建设。改革开放和社会主义现代化建设新时期，我们党提出和平与发展是当今时代的主题，领导实现党和国家工作中心战略转移，制定了到21世纪中叶分三步走、基本实现社会主义现代化的发展战略，我国实现了从生产力相对落后的状况到经济总量跃居世界第二的历史性突破。

党的十八大以来，我们党统筹把握中华民族伟大复兴战略全局和世界百年未有之大变局，明确要坚持党的基本理论、基本路线、基本方略，统揽伟大斗争、伟大工程、伟大事业、伟大梦想，提出增强"四个意识"、坚定"四个自信"、做到"两个维护"，提出统筹推进"五位一体"总体布局、协调推进"四个全面"战略布局，坚持稳中求进工作总基调，提出一系列原创性的治国理政新理念新思想新战略。在战略部署方面，提出实施人才强国战略、创新驱动发展战略、制造强国战略、知识产权强国战略、自由贸易区战略等，着力推动高质量发展、满足人民美好生活需要；提出深入实施京津冀协同发展、长江经济带发展、粤港澳大湾区建设、长三角一体化发展、黄河流域生态保护和高质量发展等区域重大战略，统筹推进西部大开发、东北全面振兴、中部地区崛起、东部率先发展，着力解决发展不平衡问题；提出实施乡村振兴战略、深入推进以人为核心的新型城镇化战略等，促进城乡融合发展；等等。这些重大战略部署，为我们立足新发展阶段、贯彻新发展理念、构建新发展格局，加快转变发展方式，加快形成可持续的高质量发展体制机制，提供了方向和指引，推动我国实现更高质量、更有效率、更加公平、更可持续、更为安全的发展。

党的二十大擘画了全面建设社会主义现代化国家、以中国式现代化全面推进中华民族伟大复兴的宏伟蓝图。当前，世界百年未有之大变局加速演进，世界进入新的动荡变革期。我国发展进入战略机遇和风险挑战并存、不确定难预料因素增多的时期，尤其是以美国为首的西方国家对我实施了全方位的遏制、围堵、打压，给我国发展带来前所未有的严峻挑战。贯彻落实党的二十大作出的战略部署，我们必须坚持战略思维，采取正确策略，既准确识变、科学应变、主动求变，沉着应对各种风险挑战，及时优化调整战略策略，抓准抓好工作的切入点和着力点，又保持战略定力，咬定青山不放松，不为各种风险所惧，朝着既定的战略目标坚定不移向前进。

（《人民日报》2023年07月05日　第9版）

78

修好共产党人"心学"重在增强党性

漆 思

习近平总书记指出："党性教育是共产党人修身养性的必修课，也是共产党人的'心学'。""我常说要修炼共产党人的'心学'，坚持学思用贯通、知信行统一，其中一个重要目的就是要求党员干部坚定理想信念、增强党性。"才者，德之资也；德者，才之帅也。对党员干部而言，有了坚强的党性修养，才能明心见性，在风浪考验中立住脚，在诱惑围猎前定住神，在复杂严峻斗争中保持政治本色。实践证明，把加强党性修养作为终身必修课，修好共产党人的"心学"，才能解决好世界观、人生观、价值观这个"总开关"问题，不断提高党性觉悟。

"革命理想高于天""砍头不要紧，只要主义真"，这是共产党人留下的铿锵誓言。坚定理想信念，坚守共产党人精神追求，始终是共产党人安身立命的根本。百余年来，无数共产党人敢于奋斗、不怕牺牲，靠的就是崇高的理想、坚定的信念。今天，我们奋进在充满光荣和梦想的新征程上，比历史上任何时期都更接近、更有信心和能力实现中华民族伟大复兴的目标。越是这个时候,越要坚定理想信念不动摇,在锤炼党性上不松懈,以"咬定青山不放松"的决心、"狭路相逢勇者胜"的气概,奋力推进社会主义现代化国家建设。

政治上的坚定、党性上的坚定,都离不开理论上的清醒和坚定。习近平新时代中国特色社会主义思想不仅包含着党治国理政的重大理论和方略,也深刻体现着对中国共产党人政治品格、价值追求、精神境界、作风操守的要求。强党性,就要自觉用习近平新时代中国特色社会主义思想改造主观世界,深刻领悟"两个确立"的决定性意义,不断增强"四个意识"、坚定"四个自信"、做到"两个维护"。要深入开展学习贯彻习近平新时代中国特色社会主义思想主题教育,教育引导广大党员干部主动把自己的思想摆进去,深入学习领悟党的创新理论关于坚定理想信念、提升思想境界、加强党性锻炼等一系列要求,着力提高政治判断力、政治领悟力、政治执行力,筑牢信仰之基、补足精神之钙、把稳思想之舵,始终保持共产党人的政治本色。

习近平总书记指出:"党章是党的根本大法,是全面从严治党的总依据和总遵循,也是全体党员言行的总规矩和总遵循。"学习贯彻党章的水平,决定着党员党性修养的水平。党章第二条规定,中国共产党党员是中国工人阶级的有共产主义觉悟的先锋战士。党章还规定,党的各级领导干部要"加强道德修养,讲党性、重品行、作表率,做到自重、自省、自警、自励"。党章镌刻着我们党的初心和使命，坚守党章才能不忘初心、牢记使命。广大党员干部要自觉学习党章、遵守党章、贯彻党章、维护党章，履行好党章赋予的各项职责，把党章规定要求贯彻落实到实际工作中。

党风是党性的表现。习近平总书记在内蒙古考察时围绕"以学正风"提出明确要求，强调要"大兴务实之风""弘扬清廉之风""养成俭朴之风"。党员干部要持续深入学习贯彻习近平新时代中国特色社会主义思想，努力改进思想作风、工作作风、领导作风、生活作风，弘扬党的光荣传统，始终保持党同人民群众的血肉联系。从点滴做起，节俭内敛、防腐戒奢，加强修养、完善自己，自觉修好共产党人"心学"，永葆共产党人的先进性和纯洁性。

（《人民日报》2023年07月06日　第9版）

79

坚持道不变、志不改

李石勇

国产大飞机C919圆满完成商业航班首飞，标志着具有自主知识产权的C919"研发、制造、取证、投运"全面贯通；神舟十六号载人飞船成功发射，三名航天员顺利进驻中国空间站核心舱，与神舟十五号航天员乘组拍下"全家福"，浩瀚宇宙再现中国人太空"会师"画面……不断涌现的现代化建设成果，彰显着新时代中国特色社会主义的蓬勃生机，坚定着我们走中国特色社会主义道路的信心与决心。

现代化是世界发展的历史潮流，实现现代化是各国人民的共同向往，是近代以来中华民族孜孜以求的梦想。无数仁人志士为探索现代化之路尝试过各种方案，走过不同的路。1933年7月《申报月刊》为创刊周年发行特大号，刊出"中国现代化问题号"特辑，核心论题是中国实现现代化的条件和方式。然而，当时的中国要想实现现代化，只能是一个遥不可及的梦想。

在中国这样一个人口众多和发展落后的大国,建设现代化国家,道路问题是最根本的问题。习近平总书记指出:"民族复兴的追梦路上,难免会经历曲折和痛苦,但只要路走对了,就不怕遥远。"以民族复兴为己任的中国共产党登上历史舞台后,从没有路的地方踏出人间正道,从布满荆棘的地方开辟出康庄大道,带领人民对中国现代化建设进行了艰辛探索,取得了伟大成就。我们党历经革命、建设、改革各个历史时期,把马克思主义基本原理同中国具体实际相结合、同中华优秀传统文化相结合,坚持独立自主,坚持中国的事情按照中国的特点、中国的实际来办,走出了一条中国特色社会主义道路。

鞋子合不合脚,自己穿了才知道;道路好不好,自己走了才知道。100多年前,最早喊出"振兴中华"的中国革命先行者孙中山先生,在《建国方略》中满怀希望地设想,修建约16万公里的铁路,修建160万公里的公路,建设3个世界级大港。当时的中国人多将其视为无法实现的梦想。现如今,祖国大地上,铁路进青藏,公路密成网,高峡出平湖,港口连五洋,产业门类齐,稻麦遍地香……从落后农业国跃升为世界第二大经济体,从温饱不足到全面建成小康社会,从物资匮乏到拥有全球最完整的工业体系,真是天翻地覆慨而慷。当今中国正奋力奔跑在现代化的征途上,不仅创造了世所罕见的经济快速发展和社会长期稳定两大奇迹,而且成功走出了中国式现代化道路,创造了人类文明新形态。我们之所以能够创造出令世人瞩目的发展成就，走出了正确道路是根本原因。实践充分证明，中国特色社会主义道路是创造人民美好生活、实现中华民族伟大复兴的康庄大道，符合中国实际、反映中国人民意愿、适应时代发展要求，不仅走得对、走得通，而且走得稳、走得好。

从世界范围看，一些后发国家把西方现代化模式奉为圭臬，但并未取得理想效果，甚至陷入经济长期停滞、社会政治动荡的困境，一个重要原因就在于失去了发展的自主性和主动权。这些国家中，有的因全盘照搬、简单套用西方制度而水土不服，有的因没能处理好自主与开放的关系而沦为依附型国家。中国的成功经验就在于，没有搞简单的千篇一律、"复制粘贴"，而是既遵循现代化一般规律，又立足本国国情，自主探索具有本国特色的现代化之路。这种独立自主的探索精神，这种坚持走自己的路的坚定决心，是我们党不断从挫折中觉醒、不断从胜利走向胜利的真谛。

习近平总书记指出："中国特色社会主义正成为21世纪科学社会主义发展的旗帜，成为振兴世界社会主义的中流砥柱，我们党有责任、有信心、有能力为科学社会主义新发展作出更大历史贡献。"脚踏中华大地，传承中华文明，走符合中国国情的正确道路，党和人民具有无比广阔的舞台，具有无比深厚的历史底蕴，具有无比强大的前进定力。新时代新征程，我国发展面临新的战略机遇、新的战略任务、新的战略阶段、新的战略要求、新的战略环境，各种不确定、不稳定因素相互交织，需要应对的风险和挑战、需要解决的矛盾和问题比以往更加错综复杂。越是在实现第二个百年奋斗目标的关键阶段，越需要我们坚定道不变、志不改的信念和决心，既不走封闭僵化的老路，也不走改旗易帜的邪路。循大道，至万里。无论风云如何变幻，无论挑战如何严峻，沿着中国特色社会主义道路坚定不移走下去，我们一定能牢牢把中国发展进步的命运掌握在自己手中，推动中国式现代化行稳致远。

（《人民日报》2023年07月07日 第9版）

80

更好发挥政治监督作用

肖述剑

习近平总书记指出："政治监督是督促全党坚持党中央集中统一领导的有力举措，要在具体化、精准化、常态化上下更大功夫。"政治监督是促进各级各地自觉同党中央精神对标对表、凝心聚力贯彻落实好党中央各项决策部署的重要方式和保证。加强政治监督，更好发挥政治监督作用，有利于推动全党目标一致、团结一致、步调一致向前进。

政治监督是具体的，有明确的目标任务和丰富内涵。加强政治监督，更好发挥政治监督作用，就是要让广大党员干部深刻领悟"两个确立"的决定性意义，增强"四个意识"、坚定"四个自信"、做到"两个维护"，推动全党在思想上政治上行动上自觉同以习近平同志为核心的党中央保持高度一致。政治监督要立足"两个大局"，紧扣"国之大者"，党中央关心什么、强调什么，政治监督就要监督什么，要把党委（党组）全面监督、纪委监委专责监督、党的工作部门职能监督、党的基层组织日常监督、党员民主监督等结合起来、融为一体，始终确保党的各级组织和党中央保持高度一致。

党的二十大擘画了全面建设社会主义现代化国家、以中国式现代化全面推进中华民族伟大复兴的宏伟蓝图，催人奋进、鼓舞人心，当前的关键是要将党的二十大精神贯彻落实到各项具体工作中。习近平总书记强调："要推动党的二十大精神、党中央决策部署同部门、行业、领域实际紧密结合，看党的二十大关于全面贯彻新发展理念、着力推动高质量发展、主动构建新发展格局等战略部署落实了没有、落实得好不好；看党中央提出的重点任务、重点举措、重要政策、重要要求贯彻得怎么样；看属于本地区本部门本单位的职责有没有担当起来。"加强政治监督，更好发挥政治监督作用，就要督促各级各地结合本部门、地区、行业、领域实际，贯彻落实党的二十大决策部署，切实把党中央意图落到实处。

在实际工作中，广大党员干部大多能够紧扣党中央提出的重点任务、重点举措、重要政策、重要要求，狠抓贯彻落实，切实把责任担当起来，能扛事、敢担责、重实干，确保党的二十大决策部署真落地、见实效。但也有的领导干部政绩观出了偏差，盲目贪大求快，脱离地方实际揠苗助长；有的有令不行、有禁不止，做选择、搞变通、打折扣；有的不顾大局、搞部门和地方保护主义，人为造成落实障碍；等等。这些问题归根到底是思想认识问题、政治纪律问题。习近平总书记强调："要及时准确发现有令不行、有禁不止，做选择、搞变通、打折扣，不顾大局、搞部门和地方保护主义，照搬照抄、上下一般粗等突出问题，切实打通贯彻执行中的堵点淤点难点。"加强政治监督，更好发挥政治监督作用，就要督促党员干部主动围绕中心、服务大局，找准自身工作中的结合点、切入点和着力点，促进各项决策部署、政策措施落实落地。

当然，强化贯彻落实的政治监督，并不是要求具体执行时完全照搬照抄，机械地执行，而是要既正确理解上级精神，又结合本地本部门本单位实际，找准党中央决策部署与本地本部门本单位实际的结合点，突出工作重点和针对性。对于那种搞照搬照抄、上下一般粗的僵化落实问题，那种认为"不干事没有事，干多了倒惹事"的不作为问题，也要通过政治监督坚决遏止和纠正。

政治监督既不是空洞概念，也不是停留在文件里的词汇，而是推进落实的利器、执纪的工具。各级党组织要以一刻不停推进全面从严治党的实际行动，确保党中央重大决策部署到哪里，政治监督就跟进到哪里，以有力的政治监督保证党的二十大提出的重大战略、重大任务、重大举措落实到具体规划、具体政策、具体项目、具体措施、具体成效上。

（《人民日报》2023年07月11日 第9版）

81

坚定理想信念

刘明诗

在中国共产党历史展览馆广场上，矗立着一座名为《信仰》的雕塑，展现的是71位不同时代、不同身份、不同年龄的中国共产党党员庄严宣誓的场景，充盈着信仰的力量。一代代中国共产党人正是凝聚在信仰的旗帜下，为理想信念前赴后继、接续奋斗。

习近平总书记在广东考察时强调："坚定理想信念，增强对党的价值追求和前进方向的高度政治认同，把好世界观、人生观、价值观这个'总开关'。"开展学习贯彻习近平新时代中国特色社会主义思想主题教育是今年党的建设的重大任务，其中一个具体目标是"凝心铸魂筑牢根本"，教育引导广大党员、干部经受思想淬炼、精神洗礼，坚定对马克思主义的信仰、对中国特色社会主义的信念、对实现中华民族伟大复兴中国梦的信心。我们要深刻领会习近平新时代中国特色社会主义思想关于坚定理想信念、提升思想境界、加强党性锻炼等一系列要求，筑牢信仰之基、补足精神之钙、把稳思想之舵，从思想上正本清源、固本培元，坚定不移为实现既定目标而奋斗。

习近平总书记指出："我们党取名为'共产党'，就是认定了共产主义这个远大理想。"对共产主义的信仰，对中国特色社会主义的信念，是共产党人的政治灵魂，是共产党人经受住任何考验的精神支柱。回望党的百年奋斗史，千千万万共产党人为了理想信念抛头颅、洒热血，树立了坚守理想信念的榜样，激励着我们牢记信仰、勇往直前。

今天，像战争年代那种血与火的生死考验少了，但具有许多新的历史特点的伟大斗争仍然在继续，前进道路上面临着一系列重大挑战、重大风险、重大阻力、重大矛盾的艰巨考验。没有坚定的理想信念，就容易患上"软骨病"，在乱云飞渡的复杂环境中迷失方向、在泰山压顶的巨大压力下退缩逃避、在糖衣炮弹的轮番轰炸下缴械投降。理想信念，任何时候都至关重要，任何时候都要坚定执着，这样才能咬定目标不放松、越是艰险越向前，在关键时刻让党信得过、靠得住、能放心，将党和国家事业不断推向前进。

习近平总书记指出："共产主义是我们党的远大理想，为了实现这个远大理想，就必须坚定中国特色社会主义信念。"每一名中国共产党党员都要把践行中国特色社会主义共同理想和坚定共产主义远大理想统一起来，做到虔诚而执着、至信而深厚。从现在起，中国共产党的中心任务就是团结带领全国各族人民全面建成社会主义现代化强国、实现第二个百年奋斗目标，以中国式现代化全面推进中华民族伟大复兴。按照党的二十大的战略部署，加快推进中国式现代化建设，在全面建设社会主义现代化国家新征程上披荆斩棘、奋力前行，这是新时代中国共产党人坚定理想信念的生动体现。

认识真理、掌握真理、信仰真理、捍卫真理是坚定理想信念的精神前提。理想信念的坚定，来自思想理论的坚定。党员干部要全面学习领会习近平新时代中国特色社会主义思想的科学体系、精髓要义、实践要求，不断增进对党的创新理论的政治认同、思想认同、理论认同、情感认同，不断坚定对马克思主义的信仰、对中国特色社会主义的信念、对实现中华民族伟大复兴中国梦的信心，努力在以学铸魂、以学增智、以学正风、以学促干方面取得扎实成效，奋力在强国建设、民族复兴进程中创造新的历史伟业。

（《人民日报》2023年07月12日　第9版）

82

铸牢对党忠诚

张　垒

　　"……对党忠诚，积极工作，为共产主义奋斗终身，随时准备为党和人民牺牲一切，永不叛党。"铿锵有力的入党誓词，让每个共产党员热血澎湃。对党忠诚是党员的首要政治品格。习近平总书记在广东考察时强调，要"铸牢对党忠诚，自觉坚持党的全面领导、坚定维护党中央权威和集中统一领导，不断提高政治判断力、政治领悟力、政治执行力，始终在政治立场、政治方向、政治原则、政治道路上同党中央保持高度一致，把对党忠诚体现到贯彻落实好党中央决策部署的实际行动上"。

　　建党之初，我们党形成了坚持真理、坚守理想，践行初心、担当使命，不怕牺牲、英勇斗争，对党忠诚、不负人民的伟大建党精神。千千万万共产党员以自己的实际行动诠释着对党忠诚，担负起历史和人民赋予的使命，团结在党中央周围，克服无数困难、战胜无数挑战，不断从胜利走向胜利。新时代新征程，面对错综复杂的国际国内形势、艰巨繁重的改革发展稳定任务、各种不确定难预料的风险挑战，广大党员干部要自觉加强党性修养、加强政治历练，弘扬伟大建党精神，以高质量发展奋力推进中国式现代化建设。

习近平总书记指出："对党忠诚，不是抽象的而是具体的，不是有条件的而是无条件的，必须体现到对党的信仰的忠诚上，必须体现到对党组织的忠诚上，必须体现到对党的理论和路线方针政策的忠诚上。"对党忠诚不是喊口号。如果只把对党忠诚停留在口头表态上，在实际工作中却得过且过、明哲保身，信奉"多栽花少种刺，遇到困难不伸手""只想争功不想揽过，只想出彩不想出力"，遇到矛盾惊慌失措，遇见斗争直打摆子，这就不是真正的对党忠诚。要始终牢记自己的第一身份是共产党员、第一职责是为党工作，始终以党的旗帜为旗帜、以党的意志为意志、以党的使命为使命，不断强化责任意识，知责于心、担责于身、履责于行，不回避矛盾、不掩盖问题，真心爱党、时刻忧党、坚定护党、全力兴党。

理想信念坚定才能对党忠诚，对党忠诚是对理想信念坚定的最好诠释。党性教育是共产党人修身养性的必修课。要经常对照党章党规党纪，检视自己的理想信念和思想言行，不断掸去思想上的灰尘，不断自我修炼、自我净化、自我约束、自我提高。党员、干部做工作首先要自觉同党的基本理论、基本路线、基本方略对标对表，同党中央决策部署对标对表，及时校正偏差，做到党中央提倡的坚决响应，党中央决定的坚决照办，党中央禁止的坚决杜绝，不讲条件、不搞变通，不掉队、不走偏，保证全党上下拧成一股绳，心往一处想、劲往一处使，步调一致向前进。

对党忠诚，不能只凭朴素的情感，必须加强理论学习，坚持不懈用习近平新时代中国特色社会主义思想凝心铸魂，以理论上的清醒筑牢对党忠诚的基石。切实把学习成效转化为坚定理想、锤炼党性的高度自觉，转化为做好本职工作、推动事业发展的生动实践，转化为对党忠诚、为党分忧、为党担责、为党尽责的行动自觉。

对党忠诚必须立足岗位、始于足下。要把对党忠诚和对人民负责统一于党和人民事业之中。想人民之所想，行人民之所嘱，以实际行动诠释共产党人全心全意为人民服务的根本宗旨，确保党始终赢得人民群众的衷心拥护和坚定支持。牢固树立和践行正确政绩观，把对党忠诚、为党分忧、为党尽职、为民造福作为根本政治担当，创造无愧于党、无愧于人民、无愧于时代的业绩。

（《人民日报》2023年07月13日　第9版）

83

站稳人民立场

郑云天

为什么人的问题，是检验一个政党、一个政权性质的试金石。习近平总书记指出："中国共产党执政的唯一选择就是为人民群众做好事，为人民群众幸福生活拼搏、奉献、服务。"党的二十大报告提出，"必须坚持人民至上""坚持以人民为中心的发展思想""江山就是人民，人民就是江山"……"人民"是报告中出现最多的高频词之一。

人民性是马克思主义的本质属性，人民立场是中国共产党的根本政治立场。人民性也是习近平新时代中国特色社会主义思想的鲜明品格。正在全党深入开展的学习贯彻习近平新时代中国特色社会主义思想主题教育，要求以学铸魂、以学增智、以学正风、以学促干。习近平总书记在广东考察时对"以学铸魂"作出深刻阐释，强调："站稳人民立场，强化宗旨意识，坚守初心使命，践行党的群众路线，把人民群众满意不满意作为评判主题教育成效的根本标准，解决好人民群众最关心最直接最现实的利益问题，把惠民生的事办实、暖民心的事办细、顺民意的事办好，让现代化建设成果更多更公平惠及全体人民。"

近代中国出现大大小小许多政党，但大都昙花一现，无法带领人民完成民族独立、人民解放的任务。其中一个重要原因在于，这些政党不能代表最广大人民的利益，因而无法将广大人民群众组织起来，也无法得到人民的拥护。只有中国共产党为人民而生，因人民而兴，始终同人民在一起，没有自己特殊的利益，从来不代表任何利益集团、任何权势团体、任何特权阶层的利益。自成立以来，我们党团结带领人民进行革命、建设、改革，根本目的就是为了让人民过上好日子。无论面临多大挑战和压力，无论付出多大牺牲和代价，这一点都始终不渝、毫不动摇。

党的二十大报告系统阐述了习近平新时代中国特色社会主义思想的世界观、方法论和贯穿其中的立场观点方法，把"必须坚持人民至上"放在"六个必须坚持"的首位。在习近平新时代中国特色社会主义思想中，"人民"二字具有基础性、根本性，人民至上是理论基点、价值支点、实践原点，也是我们党治国理政的出发点、落脚点。只有站稳人民立场，坚持全心全意为人民服务的根本宗旨，始终把人民利益放在最高位置，始终同人民站在一起、想在一起、干在一起，才能赢得民心、赢得时代、赢得未来，在强国建设、民族复兴的新征程上创造新的历史伟业。

坚持用习近平新时代中国特色社会主义思想凝心铸魂，把这一科学理论变成改造主观世界和客观世界的强大思想武器，就要深刻领悟、准确把握"必须坚持人民至上"这一重要立场观点方法，真正做到把"人民至上"内化于心、外化于行。广大党员干部要坚持全心全意为人民服务的根本宗旨，坚持发展为了人民、发展依靠人民、发展成果由人民共享，把惠民生的事办实、暖民心的事办细、顺民意的事办好，让现代化建设成果更多更公平惠及全体人民；真诚倾听群众呼声、真实反映群众愿望、真情关心群众疾苦，自觉向群众学习、向实践学习，着力解决群众的操心事、烦心事，以为民谋利、为民尽责的实际成效取信于民；始终坚持党的群众路线，从群众中来、到群众中去，保持党同人民群众的血肉联系，始终接受人民批评和监督，积极回应群众关切，使我们党永远赢得人民群众的信任和拥护。

（《人民日报》2023年07月17日 第9版）

84

驰而不息抓落实

陈学斌

习近平总书记强调:"要从新时代中国特色社会主义思想中汲取奋发进取的智慧和力量,熟练掌握其中蕴含的领导方法、思想方法、工作方法,不断提高履职尽责的能力和水平,凝心聚力促发展,驰而不息抓落实,立足岗位作贡献,努力创造经得起历史和人民检验的实绩。"反对空谈、强调实干、注重落实,是我们党的优良传统。我们要认真学习贯彻习近平总书记重要讲话精神,进一步增强抓落实的政治自觉、思想自觉、行动自觉,不断提高抓落实的能力和水平,把党中央决策部署贯彻落实好,为强国建设、民族复兴作出应有贡献。

抓落实是党的政治路线、思想路线、群众路线的根本要求。党的十八大以来,党和国家事业取得的历史性成就、发生的历史性变革,都是党团结带领全国各族人民共同奋斗、狠抓落实,一起拼出来、干出来的。实现党的二十大擘画的宏伟蓝图,全面建设社会主义现代化国家,以中国式现代化全面推进中华民族伟大复兴，仍然需要全党上下牢记空谈误国、实干兴邦，继续埋头苦干、真抓实干。

抓落实是衡量领导干部党性和政绩观的重要标志。当前，我国发展进入战略机遇和风险挑战并存、不确定难预料因素增多的时期，各种"黑天鹅""灰犀牛"事件随时可能发生。只有做到居安思危、未雨绸缪，知难而进、迎难而上，才能全力战胜前进道路上各种困难和挑战，经受住风高浪急甚至惊涛骇浪的重大考验。同时必须看到，一些党员干部身上仍然存在形式主义、官僚主义问题。比如，一些地方和部门贯彻落实党中央决策部署不到位，要么简单化、"一刀切"，照抄照搬、上下一般粗，要么做选择、搞变通、打折扣，不顾大局、搞部门和地方保护主义，等等。解决这些问题，要自觉用习近平新时代中国特色社会主义思想改造主观世界，坚持以学铸魂、以学增智、以学正风、以学促干。要坚决克服以会议落实会议、以文件落实文件以及把说了当做了、把做了当做成了等形式主义、官僚主义问题，敢于斗争、勇于负责，以时时放心不下的责任感和积极担当作为的精气神，为党和人民履好职、尽好责。

抓落实要创新方式方法，把一切工作往实里做、做出实效。一要强化组织领导。明确责任，健全机制，一级抓一级，层层抓落实。主要领导同志对重要任务要亲自部署，关键环节要亲自把关，落实情况要亲自督查，不能高高在上、凌空蹈虚，不能只挂帅、不出征。发扬"功成不必在我、功成必定有我"的精神，坚持一张蓝图绘到底，一茬接着一茬干，持之以恒抓落实。二要大兴调查研究。结合各自实际，深入基层，多到困难多、群众意见集中、工作打不开局面的地方和单位，察实情、出实招、求实效，在发现问题、解决问题上下功夫，想为敢为，勤为善为。三要完善督查评估机制。强化监督检查，运用好评估督导机制，强化对落实党中央决策部署情况的跟踪问效。对工作推进不力、落实不好的，要严肃追责问责。同时，要消除影响干部担当作为的各种消极因素，为担当者担当，为负责者负责，为干事者撑腰，让愿担当、敢担当、善担当蔚然成风。

路虽远，行则将至；事虽难，做则必成。只要有愚公移山的志气、滴水穿石的毅力，脚踏实地，埋头苦干，积跬步以至千里，就一定能够把宏伟目标变为美好现实。我们要做党中央决策部署的执行者、行动派、实干家，以抓落实的实际行动，不断推动各项工作迈上更高水平。

（《人民日报》2023年07月19日　第9版）

85

让愿担当敢担当善担当蔚然成风

张亚勇

　　干事担事，是干部的职责所在，也是价值所在。焦裕禄实干苦干，凝聚起兰考人民战风沙、抗盐碱的强大力量。廖俊波"认准的事，背着石头上山也要干"，对群众所忧放心不下，为当地发展四处奔走。黄大发带领群众在绝壁凿出"生命渠"，用实干兑现"水过不去、拿命来铺"的誓言。坚定信念、践行宗旨、拼搏奉献，许许多多领导干部用敢于担当作为的实际行动，彰显着共产党人的优秀品质和政治品格。

　　习近平总书记指出："干部敢于担当作为，这既是政治品格，也是从政本分。"在其位、谋其政，敢于担当、勇于作为，这是对领导干部的基本要求。领导干部只有敢于担当作为，才能把党中央的决策部署落到实处，把宏伟蓝图变为美好现实；只有敢于担当作为，才能赢得人民群众信任，团结带领人民群众不断推动事业发展。当前，广大干部愿担当、敢担当、善担当，成为党和国家事业的中坚力量。但在一些领导干部身上也存在不愿担当、不敢担当、不善担当的问题。有的承平日久、精神懈怠，想做安稳官、太平官；有的患得患失、贪图名利，干工作不肯下苦功夫，乐于做表面文章；有的缺乏攻坚克难的勇气和办法，遇到困难绕着走，碰到难题往上交。领导干部出现这样的心态和状态，说到底是党性不强的表现，不符合党对干部的要求，不利于党的事业发展。

习近平总书记强调："要积极营造有利于干事创业的良好环境，敢于为担当者担当、为负责者负责、为干事者撑腰，善于发现、培养、使用敢担当善作为的干部，着力消除妨碍干部担当作为的各种因素，让愿担当、敢担当、善担当蔚然成风。"这为鼓励和引导领导干部担当作为提供了根本遵循。让愿担当、敢担当、善担当蔚然成风，一方面，要教育引导领导干部加强党性修养，以对党忠诚、为党分忧、为党尽职、为民造福的政治担当，以守土有责、守土负责、守土尽责的责任担当，满怀激情地投入新时代中国特色社会主义伟大实践，面对大是大非敢于亮剑，面对矛盾敢于迎难而上，面对危机敢于挺身而出，面对失误敢于承担责任，面对歪风邪气敢于坚决斗争。另一方面，要发挥好干部考核指挥棒、风向标、助推器作用。在选人用人上体现讲担当、重担当的鲜明导向，把敢不敢扛事、愿不愿做事、能不能干事作为识别干部、评判优劣、奖惩升降的重要标准。把敢于负责、勇于担当、善于作为、实绩突出的干部选出来、用起来，让他们有机会、有舞台。把那些不推不动的"陀螺型干部"、得过且过的"撞钟型干部"、不敢碰硬的"老好人干部"暴露出来、淘汰出局。坚持奖勤罚懒、激浊扬清，切实解决好干与不干、干多干少、干好干坏一个样的问题。

让愿担当、敢担当、善担当蔚然成风，还要把"三个区分开来"落到实处。对于干部在干事创业中特别是改革创新中的失误错误，如果不分情况、不分性质搞"一刀切"，容易挫伤干部改革攻坚、干事创业的积极性。这就要求把"三个区分开来"落到实处，建立健全容错纠错机制，保护好广大干部的干事热情。要坚持实事求是、具体问题具体分析，对不该容的坚决不容、该容的大胆容错，旗帜鲜明为担当者担当、为负责者负责、为干事者撑腰，营造敢想、敢干、敢担当的良好氛围，让担当者轻装上阵，不断创造新业绩。

（《人民日报》2023年07月20日　第9版）

86

"结合"的前提是彼此契合

杨朝明

习近平总书记指出："'结合'的前提是彼此契合。马克思主义和中华优秀传统文化来源不同，但彼此存在高度的契合性。相互契合才能有机结合。"马克思主义传入中国后，科学社会主义的主张受到中国人民热烈欢迎，并最终扎根中国大地、开花结果，绝不是偶然的，而是同我国传承了几千年的优秀历史文化和广大人民日用而不觉的价值观念融通的。这种契合具有深厚的历史基础、文化基础、伦理基础。比如，民为邦本与人民是历史的创造者、天下大同与人的自由而全面的发展、知行合一与马克思主义实践观等，都有着高度的契合性。中国共产党作为马克思主义的坚定信仰者和实践者，作为中华优秀传统文化的忠实传承者和弘扬者，深刻认识和把握这种契合性，在将马克思主义基本原理同中国具体实际相结合的同时，不断推进马克思主义基本原理同中华优秀传统文化相结合，既赋予马克思主义以鲜明中国特色，又用马克思主义真理力量激发中华优秀传统文化的生机与活力。

习近平总书记强调，要"去挖掘、去结合中华优秀传统文化，真正实现马克思主义中国化时代化"。以习近平同志为核心的党中央坚持马克思主义在意识形态领域指导地位的根本制度，坚守中华文化立场、传承中华文化基因，在守正创新中构筑中华文化新气象、激扬中华文明新活力，为新时代坚持和发展中国特色社会主义、开创党和国家事业新局面提供了强大精神文化力量。从民为贵到以人民为中心，从革故鼎新到守正创新，从万物并育到人与自然和谐共生，从协和万邦到推动构建人类命运共同体，等等，中华优秀传统文化在党治国理政中得到充分运用。习近平新时代中国特色社会主义思想既立足于现实的中国，又植根于历史的中国，把马克思主义的思想精髓与中华优秀传统文化的精神特质融会贯通起来，是马克思主义基本原理同中华优秀传统文化相结合的光辉典范，是中华文化和中国精神的时代精华。

习近平总书记指出，"'第二个结合'是又一次的思想解放"。这表明我们党的历史自信、文化自信达到了新高度。我们不仅能够学习借鉴人类一切优秀文明成果，而且更加为自己的诸子百家、汉唐气象、礼乐典章而骄傲，更加主动地从中汲取智慧和力量。这也表明我们党在传承中华优秀传统文化中推进文化创新的自觉性达到了新高度。我们对马克思主义和中华优秀传统文化的高度契合性有了更深刻的理解和把握，在理论创新和制度创新中更加主动地推进两者结合。

中华优秀传统文化是我们党创新理论的"根","两个结合"是推进马克思主义中国化时代化的根本途径。只有植根本国、本民族历史文化沃土，马克思主义真理之树才能根深叶茂。习近平总书记强调："在五千多年中华文明深厚基础上开辟和发展中国特色社会主义，把马克思主义基本原理同中国具体实际、同中华优秀传统文化相结合是必由之路。"新时代新征程，我们要认真学习领会、深入理解把握、坚决贯彻落实习近平总书记在文化传承发展座谈会上的重要讲话精神，坚持守正创新，在继续推进"两个结合"的历史进程中更好担负起新的文化使命，为建设社会主义文化强国、建设中华民族现代文明作出新的更大贡献。

（《人民日报》2023年07月26日　第9版）

87

"结合"的结果是互相成就

李宗桂

2023年7月6日上午，习近平总书记在苏州平江历史文化街区考察时指出，苏州在传统与现代的结合上做得很好，不仅有历史文化传承，而且有高科技创新和高质量发展，代表未来的发展方向。传统与现代的结合是一篇大文章，文明发展如此，理论创新也是如此。

在文化传承发展座谈会上，习近平总书记深入阐释"两个结合"的重大意义，指出"结合"的结果是互相成就，造就了一个有机统一的新的文化生命体，让马克思主义成为中国的，中华优秀传统文化成为现代的，让经由"结合"而形成的新文化成为中国式现代化的文化形态。

能够互相成就的两个主体，往往具有相通的价值观念、目标追求、思维方式等。马克思主义和中华优秀传统文化产生于不同历史背景，但存在内在的高度契合性。中国共产党人深刻认识和把握这种契合性，在中国革命、建设、改革的伟大实践中，将马克思主义基本原理同中华优秀传统文化相结合，产生了丰硕成果。中华优秀传统文化赋予马克思主义更多中国特色、中国风格、中国气派，让马克思主义成为中国的。马克思主义在中国大地根深叶茂，为中国人民所认同、所接受，展现出更强大、更有说服力的真理力量。

习近平新时代中国特色社会主义思想坚持"两个结合"，科学回答新时代坚持和发展什么样的中国特色社会主义、怎样坚持和发展中国特色社会主义等重大时代课题，提出一系列原创性的治国理政新理念新思想新战略，赋予马克思主义鲜明的实践特色、民族特色、时代特色。比如，提出坚持以人民为中心的发展思想，传承民本理念，发展了唯物史观；提出人与自然和谐共生，传承天人合一理念，发展了马克思主义的自然观；提出推动构建人类命运共同体，传承四海一家、天下大同理念，发展了马克思主义世界历史理论……习近平新时代中国特色社会主义思想的创立，实现了马克思主义中国化时代化新的飞跃。

在习近平新时代中国特色社会主义思想科学指引下，我们推动中华优秀传统文化创造性转化、创新性发展，中华五千多年文明展现出蓬勃生机、焕发出巨大活力。历史博物馆人头攒动，诗词大会被年轻人追捧，非遗产品网上热销……中华大地历史文脉绵延、传统现代交汇、文化自信昂扬，中华优秀传统文化焕发现代光彩。

马克思主义基本原理同中华优秀传统文化的结合，不是拼盘，不是简单的物理反应，而是深刻的化学反应。这个化学反应造就了一个有机统一的新的文化生命体，让经由"结合"而形成的新文化成为中国式现代化的文化形态。这一文化形态深深植根于中华优秀传统文化，体现科学社会主义的先进本质，借鉴吸收一切人类优秀文明成果，代表人类文明进步的发展方向，展现了不同于西方现代化模式的新图景。

习近平总书记强调："以马克思主义为指导对中华五千多年文明宝库进行全面挖掘，用马克思主义激活中华优秀传统文化中富有生命力的优秀因子并赋予新的时代内涵，将中华民族的伟大精神和丰富智慧更深层次地注入马克思主义，有效把马克思主义思想精髓同中华优秀传统文化精华贯通起来。"我们要坚持以习近平新时代中国特色社会主义思想为指导，深入推进"第二个结合"，让马克思主义同中华优秀传统文化的互相成就结出更多硕果，不断谱写马克思主义中国化时代化新篇章，铸就社会主义文化新辉煌。

（《人民日报》2023年07月27日　第9版）

88

"结合"筑牢了道路根基

韩喜平

在五千多年中华文明深厚基础上开辟和发展中国特色社会主义，"两个结合"是必由之路。习近平总书记强调："'结合'筑牢了道路根基，让中国特色社会主义道路有了更加宏阔深远的历史纵深，拓展了中国特色社会主义道路的文化根基。"中国特色社会主义道路，是在马克思主义指导下走出来的，也是从五千多年中华文明史中走出来的。扎根广袤中华大地，吸吮中华文明的文化养分，中国特色社会主义道路积淀丰富、底蕴厚重，生机勃勃、充满活力。

中国在人类发展史上曾经长期处于领先地位，我们的文化、制度等为周边国家所长期学习和模仿。但近代以后，中国沦为半殖民地半封建社会，实现中华民族伟大复兴成为中国人民最伟大的梦想。经过反复比较、反复推求，中华民族的先进分子选择了马克思主义、社会主义。中国共产党坚定信仰并践行马克思主义，同时清醒认识到"今天的中国是历史的中国的一个发展""马克思列宁主义的伟大力量，就在于它是和各个国家具体的革命实践相联系的"。我们党坚持科学社会主义的基本原则，又从博大精深的中华文明中汲取养分，赋予其鲜明的中国特色，团结带领中国人民经过不懈探索和努力，开辟了中国特色社会主义道路，开创了中华民族伟大复兴无比光明的前景。五千年薪火相传、生生不息的中华文明，赋予中国共产党和中国人民百折不挠的坚韧和顽强，为中华民族克服深重危机、重新屹立于世界东方提供了强大精神支持、文化支撑。

习近平总书记强调："如果没有中华五千年文明，哪里有什么中国特色？如果不是中国特色，哪有我们今天这么成功的中国特色社会主义道路？"中国特色社会主义道路的每一步发展，都是基于中国国情和中华文化的实践探索。新时代以来，习近平总书记坚持"两个结合"，不断深化对中国特色社会主义的认识，提出了许多重大论断。汲取"六合同风，九州共贯"的传统理念，强调"中国特色社会主义最本质的特征是中国共产党领导，中国特色社会主义制度的最大优势是中国共产党领导"，系统完善党的领导制度体系，使我们党更加团结统一；汲取民为邦本、政在养民的民本思想，提出"江山就是人民，人民就是江山"，坚持以人民为中心的发展思想，让人民有更多、更直接、更实在的获得感、幸福感、安全感；汲取兼容并包、求同存异的政治智慧，提出"有事好商量，众人的事情由众人商量，是人民民主的真谛"，把发展选举民主和发展协商民主有机结合起来，形成共同致力于民族复兴的强大力量……坚持马克思主义的根本指导思想，把中华优秀传统文化融汇于治国理政的方方面面，进一步拓展了中国特色社会主义道路的文化根基。

我们坚持和发展中国特色社会主义，推动物质文明、政治文明、精神文明、社会文明、生态文明协调发展，创造了中国式现代化新道路，创造了人类文明新形态。习近平总书记强调："中国式现代化赋予中华文明以现代力量，中华文明赋予中国式现代化以深厚底蕴。"中国式现代化是基于中华民族独特文化传统、历史命运的必然选择，是中国共产党汲取中华文明滋养不断探索现代化道路的结果。中国式现代化赓续古老文明又更新古老文明，展现了不同于西方现代化模式的新图景。中国式现代化的成功推进和拓展，赋予中华文明新的时代内涵、新的生机和活力，必将推动中华文明重焕荣光。

（《人民日报》2023年08月01日　第9版）

89

"结合"打开了创新空间

臧峰宇

习近平总书记在文化传承发展座谈会上指出:"'结合'打开了创新空间,让我们掌握了思想和文化主动,并有力地作用于道路、理论和制度。"马克思主义是我们立党立国、兴党兴国的根本指导思想,源远流长、博大精深的中华优秀传统文化是中华文明的智慧结晶。马克思主义和中华优秀传统文化相互契合、有机结合,造就了一个有机统一的新的文化生命体。这本身就是一个重大创新,同时开拓了理论创新和实践创新的宽广场域。

不忘历史才能开辟未来,善于继承才能善于创新。理论、制度等总是在借鉴吸收前人已有成果基础上不断向前发展的。以历史连续性理解古代中国、现代中国和未来中国,我们方能贯通历史、现在和未来,深刻认识到当代中国是历史中国的延续和发展。同时,任何有生命力的传统文化基因都会在时代发展中实现自我更新,彰显时代精神。将中华优秀传统文化中治国理政、修身处世、格物究理等丰富智慧和理念，注入今天我们正在经历的广泛深刻的社会变革之中，理论创新和实践创新就有了更深厚的根基，就会得到人民的拥护和支持。

文化体现的是深层次的精神追求和坚守。坚定文化自信，是事关民族精神独立性的大问题。我们党坚定历史自信、文化自信，坚持古为今用、推陈出新，坚持把马克思主义思想精髓同中华优秀传统文化精华贯通起来、同人民群众日用而不觉的共同价值观念融通起来，不断夯实马克思主义中国化时代化的历史基础和群众基础，使植根于中国历史文化沃土的马克思主义真理之树根深叶茂。这既使马克思主义彰显中国价值、中国智慧和中国精神，使其每一表现中都带有中国的特性；又推动中华优秀传统文化创造性转化、创新性发展，使中华民族最基本的文化基因与当代文化相适应、与现代社会相协调。推进"第二个结合"，巩固了中华民族的精神独立性、文化主体性，让我们掌握思想和文化主动，具有高度文化自信，为我们在世界文化激荡中站稳脚跟打下坚实根基。

中国特色社会主义道路、理论和制度，是我们党在不断推进"两个结合"中开创和发展的，"结合"有力地作用于道路、理论和制度。"结合"筑牢了道路根基，使中国特色社会主义道路成为科学社会主义理论逻辑和中国社会发展历史逻辑的辩证统一，拓展了中国道路的文化根基。"结合"为我们党推进理论创新提供了根本途径，是中国化时代化马克思主义理论之树常青的奥妙所在。在推进"两个结合"中，党的理论创新之源更丰富，理论创新之力更强劲。"结合"也为中国特色社会主义制度和国家治理体系的构建与完善奠定深厚基础。习近平总书记指出："我们没有搞联邦制、邦联制，确立了单一制国家形式，实行民族区域自治制度，就是顺应向内凝聚、多元一体的中华民族发展大趋势，承继九州共贯、六合同风、四海一家的中国文化大一统传统。"可以说，"中国之制"深得人民拥护、切实有效管用，植根中国大地、具有深厚中华文化根基是其中的关键密码。

习近平总书记指出："'第二个结合'是又一次的思想解放，让我们能够在更广阔的文化空间中，充分运用中华优秀传统文化的宝贵资源，探索面向未来的理论和制度创新。"历史表明，每一次思想解放都会释放出巨大创造力，都能有力推动社会发展和文明进步。我们要坚定历史自信、文化自信，充分激活并有效运用中华优秀传统文化中蕴含的宝贵而丰富的中国价值、中国智慧和中国精神，更好推动中华优秀传统文化创造性转化、创新性发展，为理论和制度创新增添更多底气和智慧。

（《人民日报》2023年08月03日 第9版）

90

"结合"巩固了文化主体性

张志强

习近平总书记在文化传承发展座谈会上指出："'结合'巩固了文化主体性，创立新时代中国特色社会主义思想就是这一文化主体性的最有力体现。"这一重大论断鲜明提出"文化主体性"，深刻揭示了"两个结合"特别是"第二个结合"的重大意义，增强了我们建设中华民族现代文明的坚定性和自觉性。

一种文化要具有穿越时空的引领力、凝聚力、辐射力，必须具有主体性。文化主体性是文化自信的前提，文化自信是文化主体性的重要体现。如果没有文化主体性，我们就难以更好汲取中华优秀传统文化精华，难以对一切人类文明成果择善而从，也不可能有在选定的道路上走下去的坚定决心、坚强意志。有了文化主体性，就有了文化意义上坚定的自我，有了担负新的文化使命的坚定与自觉。文化主体性让我们意气风发、昂扬向上，坚定不移走自己的路，信心百倍建设中华民族现代文明。

如何解决好古今中西之争，是近代以来中国面临的一个重要问题。这个问题背后，体现着文化主体性的强弱。中华文明是世界上唯一绵延不断并以国家形态发展至今的伟大文明，这充分证明中华文明具有自我发展、回应挑战、开创新局的文化主体性与旺盛生命力。中国共产党人历经艰辛探索，找到了中国式现代化这一强国建设、民族复兴的唯一正确道路，创造了人类文明新形态。这种全新的人类文明形态，既坚持马克思主义的指导地位，又传承中华优秀传统文化，吸收人类文明的一切优秀成果，代表人类文明进步的发展方向。我们的文化主体性，体现在中国共产党带领亿万人民弘扬中华优秀传统文化、继承革命文化、发展社会主义先进文化之中。特别是"第二个结合"，表明我们党对中国道路、理论、制度的认识达到了新高度，表明我们党的历史自信、文化自信达到了新高度，表明我们党在传承中华优秀传统文化中推进文化创新的自觉性达到了新高度，让文化主体性更加巩固。

作为"两个结合"光辉典范的习近平新时代中国特色社会主义思想，最为有力地体现了这一文化主体性。习近平新时代中国特色社会主义思想是中华文化和中国精神的时代精华，也是创造属于我们这个时代的新文化的根本遵循，充盈着浓郁的中国味、深厚的中华情、浩然的民族魂，具有强大的历史穿透力、文化感染力、精神感召力。建设中华民族现代文明，最根本、最重要的就是坚持以习近平新时代中国特色社会主义思想为指导，沿着习近平总书记指引的文化方向，推动文化繁荣、建设文化强国。

坚持中国式现代化道路，立足中华民族伟大历史实践和当代实践，用中国道理总结好中国经验，把中国经验提升为中国理论，实现精神上的独立自主，是巩固文化主体性的题中应有之义。前进道路上，我们要继续坚定文化自信，坚持守正创新，坚定不移推进"两个结合"，进一步巩固文化主体性，为扎实推进中华民族现代文明和社会主义文化强国建设作出新的更大贡献。

（《人民日报》2023年08月08日　第9版）

91

形成兼容并蓄博采众长的理论大格局大气象

张国祚

习近平总书记在二十届中共中央政治局第六次集体学习时强调："我们要拓宽理论视野，以海纳百川的开放胸襟学习和借鉴人类社会一切优秀文明成果，在'人类知识的总和'中汲取优秀思想文化资源来创新和发展党的理论，形成兼容并蓄、博采众长的理论大格局大气象。"这为我们在新时代新征程上继续推进理论创新提供了重要方法论指引。

拓宽理论视野，就是在思考和研究理论问题时眼界要开阔。眼界越开阔，理论视野就越宽广，思考问题就越深入，研究结论就越透彻。拓宽理论视野，也包括学习间接经验，获取别人"从客观实际抽出来"的理论。马克思、恩格斯非常重视亲自调查研究，从客观实际中抽出来理论，这是他们能够创立自己学说的根本所在。与此同时，他们也非常重视学习借鉴、批判吸收前人的研究成果。马克思、恩格斯不仅具有开阔的哲学社会科学视野，而且具有开阔的自然科学视野。可以说，胸襟决定理论视野，理论视野决定理论的广度、深度、高度和包容度，决定理论的格局和气象。习近平新时代中国特色社会主义思想，坚持把马克思主义基本原理同中国具体实际相结合、同中华优秀传统文化相结合，科学回答中国之问、世界之问、人民之问、时代之问，是马克思主义中国化时代化的最新成果。这一重要思想理论视野宏阔、原创性成果丰富，在马克思主义发展史上写下了浓墨重彩的篇章。

需要明确的是，在兼容并蓄、博采众长的过程中，还要把握好借鉴与自立、开放与自主的辩证关系，实现"不忘本来"与"吸收外来"相结合。习近平总书记指出："马克思主义中国化时代化这个重大命题本身就决定，我们决不能抛弃马克思主义这个魂脉，决不能抛弃中华优秀传统文化这个根脉。坚守好这个魂和根，是理论创新的基础和前提。"我们要深入推进"第二个结合"，坚持古为今用、推陈出新，以马克思主义为指导对中华五千多年文明宝库进行全面挖掘，用马克思主义激活中华优秀传统文化中富有生命力的优秀因子并赋予新的时代内涵，将中华民族的伟大精神和丰富智慧更深层次地注入马克思主义，有效把马克思主义思想精髓同中华优秀传统文化精华贯通起来，聚变为新的理论优势，不断攀登新的思想高峰。我们要学习和借鉴人类社会一切优秀文明成果，扎根中华大地，放眼五洲四海，从国情出发，从实际出发，坚持辩证取舍、为我所用，在"人类知识的总和"基础上取得更为丰硕的理论创新成果。

形成理论大格局大气象，是为了更好地回答和解决时代课题。习近平总书记指出："一切划时代的理论，都是满足时代需要的产物。"在"两个大局"加速演进、深度互动的时代背景下，人类社会面临许多亟待解决的共同问题，我国改革发展稳定、内政外交国防、治党治国治军等各个领域也都面临着一系列新的重大课题，中国之问、世界之问、人民之问、时代之问给我们提出的新考题比过去更复杂、更难。我们要以更宽广的视野、更长远的眼光来思考把握未来发展面临的一系列重大问题，不断提高运用党的创新理论研究新情况、解决新问题的能力，从理论与实践的结合上提交属于我们这代人的答卷。

（《人民日报》2023年08月02日　第9版）

92

提升政治能力

张造群

面对复杂的国内外形势、繁重的改革发展稳定任务，广大党员干部要担当起使命、完成好任务，需要不断提升各种能力，其中政治能力是第一位的。能不能把党的二十大作出的重大决策部署付诸行动、见之于成效，能不能战胜前进道路上的风险挑战，能不能实实在在为群众办实事，都体现政治能力的高低。

习近平总书记在听取陕西省委和省政府工作汇报时，从提升政治能力、思维能力、实践能力三个方面对以学增智提出明确要求。对于提升政治能力，习近平总书记强调："善于从党和人民的立场、党和国家工作大局出发想问题、作决策、办事情，善于从繁杂问题中把握事物的规律性、从苗头问题中发现事物的趋势性、从偶然问题中认识事物的必然性，善于驾驭复杂局面、凝聚社会力量、防范政治风险，切实担负好党和人民赋予的政治责任，真正成为政治上的明白人。"旗帜鲜明讲政治，既是马克思主义政党的鲜明特征，也是我们党一以贯之的优势。党员干部只有具备过硬政治能力，站稳政治立场、把牢政治方向、坚守政治原则，自觉在思想上政治上行动上同以习近平同志为核心的党中央保持高度一致，才能"不畏浮云遮望眼""乱云飞渡仍从容"，做到观察分析形势把握政治因素，筹划推动工作落实政治要求，处理解决问题防范政治风险。

得其大者可以兼其小。提升政治能力首先体现在是否善于从党和人民的立场、党和国家工作大局出发想问题、作决策、办事情。党员干部只有把握住政治之"大"，在全局中找准坐标，才能纲举目张，有力推进各项工作。以学增智，就要不忘初心、牢记使命，胸怀"国之大者"，提高政治判断力、政治领悟力、政治执行力，始终把人民利益放在最高位置。紧紧围绕新时代新征程党的中心任务，增强大局观念，善于思考根本性、全局性、长远性问题，加强战略性、系统性、前瞻性研究谋划，因地制宜、因时制宜，创造性开展工作，真正让党中央决策部署落地见效。

政治能力中很重要的一条，就是善于从政治上分析问题、解决问题的能力。毛泽东同志指出："问题就是事物的矛盾。哪里有没有解决的矛盾，哪里就有问题。"繁杂问题、苗头问题、偶然问题都是问题的具体形态，背后隐藏着不同类型的矛盾。从繁杂问题中把握事物的规律性，从苗头问题中发现事物的趋势性，从偶然问题中认识事物的必然性，才能看清本质，抓住解决问题的根本。习近平新时代中国特色社会主义思想是坚持运用辩证唯物主义和历史唯物主义的光辉典范，党员干部要坚持好、运用好这一重要思想的世界观、方法论和贯穿其中的立场观点方法，不断提高分析和解决实际问题的能力，做到眼睛亮、见事早、行动快，增强工作科学性、预见性、主动性、创造性。

当前，我国发展面临着前所未有的风险挑战，既有国内的也有国际的，既有政治、经济、文化、社会等领域的也有来自自然界的，既有传统的也有非传统的，各种"黑天鹅""灰犀牛"事件随时可能发生。提升政治能力，就要善于驾驭复杂局面、凝聚社会力量、防范政治风险。党员干部要认真学习领悟习近平新时代中国特色社会主义思想，增强忧患意识，坚持底线思维，在涉及重大政治原则问题上保持警觉、善于鉴别，不断提高应对风险、迎接挑战、化险为夷的能力水平，确保社会和谐稳定、国家长治久安。

（《人民日报》2023年08月09日　第9版）

93

提升思维能力

罗 骞

我们党作为用马克思主义理论武装起来的先进政党，始终高度重视思想理论建设，重视思维能力培养。习近平总书记在听取陕西省委和省政府工作汇报时强调："提升思维能力，把新时代中国特色社会主义思想的世界观、方法论和贯穿其中的立场观点方法转化为自己的科学思想方法，作为研究问题、解决问题的'总钥匙'，切实提高战略思维、辩证思维、系统思维、创新思维、历史思维、法治思维、底线思维能力，做到善于把握事物本质、把握发展规律、把握工作关键、把握政策尺度，增强工作科学性、预见性、主动性、创造性。"

思维能力强，才能更好运用科学思想方法研究问题、解决问题，推动党和国家各项决策部署贯彻落实。当前，党员干部面对纷繁复杂的国内外环境、肩负繁重的改革发展稳定任务，如果思维能力不强，就难以战胜各种风险挑战、推动事业发展。

世界观和方法论是管总的，是我们认识世界和改造世界的根本立场观点方法。掌握科学的世界观和方法论，才能形成科学的思想方法、工作方法。习近平新时代中国特色社会主义思想是坚持运用辩证唯物主义和历史唯物主义的光辉典范，既部署"过河"的任务，又指导解决"桥或船"的问题。学深悟透这一重要思想的世界观、方法论和贯穿其中的立场观点方法，是全面提升思维能力的必然要求。我们要认认真真读原著、学原文、悟原理，牢牢把握这一重要思想的世界观和方法论，掌握好、运用好"六个必须坚持"，把思想方法搞对头，更好地在实践中认识问题、分析问题、解决问题。

掌握和运用科学思维能力是我们党不断取得胜利的宝贵经验。恩格斯曾经指出："每一个时代的理论思维，包括我们这个时代的理论思维，都是一种历史的产物，它在不同的时代具有完全不同的形式，同时具有完全不同的内容。"习近平总书记结合新时代治国理政的实践，强调要提高战略思维、辩证思维、系统思维、创新思维、历史思维、法治思维、底线思维能力。这些思维能力是唯物辩证法基本规律在思维活动中的体现，是想问题、作决策的具体方式方法。只有不断提高这些科学思维能力，才能更好掌握研究问题、解决问题的"总钥匙"，才不会在工作中犯盲人摸象、郑人买履、坐井观天、掩耳盗铃、揠苗助长、削足适履、画蛇添足等错误，不会被主观主义、形式主义、机械主义、教条主义、经验主义等误导。只有不断提高这些科学思维能力，才能使自己的思维方式更加适应事业发展需要，使各项工作朝着正确方向、按照客观规律推进。

知之愈明，则行之愈笃。理论水平、思维能力的高低，并不只是一个观念问题，更是一个实践问题。只有在实践中运用和检验我们的思想方法、工作方法，检验它是不是科学有效管用，我们的思维能力才能不断得到锻炼和提升。如果学习理论只是停留在纸面上，思维仅存在于大脑中，没有或不会在实践中运用，就不会产生积极的实践效果。我们要坚持在干中学、学中干，在工作中悟真谛、在务实中长本领，既善于思考，又善于干实事、谋实招、求实效，在实践中切实贯彻落实党中央决策部署，提高为民服务能力，把改革发展稳定的各项任务落到实处。

（《人民日报》2023年08月10日 第9版）

94

提升实践能力

章剑锋

学习的目的全在于运用，我们加强学习必须坚持理论联系实际、坚持学以致用。习近平总书记在听取陕西省委和省政府工作汇报时对"以学增智"作出深刻阐释，强调"要提升实践能力"。对于党员干部而言，坚持在干中学、学中干是成长成才的必由之路。新时代新征程，面对错综复杂的国际国内形势、艰巨繁重的改革发展稳定任务、各种不确定难预料的风险挑战，迫切需要广大党员干部坚持用马克思主义之"矢"去射新时代中国之"的"，发扬理论联系实际的优良学风，全面把握习近平新时代中国特色社会主义思想的科学体系、核心要义、实践要求，着力增强推动高质量发展、服务群众、防范化解风险本领，加强斗争精神和斗争本领养成，增强防风险、迎挑战、抗打压能力，以促进发展的工作实效检验学习成效。

毛泽东同志曾用"你要知道梨子的滋味，你就得变革梨子，亲口吃一吃"来强调实践的作用。实践性是马克思主义鲜明的理论品格，坚持用马克思主义中国化时代化最新成果武装头脑、指导实践、推动工作，是我们党创造历史、铸就辉煌的一个根本原因。党的十八大以来，习近平总书记多次强调坚持学思用贯通、知信行统一的理论学习方法，指出"马克思主义立场、观点、方法是做好工作的看家本领，是指导我们认识世界、改造世界的强大思想武器""要坚持理论和实践相结合，注重在实践中学真知、悟真谛，加强磨练、增长本领"，号召全党"坚持学习、学习、再学习，坚持实践、实践、再实践"。这次主题教育提出要牢牢把握"学思想、强党性、重实践、建新功"的总要求，充分体现了我们党认识与实践相结合、理论与实际相联系、改造主观世界与改造客观世界相统一的一贯要求。

纸上得来终觉浅，绝知此事要躬行。实践是知识向能力转化的载体，实践能力的提升有赖于学以致用、用以促学、学用相长。以学增智，要注重真学真用，坚持读原著、学原文、悟原理，多思多想、学深悟透，做到整体把握、融会贯通，填知识空白、补素质短板、强能力弱项。注重学用转化，紧密结合工作职责需要，深刻把握习近平新时代中国特色社会主义思想关于相关领域的重要论述以及做好具体工作的思路、举措、方法，把这一重要思想的世界观、方法论和贯穿其中的立场观点方法转化为分析问题、解决问题的正确思路和有效办法，从中找到深化改革、推动发展、破解难题的"金钥匙"。注重加强斗争精神和斗争本领养成，勇于进行具有许多新的历史特点的伟大斗争，敢于斗争、善于斗争，在斗争中经风雨、见世面、壮筋骨、长才干。

推进中国式现代化是一项前无古人的开创性事业。随着发展领域不断拓展、社会分工日趋复杂，无论是分析形势还是作出决策，无论是破解发展难题还是解决涉及群众利益的问题，都对党员干部特别是领导干部的专业思维、专业素养、专业方法提出了更高要求。党的二十大报告提出"选拔忠诚干净担当的高素质专业化干部"。提升实践能力，要求党员干部在学思践悟中不断提升专业化水平，形成推动高质量发展的硬招实招新招，在改革发展最前沿、服务群众第一线、科技创新主战场主动担当作为，努力使各项工作更好体现时代性、把握规律性、富于创造性，以实干实效推动中国式现代化取得新进展、新突破。

（《人民日报》2023年08月15日　第9版）

95

真正成为政治上的明白人

洪向华

习近平总书记在听取陕西省委和省政府工作汇报时对"以学增智"提出明确要求，对"提升政治能力"作出深刻阐释，强调要"真正成为政治上的明白人"。旗帜鲜明讲政治是我们党作为马克思主义政党的根本要求，党的政治建设是党的根本性建设。党员干部只有真正成为政治上的明白人，才能坚定理想信念，在履职尽责中不失方向、不忘初心，切实担负好党和人民赋予的政治责任。

真正成为政治上的明白人，就要站稳政治立场。立场决定方向、决定态度、决定工作成效。政治立场事关根本。政治立场不稳，就不可能担负好党和人民赋予的政治责任。党员干部要善于从党和人民的立场、党和国家工作大局出发想问题、作决策、办事情。坚决站稳党性立场，坚持以党的旗帜为旗帜、以党的方向为方向、以党的意志为意志，深刻领悟"两个确立"的决定性意义，不断增强做到"两个维护"的政治自觉、思想自觉、行动自觉，真正做到在思想上政治上行动上同以习近平同志为核心的党中央保持高度一致。坚决站稳人民立场，坚持以人民为中心，时刻把人民放在心中最高位置，坚持立党为公、执政为民，践行全心全意为人民服务的根本宗旨，密切关注群众关心什么、期盼什么，真抓实干解民忧、暖民心，让人民群众的获得感、幸福感、安全感更加充实、更有保障、更可持续。在工作中，党员干部要增强大局观念，牢固树立全国一盘棋思想，坚持算大账、算长远账，不打小算盘、不搞小聪明，把地区和部门工作融入党和国家工作大局。

真正成为政治上的明白人，就要坚定政治信仰。崇高的理想、坚定的信念，是中国共产党人的政治灵魂。党员干部的政治信仰是否坚定，不仅是评价其政治上是否成熟、是不是政治上明白人的重要标准，也是衡量其党性是否坚定、世界观人生观价值观是否正确的重要标准。只有坚定政治信仰，党员干部才能始终保持先进性和纯洁性，充分发挥先锋模范作用，我们党才能坚强有力、无坚不摧、无往不胜。理论上的成熟是政治上成熟的基础，政治上的坚定源于理论上的清醒。习近平新时代中国特色社会主义思想是当代中国马克思主义、二十一世纪马克思主义，是中华文化和中国精神的时代精华。在全党深入开展学习贯彻习近平新时代中国特色社会主义思想主题教育，一个重要目标是"凝心铸魂筑牢根本"，这对党员干部坚定政治信仰具有十分重要的意义。党员干部要加强理论武装，坚持不懈用习近平新时代中国特色社会主义思想凝心铸魂，把理想信念转化为实现中华民族伟大复兴的实际行动。

　　真正成为政治上的明白人，就要担负政治责任。习近平总书记指出："干部敢于担当作为，这既是政治品格，也是从政本分。"做政治上的明白人，不能仅仅停留在脑袋里、口头上，更要体现在履职尽责中。党员干部无论处在什么岗位，都有自己的职责和使命，必须充分认识自己的角色定位，担当起该担当的责任，积极作为、知重负重。担负好政治责任，需要提高自身本领，善于从繁杂问题中把握事物规律性，从苗头问题中发现事物趋势性，从偶然问题中认识事物必然性，善于驾驭复杂局面，凝聚社会力量，防范政治风险。对容易诱发政治问题特别是重大突发事件的敏感因素、苗头性倾向性问题，做到眼睛亮、见事早、行动快，及时消除各种政治隐患，切实担负好党和人民赋予的政治责任。

　　　　　　　　（《人民日报》2023年08月17日　第9版）

96

完整、准确、全面贯彻新发展理念

张立群

新发展理念是我国新时代发展思路、发展方向、发展着力点的集中体现，是管全局、管根本、管长远的导向。党的十八大以来，我国高质量发展不断取得新进展新成效，充分彰显了新发展理念的"指挥棒"作用。新征程上，我们要完整、准确、全面贯彻新发展理念，始终以创新、协调、绿色、开放、共享的内在统一来把握发展、衡量发展、推动发展，推动经济发展质量变革、效率变革、动力变革。

创新是引领发展的第一动力。科技创新是人类社会发展的重要引擎，是应对许多全球性挑战的有力武器。面向未来，抓住科技创新这个牵动我国发展全局的"牛鼻子"，才能把竞争和发展的主动权牢牢掌握在自己手中，推动经济社会实现高质量发展。要深入实施创新驱动发展战略，完善科技创新体制机制，进一步优化政策与环境，实施好科教兴国、人才强国等重大战略，不断提升国家创新体系整体效能，在科技自立自强上取得更大进展。

协调既是发展手段又是发展目标，也是评价发展的标准和尺度。当前，我国发展不协调的问题还比较突出。要整体把握经济社会发展各领域的内在联系，注意调整关系，注重发展的整体效能，促进经济社会各方面协调发展。比如，把实施扩大内需战略同深化供给侧结构性改革有机结合起来，协调供给创造需求和需求引领供给；全面推进乡村振兴，优化国土空间布局，促进城乡区域协调发展；提高社会建设水平，促进经济发展和社会发展相协调；等等。

绿色是永续发展的必要条件和人民对美好生活向往的重要体现。要牢固树立绿水青山就是金山银山的理念，坚定不移走生态优先、节约集约、绿色低碳发展之路，把绿色发展理念贯穿到生态保护、环境建设、生产制造、城市发展、人民生活等各个方面。正确处理发展和保护的关系，坚持在发展中保护，在保护中发展。坚持系统观念，坚持山水林田湖草沙一体化保护和系统治理，统筹产业结构调整、污染治理、生态保护和应对气候变化，协同推进降碳、减污、扩绿、增长。

开放是国家繁荣发展的必由之路，要坚持以开放促改革、促发展、促创新。按照构建高水平社会主义市场经济体制、推进高水平对外开放的要求，深入推进重点领域改革，加快构建国内统一大市场。依托我国超大规模市场优势，以国内大循环吸引全球资源要素，增强国内国际两个市场两种资源联动效应，进一步提升我国贸易投资合作质量和水平。稳步扩大规则、规制、管理、标准等制度型开放，加快形成更高水平开放型经济新体制。

共享理念实质就是坚持以人民为中心的发展思想，体现的是逐步实现共同富裕的要求。要把实现人民对美好生活的向往作为现代化建设的出发点和落脚点，坚持在发展中保障和改善民生，解决好人民最关心最直接最现实的利益问题，更好满足人民对美好生活的向往，推动改革发展成果更多更公平惠及全体人民。坚持全民共享、全面共享、共建共享、渐进共享，推动人的全面发展、全体人民共同富裕取得更为明显的实质性进展。

新发展理念是一个具有内在联系的整体，五个方面相互贯通、相互促进，要统一贯彻，不能顾此失彼，也不能相互替代。完整、准确、全面贯彻新发展理念，要求各地区各部门紧紧围绕高质量发展这个首要任务，着眼全国发展大局，发挥自身优势，明确主攻方向，主动融入和服务构建新发展格局，推动经济实现质的有效提升和量的合理增长。

（《人民日报》2023年08月22日　第9版）

97

大兴务实之风

吴　倩

习近平总书记在内蒙古考察时强调："要抓实以学正风，坚持目标导向和问题导向相结合、学查改相贯通，对标党风要求找差距、对表党性要求查根源、对照党纪要求明举措，增强检视整改实效。"实干精神是马克思主义政党先进性的重要体现，中国共产党人既胸怀远大理想，又注重实干。抓实以学正风，首先就要大兴务实之风。

习近平总书记强调："以这次主题教育为契机，将调查研究发扬光大。"抓好调查研究是大兴务实之风的重要内容。实干的前提是把情况摸清、把问题找准。不了解情况的盲干、蛮干，不仅无法干出成绩，还会贻误事业发展。只有扑下身子、沉到一线，深入开展调查研究，才能把对策提实、把工作做实。实践证明，调查研究是转变工作作风、密切联系群众、提高履职本领、强化责任担当的有效途径。

我们党历来高度重视调查研究、善于进行调查研究。新时代，以习近平同志为主要代表的中国共产党人把调查研究与实践探索紧密结合起来，推动党和国家事业取得历史性成就、发生历史性变革。党的二十大报告就是在调查研究基础上形成的纲领性文献。习近平总书记在成都、沈阳、北京主持召开5场党的二十大报告起草和党章修改工作征求意见座谈会，党中央发出《关于对党的二十大报告议题征求意见的通知》，部署54个单位承担重点课题调研任务，围绕26个专题形成80份共计132.7万字的调研报告……党的二十大报告展现出注重调查研究、广泛听取民意的务实品格，充分彰显新时代中国共产党人的务实之风。

大兴务实之风、抓好调查研究，关键在于一个"实"字。调查研究应坚持实事求是，坚持结论产生在调查研究之后，做到有一说一、有二说二，既报喜又报忧，不能带着事先定的调子下去。调查研究的根本目的是实实在在解决问题。衡量调查研究搞得好不好，关键要看调查研究的实效，看调查研究成果的运用，看能不能通过调查研究把问题解决好。要多到困难多、群众意见集中、工作打不开局面的地方和单位调查研究，在运用党的创新理论研究新情况、解决新问题的过程中，推动工作迈上新台阶、作风实现新转变。

干事担事，是干部的职责所在，也是价值所在。大兴务实之风，就要干事担事。习近平总书记指出："我们党百年奋斗的伟大成就都是党团结带领全国各族人民拼出来、干出来的，要把党的二十大描绘的宏伟蓝图变成现实，仍然要靠拼、要靠干。"古往今来，通达美好梦想的坦途只有一条，那就是一往无前去实干；成就壮丽事业的捷径只有一种，那就是久久为功去力行。全面建设社会主义现代化国家，是一项伟大而艰巨的事业，前途光明，任重道远。当前，我国发展进入战略机遇和风险挑战并存、不确定难预料因素增多的时期。面对风险大、挑战多、任务重的局面，更需要大兴务实之风，实事求是、埋头苦干，扎扎实实地推进各项工作。

大兴务实之风，就要在察实情、出实招、求实效上下功夫，把工作抓实、基础打实、步子迈实，在力戒形式主义、官僚主义上取得明显实质性进展。党员干部要鼓足干事创业的精气神，恪尽职守、担当作为，迎难而上、敢于斗争，努力把调查研究成果转化为推进工作、战胜困难的实际成效。各级党组织要着力消除妨碍干部担当作为的各种因素，完善担当作为激励和保护机制，积极营造有利于干事创业的良好环境，敢于为担当者担当、为负责者负责、为干事者撑腰，善于发现、培养、使用敢担当善作为的干部，让愿担当、敢担当、善担当蔚然成风，让党员干部在抓落实上取得新实效。

98

弘扬清廉之风

陈光俊

　　2023年6月，习近平总书记在内蒙古考察时对在主题教育中以学正风提出明确要求，强调"要弘扬清廉之风，教育各级领导干部牢固树立正确权力观，全面查找廉洁风险点，筑牢思想防线，坚守法纪红线"。腐败是危害党的生命力和战斗力的最大毒瘤，也是人民群众十分痛恨和忧心的问题。作为领导干部，必须明大德、守公德、严私德，知敬畏、存戒惧、守底线，始终保持清正廉洁的政治本色。

　　弘扬清廉之风，首要的就是树立正确权力观。习近平总书记强调："要守住权力关，始终保持对权力的敬畏感，坚持公正用权、依法用权、为民用权、廉洁用权。"要守住权力关，关键是要树立正确权力观，正确看待和运用手中的权力，解决好为谁掌权、为谁服务的问题。我们党除了工人阶级和最广大人民群众的利益，没有自己特殊的利益。领导干部手中的权力是党和人民赋予的，是为党和人民做事用的，只能用来为人民谋利益。公权力姓公，也必须为公。领导干部必须始终保持对权力的敬畏感，做到谨慎用权，任何时候都不搞特权、不以权谋私；牢记清廉是福、贪欲是祸的道理，戒贪止欲、克己奉公，严格约束自己的行为，切实把人民赋予的权力用来造福人民。

君子检身，常若有过。习近平总书记指出，"无论什么时候，问题总是客观存在的，怕就怕对问题熟视无睹、视而不见"。以彻底的自我革命精神正视和解决问题，发现自身的不足和短板，这是领导干部锤炼自己的必修课。领导干部要坚持问题导向，全面查找廉洁风险点，做到见微知著、防患未然，坚决防范被利益集团"围猎"。要善于加强廉洁体检、堵塞廉洁漏洞、化解廉洁风险，特别是要从"小事"防起、从"小节"治起，自重自省自警自励、慎独慎微慎始慎终，注重家庭家教家风建设，防止老问题复燃、新问题萌发、小问题坐大。

习近平总书记指出："从思想道德抓起具有基础性作用，思想纯洁是马克思主义政党保持纯洁性的根本，道德高尚是领导干部做到清正廉洁的基础。"筑牢思想防线，努力修好共产党人的"心学"，才能在各种诱惑面前不为所动，炼就"金刚不坏之身"。加强理论学习是砥砺理想信念和初心使命的有效手段。领导干部要坚持用习近平新时代中国特色社会主义思想凝心铸魂，深刻感悟习近平总书记的非凡理论勇气、卓越政治智慧、强烈使命担当、深厚人民情怀，深刻感悟新时代党的创新理论的真理力量、实践力量、人格力量，不断夯实廉洁奉公的思想根基。要用中华优秀传统文化正心明德，涵养富贵不能淫、贫贱不能移、威武不能屈的浩然正气，勤掸"思想尘"、多思"贪欲害"、常破"心中贼"，以内无妄思保证外无妄动。

习近平总书记强调："治理一个国家、一个社会，关键是要立规矩、讲规矩、守规矩。"弘扬清廉之风，领导干部就要牢固树立纪律意识和规矩意识，特别是严守政治纪律和政治规矩。弄清楚自己该做什么、不该做什么，能做什么、不能做什么，自觉用党章党规党纪约束自己的言行，严格按照党的原则、纪律和规矩办事，带头遵守《中国共产党廉洁自律准则》。牢记法律红线不可逾越、法律底线不可触碰，做决策、办事情多想一想是否合法、是否可行，多想一想法律的依据、法定的程序、违法的后果，带头尊法学法守法用法，以优良党风政风带动社风民风向上向好。

（《人民日报》2023年08月29日　第9版）

99

养成俭朴之风

吴玉军

2023年6月，习近平总书记在内蒙古考察时强调："人民群众看主题教育是否有成效，最直观的感受是看党风方面存在的问题是否得到解决、党员干部作风是否有明显进步。"在强调要抓实以学正风时，习近平总书记指出："要养成俭朴之风，把生活作风问题作为检视整改的重要内容，督促广大党员干部保持清醒头脑，筑牢贯彻落实中央八项规定及实施细则精神的堤坝。"

古人云："俭，德之共也；侈，恶之大也。"俭朴意味着适度、节用、合理的生活方式，蕴含着以艰苦奋斗为荣、以骄奢淫逸为耻的道德品质。俭朴的习惯和作风能使人不役于外物，成为一个自由而富有尊严的人。相反，奢靡享乐不仅浪费资源，更会腐蚀人的心灵、消磨人的意志。历览前贤国与家，成由勤俭败由奢。一个政党、一个民族、一个国家对待俭朴和浪费的态度，不仅能折射出其价值追求，更能预示其发展前景。1936年，美国记者埃德加·斯诺访问延安，为中国共产党人勤俭朴实的作风所震撼，从中国共产党人身上感受到一种特殊的力量，认为这是"兴国之光"。中国共产党正是凭借优良的"延安作风"最终打败国民党的"西安作风"，取得新民主主义革命的胜利。节俭朴素，力戒奢靡，是我们党的传家宝，是我们党一路走来不断发展壮大的重要保证。一代又一代中国共产党人以俭修身、砥砺前行，带领中国人民创造了举世瞩目的伟大成就。

作风关系党的事业，影响党的形象，优良的作风是凝聚党心民心的强大力量。今天，我们的物质生活水平不断提高，但艰苦奋斗、勤俭节约的思想永远不能丢。特别要看到，我国仍处于并将长期处于社会主义初级阶段的基本国情没有变，我国是世界最大发展中国家的国际地位没有变，我国发展不平衡不充分的问题仍然突出，14亿多人口要整体迈入现代化是一项长期艰巨的任务，党员干部必须养成俭朴之风，大力弘扬艰苦奋斗精神。党的十八大以来，以习近平同志为核心的党中央，坚持问题导向，以巨大的政治勇气、强烈的历史担当、有力的政策举措，强力整治各种乱象。针对一些地方和部门形式主义、官僚主义、享乐主义和奢靡之风屡禁不止，党中央从制定和落实中央八项规定破题，持之以恒纠治"四风"，党风政风和社会风气为之一新。作风无小事，俭与奢映照着党员干部的党性修养。倡导俭朴、力戒奢靡必须常抓不懈、久久为功，直至真正化风成俗。

踏上全面建设社会主义现代化国家新征程，面对前所未有的风险挑战，更需要发扬艰苦奋斗精神，传承勤俭节约的优良传统。党的二十大对锲而不舍落实中央八项规定精神作出新部署。要以这次主题教育为契机，抓住"关键少数"以上率下，持续深化纠治"四风"。党员干部要把生活作风问题作为检视整改的重要内容，对照初心使命、对照党章党规党纪、对照中央八项规定及实施细则精神的要求，自我检视是否做到节俭朴素、反对奢靡、摆脱低级趣味，严于律己、修身养性，着力从思想根源上解决问题。

由俭入奢易，由奢入俭难。广大党员干部要保持警醒，增强自制力，在日常生活的点滴中约束自己，形成克己奉公、拒腐崇廉、戒奢尚俭的自觉。坚决摒弃贪图享乐、爱慕虚荣心理，杜绝讲排场、比阔气和炫耀性消费、奢侈性消费。做简约生活的倡导者、践行者、推动者，养成节约适度、绿色低碳、文明健康的生活方式，真正把俭朴二字融入血脉。

（《人民日报》2023年08月30日　第9版）

100

突出现代化方向的人民性

任　勇

习近平总书记指出:"我们要坚守人民至上理念,突出现代化方向的人民性。"中国式现代化之所以走得通、行得稳,关键在于坚持以人民为中心,把造福人民作为现代化发展的方向。从温饱不足到衣食无忧,从物资匮乏到物阜民丰,人民生活的巨大改善成为中国式现代化成功推进和拓展的鲜活注脚。

中国式现代化是中国共产党领导的社会主义现代化,以人的现代化为价值原点,始终坚持发展为了人民、发展依靠人民、发展成果由人民共享。党的十八大以来,我们消除了绝对贫困,全面建成小康社会,在解决人民群众急难愁盼问题上取得一系列重大进展,现代化建设成果更多更公平惠及全体人民。中国式现代化的推进过程,正是人民对美好生活的向往不断实现的过程。人民是历史的创造者,是推进现代化最坚实的根基、最深厚的力量。我们尊重人民的主体地位和首创精神,发展全过程人民民主,把人民群众的丰富智慧和无限创造力凝聚到现代化建设事业中。我们能够开辟出一条不同于西方现代化模式的全新道路，用几十年时间走完西方发达国家几百年走过的工业化历程，正是广大人民群众在党的领导下用勤劳、智慧、勇气干出来的。人民是中国式现代化的参与者、建设者、受益者。

习近平总书记强调："现代化不仅要看纸面上的指标数据，更要看人民的幸福安康。"推进中国式现代化，不仅要着力解放生产力、发展生产力，不断夯实物质基础，更要更好回应人民各方面诉求和多层次需要，推动人的全面发展和社会全面进步。党的十八大以来，我们党把实现全体人民共同富裕摆在更加重要的位置上，提高公共服务水平，提高发展的平衡性、协调性、包容性。大力推进美丽中国建设，不断解决老百姓身边的突出生态环境问题，让天更蓝、水更净、空气更清新，既增进人民群众福祉，又促进经济社会可持续发展。中国式现代化的推进和拓展，让人民获得感、幸福感、安全感更加充实、更有保障、更可持续。

中国式现代化的成功实践表明，只有突出现代化方向的人民性，现代化道路才能顺利推进、不断拓展。当今世界，发展鸿沟问题突出，一些国家贫富分化，导致社会撕裂、政治极化、民粹主义泛滥。这说明，即使是已经实现了现代化的国家，如果发展背离人民，也会损害现代化成果。偏离了正确的现代化方向，正是人类当下遭遇的一些现代化问题的症结所在。现代化的本质是人的现代化，最终目标是实现人自由而全面的发展。以人民为中心的中国式现代化，回答了"两极分化还是共同富裕""物质至上还是物质精神协调发展"等现代化之问，体现了科学社会主义的先进本质，从根本上超越了西方以资本为中心的现代化，为人类对现代化道路的探索作出新的贡献。

实现现代化是近代以来中国人民矢志奋斗的梦想，这一梦想归根到底是人民的"幸福梦"。新征程上，要继续锚定人民对美好生活的向往，切实将人民性的价值导向落实到各项决策部署和实际工作中。更加聚焦人民群众普遍关心关注的就业、教育、医疗、文化、住房等民生问题，采取更有针对性的措施，一件一件抓落实，一年接着一年干，在推动高质量发展过程中办好各项民生事业、补齐民生领域短板，推动人的全面发展、全体人民共同富裕取得更为明显的实质性进展。坚持问需于民、问计于民，激励人民更加自觉地投身改革发展事业，一起想、一起干，共同开创中国式现代化更广阔的发展前景。

（《人民日报》2023年09月05日　第9版）

101

探索现代化道路的多样性

黄旭东

　　实现现代化是近代以来中国人民的不懈追求，也是世界各国人民的共同追求。习近平总书记指出："现代化道路并没有固定模式，适合自己的才是最好的，不能削足适履。"回顾人类社会历史不难发现，一个国家走向现代化，不仅要遵循现代化的一般规律，更要符合本国实际、具有本国特色，因而实现现代化的道路必然是多种多样的。

　　在中国共产党与世界政党高层对话会上，习近平总书记强调："我们要秉持独立自主原则，探索现代化道路的多样性。"近代以来，西方国家率先走上现代化道路。西方一些政客和学者宣扬现代化道路只有一条，就是西方化、资本主义化。但这并不符合历史事实。一些国家简单复制移植西方现代化模式，结果陷入动荡与停滞的困境，反而失去了发展的自主性和主动权。实践证明，没有一个国家可以通过照搬别国现代化模式获得成功。

每个国家的历史传承、文化传统、基本国情不同，其所选择的现代化道路也不会完全相同。世界上既不存在定于一尊的现代化模式，也不存在放之四海而皆准的现代化标准。发展中国家有权利也有能力基于自身国情自主探索各具特色的现代化之路。鞋子合不合脚，只有穿的人才知道。什么样的现代化最适合自己，本国人民最有发言权。每个国家自主探索符合本国国情的现代化道路的权利，都应该受到尊重。

中国式现代化道路，就是坚持从中国具体实际出发，秉承独立自主原则探索出来的现代化发展之路。新中国成立后特别是改革开放以来，我们党坚持自信自立，不断推进中国式现代化的理论创新和实践创新，团结带领中国人民用几十年时间走完西方发达国家几百年走过的工业化历程，创造了经济快速发展和社会长期稳定的奇迹，为中华民族伟大复兴开辟了广阔前景。

中国式现代化摒弃了西方以资本为中心的现代化、两极分化的现代化、物质主义膨胀的现代化、对外扩张掠夺的现代化老路，是对西方现代化理论的超越，打破了"现代化=西方化"的迷思，向世界展现出中华民族自信自立的时代形象。当前，我国发展面临新的战略机遇、新的战略任务、新的战略阶段、新的战略要求、新的战略环境，对推进和拓展中国式现代化提出了新的要求。新征程上，我们要继续深化对现代化建设规律的认识，坚持自信自立、守正创新，为人类对现代化的探索贡献更多中国智慧和中国方案。

习近平总书记在党的二十大报告中强调："我们坚定站在历史正确的一边、站在人类文明进步的一边，高举和平、发展、合作、共赢旗帜，在坚定维护世界和平与发展中谋求自身发展，又以自身发展更好维护世界和平与发展。"中国式现代化既造福中国人民，又促进世界共同发展。中国共产党领导的中国式现代化，创造了人类文明新形态，不搞唯我独尊、不搞封闭排他、不将自己的价值观和模式强加于人，而是倡导在彼此尊重中共同发展、在求同存异中合作共赢，走和平发展道路。

面对现代化进程中遇到的各种新问题新情况新挑战，政党要敢于担当、勇于作为。我们要立足本国国情，坚持把国家和民族发展放在自己力量的基点上，把国家发展进步的命运牢牢掌握在自己手中，尊重和支持各国人民对发展道路的自主选择，共同绘就百花齐放的人类社会现代化新图景。

（《人民日报》2023年09月06日　第9版）

102

保持现代化进程的持续性

欧阳湘

    习近平总书记在中国共产党与世界政党高层对话会上的主旨讲话中强调："我们要树立守正创新意识，保持现代化进程的持续性。"实现现代化是各国人民的共同追求，是一个长期而复杂的过程，需要各方面协同配合、形成合力。在这一过程中，树立守正创新意识至关重要。

    守正是前提，也是基础。只有守住本源、正道，创新才有根基和底气，才会收到好的成效。从人类社会现代化进程来看，守正就要坚守真理，坚定站在历史正确的一边、站在人类文明进步的一边。创新就要勇于探索、超越陈规，善于因时制宜、知难而进、开辟新境。习近平总书记指出："面对现代化进程中遇到的各种新问题新情况新挑战，政党要敢于担当、勇于作为，冲破思想观念束缚，破除体制机制弊端，探索优化方法路径，不断实现理论和实践上的创新突破，为现代化进程注入源源不断的强大活力。"纵观人类历史，创新是推动人类社会发展的不竭动力，唯有不懈创新才能不断推动现代化进程。

中国共产党带领中国人民守好中国式现代化的本和源、根和魂，毫不动摇坚持中国式现代化的中国特色、本质要求和重大原则，确保中国式现代化的正确方向。中国式现代化既有各国现代化的共同特征，更有基于自己国情的鲜明特色，极大丰富了现代化理论、拓展了现代化实践。中国式现代化深深植根于中华优秀传统文化，体现科学社会主义的先进本质，借鉴吸收一切人类优秀文明成果，代表人类文明进步的发展方向，展现了不同于西方现代化模式的新图景。中国式现代化不走殖民掠夺的老路，不走国强必霸的歪路，在坚定维护世界和平与发展中谋求自身发展，又以自身发展更好维护世界和平与发展。

守正与创新相辅相成、辩证统一，守正才能不迷失方向、不犯颠覆性错误，创新才能把握时代、引领时代。坚持守正创新，是推进人类社会现代化的历史经验，也是实现现代化可持续发展的必然要求。当今世界，多重挑战和危机交织叠加，人类社会现代化进程又一次来到历史的十字路口。人类是休戚与共、风雨同舟的命运共同体，世界各国、各民族之间唯有凝聚共识、团结合作、共谋发展，走共建共享共赢之路，才能持续推进人类社会现代化进程。

习近平总书记指出："要携手推进全球治理体系改革和建设，推动国际秩序朝着更加公正合理的方向发展，在不断促进权利公平、机会公平、规则公平的努力中推进人类社会现代化。"要顺应时代发展要求，着眼于解决人类社会现代化重大理论和实践问题，秉持团结合作、共同发展的理念，破除现代化进程中的体制机制障碍，以更加开放的心态和举措，加强创新合作和成果共享，努力打破制约知识、技术、人才等创新要素流动的壁垒，让创新源泉充分涌流。

中国坚持走和平发展道路，倡导和践行真正的多边主义，提出全球发展倡议、全球安全倡议、全球文明倡议，积极参与全球治理体系改革和建设，推动构建人类命运共同体，为推动世界现代化理论和实践发展作出新的重大贡献。中国提出并积极推进共建"一带一路"，携手各方打造当今世界范围最广、规模最大的国际合作平台；打造改革开放新高地、试验田，举办进博会、服贸会、消博会等高水平开放展会。一系列新理念、新倡议、新实践，纾发展之困、汇合作之力、聚创新之势、谋共享之福，必将推动全球迈向共同发展繁荣的现代化康庄大道。

（《人民日报》2023年09月07日　第9版）

103

增强现代化成果的普惠性

刁大明

　　人类生存在同一个星球。当今世界，伴随着经济全球化的深入推进，各国之间的相互联系和相互依存达到前所未有的程度，人类成为一个一荣俱荣、一损俱损的命运共同体。没有哪个国家能脱离与世界的联系而实现现代化，也没有哪个国家能独自应对各种风险挑战，团结合作、共同发展是人类社会走向现代化的正途。习近平总书记指出："我们要弘扬立己达人精神，增强现代化成果的普惠性。""任何国家追求现代化，都应该秉持团结合作、共同发展的理念，走共建共享共赢之路。"习近平总书记的重要论述，以立己达人的中国智慧、共建共享共赢的中国方案，照亮人类社会现代化前行之路。

　　每个国家的人民都期盼过上更好日子，都有追求现代化的权利。然而，全球公平问题日益突出，南北差距有待弥合，人类可持续发展事业面临严峻挑战。个别国家依旧唯我独尊，搞你输我赢的零和博弈，拉排他性的"小圈子""小集团"，妄图通过打压遏制别国正常发展来维护自身发展的"特权"。如此的霸权思维和霸道行径有悖于时代潮流。世界长期发展不可能建立在少数国家越来越富裕而其他国家却长期贫穷落后的基础之上。地球足够大，容得下所有国家共同发展。各国在谋求自身发展的同时，要积极促进其他国家共同发展。特别是走在前面的国家应该真心帮助其他国家发展，而不是吹灭别人的灯、阻挡别人的路。只有共同发展，整个世界才能繁荣稳定，每个国家才能获得更广阔的发展空间。

"己欲立而立人，己欲达而达人。"中国式现代化不走一些国家损人利己的老路，而是坚定走和平发展道路，坚持共建共享共赢，在与世界的良性互动中谋求自身发展，也为人类和平与发展的崇高事业尽责担当。改革开放以来，中国逐步成为世界经济增长的稳定动力源，为世界经济发展注入信心、提供动力。中国坚持致力于推动南南合作走深走实，为广大发展中国家消除贫困、实现发展作出重要贡献。作为负责任大国，中国积极参与全球治理，推动全球治理体系与机构与时俱进改革完善。中国提出的共建"一带一路"倡议取得丰硕成果，为促进中国自身开放发展和增进各国民生福祉带来新机遇，为完善全球经济治理体系作出新贡献。中国坚决维护多边贸易体系，促进国际贸易和投资自由化、便利化，反对保护主义和"脱钩断链"，与国际社会一道共同培育全球发展新动能，以强大定力和开放姿态拥抱世界，为世界经济复苏提供了有力支撑。

人类社会现代化的光明前景，掌握在各国人民手中，取决于各国能否团结合作。只有团结合作，才能实现共赢、相互成就。当前，不仅要共同做大人类社会现代化的"蛋糕"，还要努力让现代化成果更多更公平惠及各国人民。中国将继续扩大高水平对外开放，为世界提供更多更好的中国制造和中国创造，为世界提供更大规模的中国市场和中国需求。顺应经济全球化潮流建设开放型世界经济，推动经济全球化向着更加开放、包容、普惠、平衡、共赢的方向发展。与各国携手推动落实全球发展倡议，坚持以人民为中心，坚持普惠包容，继续支持并帮助广大发展中国家加快发展，加快落实联合国2030年可持续发展议程，进一步缩小南北差距，推动全球发展更加平衡、协调、包容，让各国人民共享发展机遇和成果。

（《人民日报》2023年09月08日　第10版）

104

确保现代化领导的坚定性

钟会兵

　　政党是引领和推动现代化进程的重要力量。习近平总书记在中国共产党与世界政党高层对话会上的主旨讲话中指出："我们要保持奋发有为姿态，确保现代化领导的坚定性。"这体现出中国共产党探索现代化道路的坚毅和执着，彰显中国共产党的作为与担当。

　　现代化是世界发展的历史潮流，实现现代化是各国人民的共同向往。我们没有亦步亦趋跟在别人后面照搬西方现代化模式，而是在中国共产党领导下经过长期实践探索，找到中国式现代化道路。我国的现代化建设之所以能够形成今天这样的好局面，根本在于我们的现代化是中国共产党领导的社会主义现代化。中国共产党领导是中国特色社会主义最本质的特征，是中国特色社会主义制度的最大优势。

　　习近平总书记指出："中国式现代化，是我们为如何唤醒'睡狮'、实现民族复兴这个重大历史课题所给出的答案，是选择自己的道路、做自己的事情。"中国共产党成立以来，团结带领中国人民所进行的一切奋斗，就是为了把我国建设成为现代化强国，实现中华民族伟大复兴。中国共产党团结带领中国人民追求民族复兴的历史，也是一部不断探索现代化道路的历史。进入新时代，我们党在已有基础上继续前进，不断实现理论和实践上的创新突破，成功推进和拓展了中国式现代化，推动党和国家事业取得历史性成就、发生历史性变革。中国人民之所以能够扭转近代以来的历史命运，探索出中国式现代化道路，最根本在于党的领导。

全面建设社会主义现代化国家、全面推进中华民族伟大复兴，关键在党。习近平总书记强调："党的领导直接关系中国式现代化的根本方向、前途命运、最终成败。"习近平总书记在党的二十大报告中深刻阐明中国式现代化的本质要求，首要的就是"坚持中国共产党领导"；明确提出前进道路上必须牢牢把握的"五个重大原则"，第一个就是"坚持和加强党的全面领导"。党的领导决定中国式现代化的根本性质，确保中国式现代化锚定奋斗目标行稳致远，激发建设中国式现代化的强劲动力，凝聚建设中国式现代化的磅礴力量。只有毫不动摇坚持党的领导，毫不动摇坚持中国式现代化的中国特色、本质要求、重大原则，才能确保中国式现代化的正确方向。

自胜者强。习近平总书记指出："作为现代化事业的引领和推动力量，政党的价值理念、领导水平、治理能力、精神风貌、意志品质直接关系国家现代化的前途命运。"纵观人类数百年的政党历史，只有那些顺应历史大势、把握历史规律、掌握历史主动的政党，才能在潮起潮落中始终立于不败之地，在引领和推动本国现代化事业的历史进程中创造历史伟业。中国式现代化是我们党领导人民长期探索和实践的重大成果，是一项伟大而艰巨的事业。只有坚持不懈推进党的自我革命，坚定不移推进全面从严治党，才能确保党永远不变质、不变色、不变味，确保党在新时代坚持和发展中国特色社会主义的历史进程中始终成为坚强领导核心，确保党始终有信心、有意志、有能力应对好时代挑战、回答好时代命题、呼应好人民期盼，为不断推进现代化进程引领方向、凝聚力量。

我们要更加紧密地团结在以习近平同志为核心的党中央周围，全面贯彻习近平新时代中国特色社会主义思想，保持奋发有为姿态，沿着中国式现代化这条康庄大道阔步前进，踔厉奋发，勇毅笃行，以伟大自我革命引领伟大社会革命，以伟大社会革命促进伟大自我革命，不断夺取全面建设社会主义现代化国家新胜利。

（《人民日报》2023年09月12日 第9版）

105

树牢造福人民的政绩观

连李生

开展学习贯彻习近平新时代中国特色社会主义思想主题教育，要在以学促干上取得实实在在的成效。2023年7月，习近平总书记在江苏考察时对"以学促干"提出明确要求，强调要"树牢造福人民的政绩观"，为广大党员、干部明确了干的方向。党员干部要始终站稳人民立场，把为民办事、为民造福作为最重要的政绩，将人民至上的理念真正内化于心、外化于行，以强化理论学习指导发展实践，以深化调查研究推动解决发展难题，以推动高质量发展新成效、增进人民福祉新成效书写主题教育成绩单。

新时代，面对人民日益增长的美好生活需要和不平衡不充分的发展之间的矛盾，我们党提出并大力推动高质量发展，着力解决我国发展不平衡不充分问题，不断提升人民生活品质，促进物的全面丰富和人的全面发展。坚持高质量发展，就是坚持以人民为中心的发展，是在新的时代条件下党践行造福人民政绩观的体现。要紧紧扭住高质量发展这个全面建设社会主义现代化国家的首要任务，打破思维定式，转变思想观念，提升推动高质量发展的本领。坚持问题导向，紧盯本地区本部门本单位影响和制约高质量发展的短板弱项，紧盯事关人民群众切身利益的问题及其根源，结合实际找到推动高质量发展的具体路径，不走那种急就章、竭泽而渔、唯GDP的路子，不搞贪大求洋、盲目蛮干、哗众取宠，在解决一个个问题中扎扎实实推动发展。

为民造福的实事必须实实在在地干。《之江新语》一书中有一篇写于2007年的文章，题目是《为民办实事成于务实》。时任浙江省委书记的习近平同志在文中指出，"坚持以人为本、执政为民，最终要落实在一件一件的实事之中""做好为民办实事工作，关键在于用好的作风来办好事，用实在的项目来办实事"。要坚持出实招求实效，把求真务实的精神贯彻到为民办实事的具体工作之中。什么问题最突出，就竭尽全力去解决什么问题；什么问题是隐患，就积极主动去化解什么问题；什么问题成瓶颈，就全力以赴去突破什么问题。多做提升人民获得感、幸福感、安全感的"满意工程""民心工程"，力戒形式主义、官僚主义，杜绝"面子工程""形象工程"，切实解决人民群众最关心最直接最现实的利益问题，把惠民生、暖民心、顺民意的工作做到群众心坎上。

100多年前，中国共产党肩负起探索中国现代化道路的重任。经过艰辛努力，中国式现代化取得辉煌成就。奇迹的创造，靠的是一代代人锚定奋斗目标不放松，以"一张蓝图绘到底"的精神接续奋斗；靠的是一代代人把远大理想和阶段性目标统一起来，以功成不必在我的精神境界、功成必定有我的历史担当不懈奋斗。新征程上，无论是实现共同富裕，实现高水平科技自立自强，还是推进能源低碳转型、实现碳达峰碳中和目标，很多事业的推进都难以毕其功于一役，既需要长远谋划、久久为功，也需要干在当下、循序渐进。要坚持打基础利长远，以人民利益为上，正确处理大我和小我的关系，长远利益、根本利益和个人抱负、个人利益的关系，不贪一时之功、不图一时之名，不为一时政绩而急功近利。以系统思维科学把握发展过程中稳和进、立和破、虚和实、标和本、近和远的关系，既抓看得见、摸得着的工作，更抓看不见、周期长的工作；既抓眼前急需、立竿见影的工作，更抓将来受益、方便后人的工作。只要是对党和人民有益的事，不管能不能在自己手中开花结果，都要主动地去做、义无反顾地去做。不驰于空想，不骛于虚声，切实做到为官一任、造福一方，创造不负历史、不负时代、不负人民的业绩。

（《人民日报》2023年09月13日　第10版）

106

鼓足干事创业的精气神

田振洪

习近平总书记在江苏考察时要求"在以学促干上取得实实在在的成效",强调"鼓足干事创业的精气神,恪尽职守、担当作为,迎难而上、敢于斗争,严肃整治拈轻怕重、躺平甩锅、敷衍塞责、得过且过等消极现象,完善担当作为激励和保护机制"。精神状态直接影响工作状态。精神积极昂扬,工作就充满激情、主动性强,工作成效就会高。反之,如果精神消极颓废,人就没有干劲,工作效果就会打折扣。鼓足干事创业的精气神,要求党员、干部积极肯干、勇于探索,紧紧围绕党和国家工作大局谋划和开展工作,以"时时放心不下"的责任感担当作为,为党和人民履好职、尽好责。

我们党从诞生之日起,就肩负起为中国人民谋幸福、为中华民族谋复兴的初心和使命,以百折不挠、锐意进取的精气神,带领全国各族人民为争取民族独立、人民解放和实现国家富强、人民幸福而不懈奋斗,取得了举世瞩目的伟大成就。踏上实现第二个百年奋斗目标的新征程，面临新的战略机遇、战略任务、战略阶段、战略要求、战略环境，需要应对的国内外风险和挑战、需要解决的矛盾和问题比以往更加错综复杂。这就需要付出更为艰苦的努力，鼓足干事创业的精气神。通过这次主题教育，广大党员、干部要学思想、见行动，把习近平新时代中国特色社会主义思想转化为坚定理想、锤炼党性和指导实践、推动工作的强大力量，把党的二十大作出的重大决策部署付诸行动、见之于成效，一步步将宏伟蓝图变成美好现实。

鼓足干事创业的精气神需要思想激励。信仰信念是共产党人的政治灵魂，是共产党人经受住任何考验的精神支柱。干事创业的精气神，源于对马克思主义的信仰、对中国特色社会主义的信念、对实现中华民族伟大复兴中国梦的信心。理论上清醒，政治上才能坚定，行动上才能自觉。坚定的理想信念，必须建立在对马克思主义的深刻理解之上。党员、干部筑牢信仰之基、补足精神之钙、把稳思想之舵，就要用党的创新理论武装头脑。要深入学习习近平新时代中国特色社会主义思想，坚持不懈用习近平新时代中国特色社会主义思想凝心铸魂，以崇高的理想信念激发干事创业的信心和勇气，把理想信念转化为实现中华民族伟大复兴的实际行动。

鼓足干事创业的精气神需要制度保障。制度问题更带有根本性、全局性、稳定性、长期性。以制度机制激发活力，要坚持严管和厚爱结合、激励和约束并重，完善担当作为的激励和保护机制，积极营造有利于干事创业的良好制度环境。突出加强对党员、干部履职尽责、担当作为情况的监督，强化对不担当不作为乱作为的问责追责，严肃整治拈轻怕重、躺平甩锅、敷衍塞责、得过且过等消极现象，推动党员、干部担责履责。完善正向激励机制，让广大党员、干部放开手脚，担当作为、干事创业。突出崇尚实干、带动担当、加油鼓劲的激励导向，大力选拔任用那些愿干事、真干事、干成事的干部。健全干部考核评价机制，根据形势任务变化，进一步优化考核体系和考核方式，强化考用结合，切实解决干与不干、干多干少、干好干坏一个样的问题。结合实际细化容错纠错机制，旗帜鲜明为那些敢于担当、踏实做事、不谋私利的干部撑腰鼓劲。

新征程任重而道远，新使命光荣而艰巨。习近平总书记强调："要把党的二十大描绘的宏伟蓝图变成现实，仍然要靠拼、要靠干。"党员、干部要认清挑战、抓住机遇，鼓足干事创业的精气神，以胸怀大局的志气、敢于负责的勇气、本领高强的底气，在推进强国建设、民族复兴的历史伟业中展现新担当新作为。

（《人民日报》2023年09月14日　第9版）

107

形成狠抓落实的好局面

杨 斌

习近平总书记在江苏考察时要求"在以学促干上取得实实在在的成效",强调"形成狠抓落实的好局面,不折不扣贯彻落实党中央决策部署,积极主动抓落实,聚合众力抓落实,以钉钉子精神抓落实,聚焦实际问题抓落实,在抓落实上取得新实效"。有了好的决策、好的蓝图,关键在落实。久久为功、驰而不息抓落实,工作才能取得实效。

辩证唯物主义认为,全部社会生活在本质上是实践的。实干精神是我们党的优良传统和宝贵财富,也是一以贯之的政治要求。毛泽东同志强调,共产党员一定要有"认真实干"的精神,"什么东西只有抓得很紧,毫不放松,才能抓住""一件事不做则已,做则必做到底,做到最后胜利"。邓小平同志强调:"不干,半点马克思主义也没有。"习近平总书记强调"空谈误国,实干兴邦""大道至简,实干为要",要求在察实情、出实招、求实效上下功夫,把工作抓实、基础打实、步子迈实,在力戒形式主义、官僚主义上取得明显实质性进展。

抓落实能力是政治能力的重要体现。旗帜鲜明讲政治是我们党作为马克思主义政党的根本要求，保证党的团结统一是党的生命。党员、干部要不断提高政治判断力、政治领悟力、政治执行力，做工作时自觉同党的基本理论、基本路线、基本方略对标对表，同党中央决策部署对标对表，及时校正偏差，做到党中央提倡的坚决响应，党中央决定的坚决照办，党中央禁止的坚决杜绝。确保各领域各方面贯彻落实不偏向、不变通、不走样，确保党的二十大精神不折不扣地落实到实际行动中，形成狠抓落实的好局面。

形式主义是影响党员、干部抓落实的一大障碍。习近平总书记指出："形式主义实质是主观主义、功利主义，根源是政绩观错位、责任心缺失，用轰轰烈烈的形式代替了扎扎实实的落实，用光鲜亮丽的外表掩盖了矛盾和问题。"形式主义是党和人民事业的大敌，同党的性质宗旨和优良作风格格不入。在实际工作中，一些人仍存在"行动迟缓拖沓"慢落实，"合意者取之、不合意者弃之"选择性落实，"只求形式、不求结果"假落实，"敷衍塞责、推诿扯皮"不落实等现象，导致抓落实大打折扣，甚至走了样、落了空。党员、干部必须树立正确政绩观，多做打基础、利长远、出实效的事，扎扎实实深入实际、深入基层、深入群众，以实实在在的行动实现好、维护好、发展好最广大人民根本利益。同时，对那些不落实、假落实、慢落实、选择性落实的人和事，都要进行严肃问责，使真抓实干蔚然成风。

世间事，作于细，成于严。抓落实就要明确谁来做、怎么做、何时做、按什么标准做、做到什么程度、什么时间做完等责任和要求，努力凝聚并不断增强工作合力，以绣花功夫把工作做扎实、做到位，避免出现谁都管、谁都不管和谁都干、谁都不干的现象。抓落实绝非一时一日之功，也不是一朝一夕能至。要以"马上就办、真抓实干"的态度、"踏石留印、抓铁有痕"的劲头、"锲而不舍、驰而不息"的精神，始终保持一抓到底、一刻不松的韧劲与斗志，才能真正见到成效、收到长效。

（《人民日报》2023年09月19日　第9版）

108

深刻把握"第二个结合"的重大意义

许先春

在文化传承发展座谈会上，习近平总书记指出："'第二个结合'，是我们党对马克思主义中国化时代化历史经验的深刻总结，是对中华文明发展规律的深刻把握，表明我们党对中国道路、理论、制度的认识达到了新高度，表明我们党的历史自信、文化自信达到了新高度，表明我们党在传承中华优秀传统文化中推进文化创新的自觉性达到了新高度。"我们要深刻认识和把握"第二个结合"的重大意义，更好推进"第二个结合"，让马克思主义成为中国的，中华优秀传统文化成为现代的。

中国特色社会主义植根于中华文化沃土、反映中国人民意愿、适合中国和时代发展进步要求，有着深厚历史渊源和广泛现实基础。中国特色社会主义道路是在马克思主义指导下走出来的，也是从五千多年中华文明史中走出来的。只有立足博大精深的中华优秀传统文化，才能真正理解和把握中国道路、理论、制度的历史必然、文化底蕴与独特优势。从道路根基看，"第二个结合"让中国特色社会主义道路有了更加宏阔深远的历史纵深，拓展了中国特色社会主义道路的文化根基。从理论指引看，在坚持"两个结合"中创立的习近平新时代中国特色社会主义思想，实现了马克思主义中国化时代化新的飞跃，是中华文化和中国精神的时代精华。从制度支撑看，中华优秀传统文化为坚持和发展中国制度提供了深厚文化根基，"第二个结合"让中国特色社会主义制度汲取了底蕴深厚的治国理政智慧。"第二个结合"把我们党对中华优秀传统文化的认识提升到了新高度，充分体现了我们党从文化视角观察和思考中国道路、理论、制度的思想自觉和行动自觉，深化了我们党对共产党执政规律、社会主义建设规律、人类社会发展规律的认识。

"第二个结合"反映了新时代中国共产党人的历史自信和历史主动，彰显了新时代中国共产党人的文化自信和文化担当。习近平总书记指出，"我们现在就是要理直气壮、很自豪地去做这件事，去挖掘、去结合中华优秀传统文化，真正实现马克思主义中国化时代化"。推进"第二个结合"，能让我们更深刻把握中华优秀传统文化的历史渊源、发展脉络、基本走向，深刻理解中华文化的独特创造、价值理念、鲜明特色，深入挖掘和阐发其中蕴含的思想精华、道德精髓、时代价值，着力展示中华民族的独特精神标识，更好构筑中国精神、中国价值、中国力量。"第二个结合"为我们党开辟马克思主义中国化时代化新境界提供了更为主动的精神力量、更为深厚的思想根基、更为丰富的文化底蕴,中国共产党人的历史自信、文化自信在"第二个结合"中持续提升。

中华文明具有突出的创新性,从根本上决定了中华民族守正不守旧、尊古不复古的进取精神,决定了中华民族不惧新挑战、勇于接受新事物的无畏品格。我们党在推进"第二个结合"的历史进程中,用马克思主义激活中华优秀传统文化中富有生命力的优秀因子并赋予新的时代内涵,将中华民族的伟大精神和丰富智慧更深层次地注入马克思主义,让马克思主义成为中国的,中华优秀传统文化成为现代的。明确概括并提炼出"人类文明新形态""中华民族现代文明""中国式现代化的文化形态""新时代中国特色社会主义文化"等富有原创性、引领性的重要概念,标志着我们党对文化传承发展的规律性认识上升到新的高度,也表明我们党推进文化创新的理论与实践上升到新的高度。"第二个结合"极大增强了我们党推进文化创新的自觉性、主动性,开辟了文化创新的新境界。

(《人民日报》2023年09月20日　第9版)

109

从人民群众的创造中汲取理论创新智慧

李正兴

在《干在实处　走在前列》一书的自序中，习近平同志提到自己"坚持调研开局、调研开路，凡事眼睛向下，先当学生，不耻下问，问计于基层、问计于群众，每年至少用三分之一以上时间深入基层和部门调查研究"。这充分体现出尊重人民群众首创精神、甘当人民群众小学生的深厚情怀。

人民是历史的创造者，也是时代的创造者。习近平总书记在二十届中共中央政治局第六次集体学习时强调："要注重从人民群众的创造中汲取理论创新智慧。"这既是对我们党百余年来理论创新经验的深刻总结，又为新的历史条件下继续推进党的理论创新指明了重要途径。人民的创造性实践是理论创新的不竭源泉。一切脱离人民的理论都是苍白无力的，一切不为人民造福的理论都是没有生命力的。马克思主义不是书斋里的学问，而是为了改变人民历史命运而创立的，是在人民求解放的实践中形成的，也是在人民求解放的实践中丰富和发展的。

中国共产党的根基在人民、血脉在人民、力量在人民，党的理论是来自人民、为了人民、造福人民的理论。

《红星照耀中国》的作者埃德加·斯诺曾感慨，中国共产党总能从大多数人民群众中汲取力量。在革命、建设、改革各个历史时期，我们党始终尊重人民群众的主体地位和首创精神，注重及时发现、总结人民创造的新鲜经验，在实践中坚持和发展马克思主义，为党和人民事业发展提供与时俱进的科学理论指导。我们党推进马克思主义中国化时代化的理论创新成果，无不源自人民的智慧、人民的探索、人民的创造，是党和人民实践经验和集体智慧的结晶。历史和实践都启示我们，要在理论上不断有所创新和创造，必须深深扎根于人民群众的创造性实践，注重从人民群众中汲取智慧和力量。

从人民群众的创造中汲取理论创新智慧，必须始终践行党的群众路线。习近平总书记指出："继续推进党的理论创新必须走好群众路线，决不能闭门造车、坐而论道、流于空想。"只有自觉践行群众路线，理论创新才能接地气、聚民智，理论成果才能顺民意、得民心。一方面，坚持从群众中来，尊重人民群众首创精神，充分激发人民群众中蕴藏的智慧和力量，注重从人民群众的创造性实践中总结新鲜经验，上升为理性认识，提炼出新的理论成果。另一方面，坚持到群众中去，坚持理论创新和理论武装同步推进，着力让党的创新理论深入亿万人民心中，转化为广大群众的自觉行动，让党的创新理论成果发挥指导实践、推动工作的重大作用。

调查研究是我们党的传家宝，是做好各项工作的基本功。开展调查研究就是坚持实事求是，就是对群众路线的践行。通过调查了解真实情况和各种问题，并在调查的基础上进行深入细致的思考，找到事物的本质和规律，找到解决问题的办法。广大党员干部要带头深入实际、深入基层、深入群众，自觉拜人民为师，虚心向群众学习，在回应群众关切中找准问题，从人民的创造性实践中获得正确认识，在汇集人民智慧中提炼新鲜理论，不断推进实践基础上的理论创新。

过去的辉煌属于人民，未来的征程依靠人民。世界之变、时代之变、历史之变正以前所未有的方式展开，中国共产党人有能力、有责任揭示其中所蕴含的历史经验和发展规律。我们要始终坚持人民至上、站稳人民立场、把握人民愿望、尊重人民创造、集中人民智慧，不断推进理论创新，努力创造为人民所喜爱、所认同、所拥有的理论成果，为发展马克思主义作出中国的原创性贡献。我们要有这样的理论自觉，更要有这样的理论自信。

（《人民日报》2023年09月21日　第9版）

110

树立新时代的家庭观

陈晓霞

　　天下之本在国，国之本在家。习近平总书记指出，"要坚持以社会主义核心价值观为统领，树立新时代的家庭观"。中华民族素有重家庭、讲家教、守家风的优良传统，在历史长河中形成并发展的家风文化是中华优秀传统文化的重要组成部分。我们要把千百年来传承下来的传统美德、优良风俗发扬好，树立和培育新时代的家庭观，进一步加强家庭家教家风建设，更好发挥优良家教家风对于提升人们精神风貌、培育社会文明风气的重要作用。

　　家庭和睦则社会安定，家庭幸福则社会祥和，家庭文明则社会文明。习近平总书记高度重视家庭家教家风建设，指出"千家万户都好，国家才能好，民族才能好""家风是社会风气的重要组成部分"。新时代的家庭观体现在爱国爱家的家国情怀、相亲相爱的家庭关系、向上向善的家庭美德、共建共享的家庭追求等方面。树立起这样的家庭观，弘扬优良家风，才能让千千万万家庭更加温馨和睦，让家庭发挥提升人道德境界的功能，促进人与人关系和谐，支撑起良好社会风气，并且将优秀品德素养一代代传承下去。

习近平总书记强调："要在家庭中培育和践行社会主义核心价值观，引导家庭成员特别是下一代热爱党、热爱祖国、热爱人民、热爱中华民族。"树立新时代的家庭观，要以社会主义核心价值观为统领。社会主义核心价值观是当代中国精神的集中体现，凝结着全体中国人民共同的价值追求。我们要把社会主义核心价值观中蕴含的价值目标、价值取向、价值准则等，融入家庭生活，让家庭成员共同感知它、领悟它，成为人们自觉的行为准则。引导家庭成员把实现个人梦、家庭梦融入国家梦、民族梦之中，在促进家庭和睦、亲人相爱、养老育幼等方面共担责任，在自立自强、岗位建功、筑梦圆梦等方面共同发力。

中华优秀传统文化中讲仁爱、重民本、守诚信、崇正义、尚和合、求大同等思想观念，能够为家庭家教家风建设提供滋养。树立新时代的家庭观，要积极传承中华优秀传统文化，传播中华民族传统美德，传递尊老爱幼、男女平等、夫妻和睦、勤俭持家、邻里团结的观念，倡导忠诚、责任、亲情、学习、公益的理念。运用生活化场景、日常化活动、具象化载体，大力倡导忠诚相爱、亲情陪伴、终身学习、绿色生态等现代家庭理念，积极引导群众移风易俗，养成文明健康生活方式，涵育文明乡风、良好家风、淳朴民风。

树立新时代的家庭观最终要体现在行动上。习近平总书记强调："党员、干部特别是领导干部要清白做人、勤俭齐家、干净做事、廉洁从政，管好自己和家人，涵养新时代共产党人的良好家风。"党员、干部要努力作表率，把家风建设摆在重要位置，自觉涵养新时代共产党人的良好家风，明大德、守公德、严私德，做廉洁自律、廉洁用权、廉洁齐家的模范。将家庭家教家风建设与为群众办实事紧密结合起来，统筹居（村）民委员会、业主委员会等力量，积极为群众送温暖。比如，开展留守儿童寒暑假关爱活动，为孤寡老人、空巢老人、失能老人等提供生活关爱、精神文化抚慰、防诈骗等服务。鼓励群众积极参与和谐社区、平安社区、和睦邻里、和美乡村建设，吸引群众走出"小"家、融入"大"家，推动人们在为家庭谋幸福、为他人送温暖、为社会作贡献的过程中提高精神境界、培育文明风尚。

（《人民日报》2023年09月26日　第13版）

111

葆有"一辈子办成一件事"的执着

葛彬超

习近平总书记在江苏考察时勉励年轻研发人员："我们说大器晚成，大器是什么？就是那些最好的东西、最高精尖的东西，这些东西都不是一下子可以做成的，都要下很大的功夫，甚至要用毕生精力。希望大家立志高远、脚踏实地，一步一步往前走，以十年磨一剑的韧劲，以'一辈子办成一件事'的执着，成就有价值的人生。"人的一生时间有限，有的人可以在多个方面有所成就，也有人在某一个领域精耕细作。对于大多数人来说，不一定能做到事事精通、面面俱到，但可以葆有"一辈子办成一件事"的执着，在自己的岗位上对国家、对人民有所贡献。

"为山者，基于一篑之土，以成千丈之峭；凿井者，起于三寸之坎，以就万仞之深。"古往今来，但凡事业有成者，都具备一个不可或缺的重要品质，就是专心致志、强学力行，对理想持之以恒、锲而不舍。"绳锯木断，水滴石穿""积跬步至千里，积小流成江海""宝剑锋从磨砺出，梅花香自苦寒来"，这些古语都是对这一精神的诠释。每一件事情、每一项事业，不论大小，都是靠一点一滴干出来的。只有扑下身子从小事做起、从点滴做起，才能积点成线、织线成面，最终干出成效、做出成绩。

许多英雄模范身上都有这种执着追求的精神。比如，"水过不去、拿命来铺"的黄大发，历时36年，带领村民开凿出一条绕三座大山、过三道绝壁、穿三道险崖的"生命渠"，让村子彻底告别靠天吃饭的历史。在焊工岗位上辛勤工作半个多世纪的艾爱国，不懈奋斗成为焊接领域"领军人"，真正展现大国工匠风采。被誉为"敦煌的女儿"的樊锦诗，数十年如一日扎根敦煌，为文化遗产的永久保存与永续利用作出重大贡献。这些楷模以实际行动昭示我们，在自己的本职岗位上真抓实干、埋头苦干，葆有"一辈子办成一件事"的执着，就能书写属于自己的精彩篇章。

对于党员干部来说，葆有"一辈子办成一件事"的执着，需要做到不论身处哪个岗位，都要勇担使命、不畏艰险、不懈奋斗，以咬定青山不放松的韧劲，朝着推动发展、造福人民的目标前进。一切伟大成就都是接续奋斗的结果，要力戒心浮气躁、好高骛远、眼高手低，也不能三天打鱼两天晒网，追求短、平、快，而要永葆为民初心，不求虚名、久久为功，发扬钉钉子精神，一锤接着一锤敲，以功成不必在我的精神境界、功成必定有我的担当奋斗，把对党忠诚体现在实干中，把为民造福落到实处。

葆有"一辈子办成一件事"的执着，并不是不动脑筋地盲干蛮干，日复一日地重复机械劳动，而是要专心投入事业，潜心研究工作，不断学习本领、增长才干，在钻研中成为行家里手，在思考中创造性地开展工作。学问尚精专，研摩贵纯一。坚持学习、学习、再学习，实践、实践、再实践，做到干中学、学中干，学以致用、用以促学、学用相长，这样才能干一行、专一行，既提升自己的能力，又推动事业不断发展。投身时代洪流，锚定奋斗目标，以饱满的热情刻苦钻研、锐意进取，一定能把手里的工作做精做好，做到高出一筹，在平凡岗位上创造不平凡的业绩。

（《人民日报》2023年09月27日　第13版）

112

大力弘扬优秀企业家精神

肖 晋

　　民营经济是推进中国式现代化的生力军，是高质量发展的重要基础，是推动我国全面建成社会主义现代化强国、实现第二个百年奋斗目标的重要力量。2023年全国两会期间，习近平总书记在看望参加政协会议的民建工商联界委员时强调："民营企业和民营企业家要筑牢依法合规经营底线，弘扬优秀企业家精神，做爱国敬业、守法经营、创业创新、回报社会的典范。"《中共中央　国务院关于促进民营经济发展壮大的意见》对促进民营经济发展壮大作出新的重大部署，提出"在民营经济中大力培育企业家精神，及时总结推广富有中国特色、顺应时代潮流的企业家成长经验"。新征程上，我们要大力弘扬优秀企业家精神，更好发挥企业家作用，促进民营经济发展壮大。

　　习近平总书记指出："市场活力来自于人，特别是来自于企业家，来自于企业家精神。"企业家是经济活动的重要主体，企业家精神是推动经济发展的重要动力。改革开放以来，我国一大批优秀企业家在市场竞争中迅速成长，一大批具有核心竞争力的企业不断涌现，为积累社会财富、创造就业岗位、促进经济社会发展、增强综合国力作出了重要贡献。在2023年世界500强企业榜单中，我国企业有142家，入围数量位居榜首，其中不乏优秀民营企业。这些企业的发展壮大，离不开优秀企业家精神的激励。

企业发展必须尊重客观规律，同时离不开企业家的主观能动性。优秀企业家从事的行业各异，但都坚信企业发展的目标是要为社会创造价值，并将个人成长、企业发展同国家繁荣、民族兴盛、人民幸福紧密结合在一起。企业家精神有其相对稳定的内涵，如爱国敬业、遵纪守法、艰苦奋斗、创新发展、专注品质、追求卓越、诚信守约、履行责任、勇于担当、服务社会等。一个企业在企业家的带领下大力弘扬优秀企业家精神，就能奋力拼搏、力争一流，实现质量更好、效益更高、竞争力更强、影响力更大的发展，成为新时代构建新发展格局、建设现代化经济体系、推动高质量发展的生力军。当前，民营企业践行新发展理念、转变发展方式、转换增长动力，坚守主业、做强实业，自觉走高质量发展之路，都要求民营企业家大力弘扬优秀企业家精神。

大力弘扬优秀企业家精神，需要打造良好的法治环境，持续优化尊重企业家、弘扬企业家精神的发展环境。法治是最好的营商环境，良好的法治环境是激发优秀企业家精神的有力保障。要坚持推动经济发展在法治轨道上运行，为民营经济发展营造良好稳定的预期。加强法治保障，依法保护民营企业和企业家的合法权益，促进各种所有制经济依法依规平等使用生产要素、公开公平公正参与市场竞争、同等受到法律保护，努力让民营企业家心无旁骛干事业。

大力弘扬优秀企业家精神，需要营造关心促进民营经济发展壮大的社会氛围。好的社会氛围能够鼓励更多民营企业家消除顾虑、放下包袱、大胆发展。要引导社会正确认识民营经济的重大贡献和重要作用，正确看待民营经济人士通过合法合规经营获得的财富。坚决抵制、及时批驳澄清质疑社会主义基本经济制度、否定和弱化民营经济的错误言论与做法，以实际行动坚持"两个毫不动摇""三个没有变"。加强对优秀企业家先进事迹、加快建设世界一流企业的宣传报道，凝聚崇尚创新创业正能量，增强企业家的荣誉感和社会价值感。

（《人民日报》2023年10月10日　第9版）

113

真正把马克思主义看家本领学到手

张　明

习近平总书记强调："真正把马克思主义看家本领学到手，自觉用新时代中国特色社会主义思想指导各项工作。"习近平新时代中国特色社会主义思想是当代中国马克思主义、二十一世纪马克思主义，开辟了马克思主义中国化时代化新境界。真正把马克思主义看家本领学到手，既要学深悟透习近平新时代中国特色社会主义思想的基本观点、科学体系，掌握其科学世界观和方法论；也要弘扬理论联系实际的马克思主义学风，提升运用这一重要思想指导实践、解决问题的能力。

我们党历来高度重视理论建设和理论教育。毛泽东同志曾经提出："如果我们党有一百个至二百个系统地而不是零碎地、实际地而不是空洞地学会了马克思列宁主义的同志，就会大大地提高我们党的战斗力量。"对领导干部来说，掌握马克思主义理论的深度，决定着政治敏感的程度、思维视野的广度、思想境界的高度。当前，国内外环境深刻复杂变化，改革发展稳定任务艰巨繁重，很多领域工作往往牵一发而动全身，如果缺乏理论思维、理论素养，就难以战胜各种困难和挑战。只有把马克思主义这个看家本领掌握牢靠，才能在纷繁复杂的形势下坚守正确政治方向，在观察时势、谋划发展、防范化解风险上更加主动、更有成效。

学习理论，没有任何捷径可走，首先要老老实实、原原本本读原著、学原文、悟原理，摒弃浅尝辄止、一知半解、蜻蜓点水的态度，下一番真功夫、苦功夫、细功夫。习近平总书记曾以著名学者王国维论述治学的三种境界，勉励领导干部学习理论也要有三种境界，既要"静下心来通读苦读"，又要"勤奋努力、刻苦钻研"，还要"独立思考、学用结合、学有所悟、用有所得"，为我们学习理论提供了科学指引。我们要通过全面系统深入的研读，掌握习近平新时代中国特色社会主义思想的主要内容，整体把握这一重要思想的科学体系；对各领域提出的新理念、新思想、新战略，对各方面工作提出的具体要求，都要放在整个科学体系中来认识和把握，做到融会贯通。

只有把思想方法搞对头，开展工作才能把得准。真正把马克思主义看家本领学到手，关键是要掌握科学的世界观和方法论。习近平新时代中国特色社会主义思想的世界观和方法论是坚持运用辩证唯物主义和历史唯物主义的光辉典范，集中体现了我们党推进理论创新的重大成果，为新时代党和国家事业发展提供了强大思想武器。准确把握包括"六个必须坚持"在内的习近平新时代中国特色社会主义思想的立场观点方法，才能深刻领悟这一重要思想的精髓要义。要结合新时代我们党运用科学思想方法和工作方法攻克一个又一个难题、取得一个又一个胜利的非凡历程，深切感悟马克思主义科学世界观和方法论的真理力量和实践伟力。

马克思主义不是书斋里的学问，而是为改变人民命运而创立、在人民求解放的实践中丰富和发展的。实践性是马克思主义的显著特征，学习习近平新时代中国特色社会主义思想必须坚持理论联系实际，真正做到学以致用。要把这一重要思想的世界观、方法论和贯穿其中的立场观点方法转化为自己的科学思想方法，用以观察新形势、研究新情况、解决新问题。善于运用这一重要思想洞察时与势、危与机，把握规律性、发现趋势性、认识必然性，积极识变应变求变。善于运用这一重要思想增进人民福祉，深入实际感受群众冷暖、倾听群众呼声，解决好人民群众最关心最直接最现实的利益问题。善于运用这一重要思想解决经济社会发展中的矛盾和问题，创新思路办法、激发动力活力，推动高质量发展，将学习成果转化为推动党和人民事业发展的实绩。

（《人民日报》2023年10月11日　第9版）

114

不断巩固文化主体性

红 梅

文化是民族的血脉、人民的精神家园。文化主体性体现着一个国家、一个民族对其文化传统、价值观念、精神信仰等的坚持与发展，关系一个国家、一个民族的文化传承，更关系文化活力的激发和增强。文化主体性强则文化自觉、文化自信程度高。新时代新征程，我们要深入学习贯彻习近平文化思想，不断巩固文化主体性，更好维护好本民族的文化特质，进而在文化激荡中站稳脚跟，在新的起点上继续推动文化繁荣、建设文化强国、建设中华民族现代文明。

中华民族在漫长历史发展中，创造了辉煌灿烂的文化。近代以来，深重的民族危机让一些人产生了文化自卑自弃心理，中华文化的主体性遭受前所未有的挑战。中国共产党坚定选择马克思主义，同时继承和发展中华优秀传统文化，坚持把马克思主义基本原理同中国具体实际相结合、同中华优秀传统文化相结合。历史和实践充分表明，"两个结合"是我们取得成功的最大法宝。习近平总书记在文化传承发展座谈会上强调：
"'结合'巩固了文化主体性。文化自信就来自我们的文化主
体性。创立新时代中国特色社会主义思想就是这一文化主体性
的最有力体现。"党领导人民推进"两个结合"的历史进程，
也是不断巩固文化主体性的文明发展历程。这种结合不是简单
的叠加，而是深入的融合。"结合"打开了创新空间，让我们
掌握了思想和文化主动，推动马克思主义中国化时代化不断取
得新突破。在"结合"中，我们坚持守正不守旧、尊古不复古
的进取精神，推动中华优秀传统文化创造性转化、创新性发
展。"结合"进一步巩固了中华民族和中国人民的文化主体性，
有力推动了中国特色社会主义文化建设。

创新是文化的生命力所在，创新能力强则文化的主体性
强。中国式现代化是从中华大地长出来的现代化，借鉴吸收一
切人类优秀文明成果，既有各国现代化的共同特征，更有基
于自己国情的鲜明特色。新时代以来，我们党将中华优秀传
统文化融入中国式现代化的伟大实践，铸就了中国式现代化的
文化形态，让马克思主义成为中国的，中华优秀传统文化成为
现代的。中华优秀传统文化中蕴含的天下为公、民为邦本、为
政以德、革故鼎新、任人唯贤、天人合一、自强不息、厚德载
物、讲信修睦、亲仁善邻等，已经深深融入中国式现代化之
中。如，全体人民共同富裕体现着民本思想，物质文明和精神
文明协调发展体现着"仓廪实而知礼节，衣食足而知荣辱"的
理念，人与自然和谐共生体现着天人合一的智慧，等等。中华

优秀传统文化的创造性转化、创新性发展，不仅为中国式现代化提供了有益滋养，对于解决现代社会人类面临的难题也具有重要启示意义，充分彰显了巩固文化主体性的重大意义和时代价值。

文明因交流而多彩，文明因互鉴而丰富。巩固文化主体性和文明交流互鉴并不是矛盾的，而是相互促进的：巩固文化主体性有利于文明交流互鉴，文明交流互鉴也有利于巩固文化主体性。巩固文化主体性绝不是故步自封，而是要更加自信地推动文明交流互鉴，以开放的心态自主学习借鉴外来文化，并在此基础上创新发展本民族文化。这是文化自觉、文化自信的重要体现。面向未来，我们要在巩固文化主体性的同时，积极与其他文明交流互鉴，向世界展现中华文明的魅力，促进形成各美其美、美美与共的世界文明百花园，为推动中华文明重焕荣光、促进人类社会进步作出更大贡献。

（《人民日报》2023年10月12日　第9版）

115

增强防范化解风险本领

钟开斌

习近平总书记在党的二十大报告中强调："增强干部推动高质量发展本领、服务群众本领、防范化解风险本领。加强干部斗争精神和斗争本领养成，着力增强防风险、迎挑战、抗打压能力。"8月31日召开的中共中央政治局会议再次强调要提升干部这三种本领。当前，我国发展进入战略机遇和风险挑战并存、不确定难预料因素增多的时期。面对新征程上纷繁复杂的风险挑战，领导干部要切实增强防范化解风险本领，把发展建立在更加安全、更为可靠的基础之上，推动中国式现代化行稳致远。

我们党之所以能在内忧外患中诞生、在磨难挫折中成长、在战胜风险挑战中壮大，很重要的一条就是不断总结经验、提高本领，其中包括不断提高应对风险、迎接挑战、化险为夷的能力水平。在不同历史时期，我们党坚持把防范化解风险作为党和国家工作的重要内容、各级干部需要掌握的重要本领。实践证明，把安全稳定工作放在重要位置，全力防范化解重大风险，是我们党团结带领人民进行现代化建设的根本前提，是党和国家兴旺发达、长治久安的重要保证。

党的十八大以来，以习近平同志为核心的党中央把防范化解风险摆在更加突出的位置，要求各级党委、政府和领导干部扛起防范化解重大风险的政治职责，坚决守住不发生全局性、系统性风险的底线。我们经受住了来自政治、经济、意识形态、自然界等方面的风险挑战考验，有效应对了百年变局和世纪疫情交织叠加的复杂局面，有效应对了外部讹诈、遏制、封锁、极限施压，党和国家事业取得历史性成就、发生历史性变革。

船到中流浪更急、人到半山路更陡。中国式现代化越向前推进，我们遇到的阻力和压力就会越大，需要防范化解的风险就会越复杂。当前，世界百年未有之大变局加速演进，不稳定、不确定、难预料的因素急剧增多，我们将面对更多逆风逆水的外部环境。就拿经济发展来说，我国正处在经济恢复和产业升级的关键期，经济恢复速度在全球主要经济体中处于领先地位，长期向好的基本面没有改变。但也要看到，我国经济运行面临新的困难挑战，一些国家采取的贸易保护主义、单边主义等不断冲击全球产业链供应链的安全稳定，各种可以预见和难以预见的风险因素进一步凸显。对于各个领域的风险挑战，我们必须有清醒的认识。

新形势新任务对各级领导干部防范化解风险提出了新的更高要求。"明者防祸于未萌，智者图患于将来。"增强防范化解风险本领，要善于在不稳定性中增强稳定性、在不确定性中寻找确定性，打好防范和抵御风险的有准备之战。增强风险意识、忧患意识、责任意识，更好统筹发展和安全两件大事，把安全发展的理念贯彻到经济社会发展各领域和全过程。健全风险分级管控和隐患排查治理制度，从源头上避免或减少重大风险的发生。建立多源监测、多点触发机制和专家咨询、会商机制，增强敏锐性、洞察力、预见力，提高对重大风险的预测预判预警能力，见微知著、先知先觉，努力做到草摇叶响知鹿过、松风一起知虎来、一叶易色而知天下秋。

增强防范化解风险本领，领导干部既要有防范风险的先手，也要有应对和化解风险挑战的高招，还要打好化险为夷、转危为机的战略主动战。要按照平常时候看得出来、关键时刻站得出来、危难关头豁得出来的要求，主动增强责任感和自觉性，提高应急处突的见识和胆识，不回避矛盾，不掩盖问题，第一时间研究部署、第一时间采取措施、第一时间组织动员，抓早抓小抓苗头，及时斩断风险发展链条，防止风险升级、转化。坚持群众观点和群众路线，加强重大风险的社会心理干预、情绪疏导和舆论引导，凝聚社会共识、集中群众智慧，紧紧依靠人民筑牢安全屏障。树立辩证的、系统的、长远的眼光，深入分析，全面权衡，准确识变、科学应变、主动求变，善于从眼前的危机、眼前的困难中捕捉和创造机遇，在改革创新中实现更高质量的发展。

（《人民日报》2023年10月18日 　第13版）

116

坚持以思想解放推进改革开放

秦 强

习近平总书记指出，"价值先进、思想解放，是一个社会活力的来源""改革开放的过程就是思想解放的过程"。党的二十大报告阐述了前进道路上必须牢牢把握的重大原则，坚持深化改革开放是其中之一。站在新的历史起点上，坚持深化改革开放、推进中国式现代化是一项前无古人的开创性事业。我们必须进一步解放思想，不断开创改革开放新局面，以深化改革开放激发发展新活力，加快推进强国建设、民族复兴伟业。

改革开放是决定当代中国命运、实现中华民族伟大复兴的关键一招。以中国式现代化全面推进中华民族伟大复兴，要求我们进一步冲破思想观念的束缚、突破利益固化的藩篱，破除各方面体制机制弊端，不断深化改革开放。思想不解放，就难以看清各种利益固化的症结所在，就难以找准深化改革开放的突破方向和着力点，就难以迈开前进的步子。党的十八大以来，习近平总书记围绕解放思想作出一系列重要论述，强调"我们必须解放思想、实事求是、与时俱进，坚定不移推进理论创新、实践创新、制度创新以及其他各方面创新，让党和国家事业始终充满创造活力、不断打开创新局面""要弘扬改革创新精神，推动思想再解放改革再深入工作再抓实，凝聚起全面深化改革的强大力量，在新起点上实现新突破"。习近平总书记的重要论述，为我们坚持以思想解放推进改革开放指明了前进方向、提供了根本遵循，推动党员干部进一步焕发历史主动精神、历史创造精神，不断解放思想、锐意进取、大胆探索、勇于创新。

思想是行动的先导，思想理念的变革是经济社会发展的先导性力量。坚持以思想解放推进改革开放，必须掌握科学理论，提升思维能力。当前，世界百年未有之大变局加速演进，我国发展进入战略机遇和风险挑战并存、不确定难预料因素增多的时期。面对前进道路上各种可以预见和难以预见的狂风暴雨、惊涛骇浪，随时可能发生的"黑天鹅""灰犀牛"事件，如果眼界不宽、知识不够、思想僵化，"身体进入新时代、思想停在过去时"，在风险挑战面前就可能进退失据，丧失应变识变求变、战胜艰难险阻的主动性。党员干部必须学深悟透习近平新时代中国特色社会主义思想，坚持好、运用好贯穿其中的立场观点方法，积极运用党的创新理论研究新情况、解决新问题、总结新经验、探索新规律，不为陈旧观念所缚，不为思维定式所困，当解放思想的先行者；立足实践发展、适应时代变化，勤于思考、善于创新、勇于求变，把"敢"和"干"的劲头调动起来，把"闯"和"创"的精神激发出来，提出防范化解各种风险挑战的新思路新办法新举措，在坚持改革开放中创造新的发展机遇。

解放思想是我们适应新形势、认识新事物、完成新任务的思想武器。实践发展永无止境，解放思想永无止境，改革开放也永无止境。新征程上，我们要不断解放思想，深入推进改革创新，坚定不移扩大开放，着力破除深层次体制机制障碍，充分调动各方面推进改革开放的积极性、主动性、创造性，把激发创新活力同凝聚奋进力量结合起来，让解放思想和改革开放相互激荡、观念创新和实践探索相互促进，不断增强社会主义现代化建设的动力和活力，将我国制度优势更好转化为国家治理效能，努力创造无愧于党、无愧于人民、无愧于时代的业绩。

（《人民日报》2023年10月19日　第13版）

117

要怀平常心

刘文涛

在2023年9月召开的新时代推动东北全面振兴座谈会上，习近平总书记强调，"信心赛黄金。只要有信心，未来可期""当然我们也不要一味地追求奇迹，还是要怀平常心，把握住自己的历史定位"。这为我们在新征程上攻坚克难、砥砺前行提供了科学的思想方法和工作方法。

历史发展有其规律。伟大事业往往不会一帆风顺，宏伟奋斗目标不可能一蹴而就。因此，我们既要积极推动事物发展，又不能急于求成，做违背规律、超越阶段的事。这正是要怀平常心所蕴含的哲理。平常心体现的是一种积极主动而又冷静从容的心态。平常心是一份沉着的信心，信心是一份坚定的平常心。正因为有了这样的平常心，新时代以来我们从容应对来自政治、经济、意识形态、自然界等方面的风险挑战考验，取得一系列举世瞩目的成就，推动我国迈上全面建设社会主义现代化国家新征程并不断取得新成就。

平常心是一份不骄不躁、脚踏实地的进取心。发展是第一要务。以平常心谋划和推动发展，不骄不躁、脚踏实地，才能在推动高质量发展上不断迈出新步伐。推动高质量发展，就要告别简单以国内生产总值增长率论英雄，不走急就章、竭泽而渔的道路。怀平常心，就要克服浮躁心理、急躁心态，树立正确政绩观，扎扎实实、踏踏实实地推进现代化建设。认清自身的战略定位、历史使命，把握机遇和优势，不脱离实际，不超越阶段，把步子走稳，多做打基础、利长远、赢未来的事。摒弃"速度崇拜"，放下"数字包袱"，不搞贪大求洋、盲目蛮干、哗众取宠，坚持出实招求实效，追求实实在在、没有水分的增长。

平常心还是一份不务虚功、造福于民的实干心。一分部署、九分落实。再好的规划和部署，如果得不到落实，也只是空中楼阁。在具体落实过程中，有些难题牵扯面广，有些矛盾尖锐复杂，不能急功近利。要拿出倾听群众呼声、了解群众愿望的耐心和"过了一山再登一峰，跨过一沟再越一壑"的韧劲，将党中央的决策部署不折不扣落实到位。要始终保持"时时放心不下"的责任感，发扬钉钉子精神，深入基层、深入群众，真抓实干解民忧、纾民怨、暖民心，以一颗平常心做平常事，于平常事中见担当，尽心尽力履职尽责、全心全意服务人民，不断增强人民群众的获得感、幸福感、安全感。

平常心中见信心和耐心，平常心中见定力和担当。当前，我们比历史上任何时期都更接近、更有信心和能力实现中华民族伟大复兴的目标，但面对的改革发展稳定任务之重、矛盾风险挑战之多、治国理政考验之大也前所未有。走在中国式现代化这条前人从未走过的道路上，我们要准确洞察发展大势，不因胜利而骄傲、不因成就而懈怠，不为风险所惧、不为干扰所惑，始终保持信心和耐心、定力和担当。怀平常心并不意味着可以喘口气、歇歇脚。岁月不待人，机遇不等人。我们要有时不我待的精神，不断激发内生动力，提高驾驭复杂局面、处理复杂问题的能力，不断开辟事业发展新局面。

习近平总书记指出："我们对于时间的理解，不是以十年、百年为计，而是以百年、千年为计。"我们要怀平常心，以道不变、志不改的定力，以一件接着一件办、一茬接着一茬干的恒心，以"功成不必在我"的境界和"功成必定有我"的担当，奋力推进强国建设、民族复兴伟业。

（《人民日报》2023年10月25日　第13版）

运用党的创新理论研究新情况、解决新问题

唐爱军

习近平总书记在学习贯彻习近平新时代中国特色社会主义思想主题教育工作会议上强调："按照党中央关于在全党大兴调查研究的工作方案，组织广大党员、干部特别是各级领导干部扑下身子、沉到一线，深入农村、社区、企业、医院、学校、'两新'组织等基层单位，把脉问诊、解剖麻雀，进行问题梳理、难题排查，运用党的创新理论研究新情况、解决新问题。"为学之实，固在践履。深入学习贯彻习近平新时代中国特色社会主义思想，要教育引导广大党员、干部运用党的创新理论研究新情况、解决新问题。

踏上全面建设社会主义现代化国家新征程，改革发展稳定面临不少深层次矛盾躲不开、绕不过，需要应对的风险挑战、防范化解的矛盾问题比以往更加严峻复杂。理论的价值在于指导实践，学习的目的全在于运用。运用党的创新理论研究新情况、解决新问题，作出符合中国实际和时代要求的正确回答，

得出符合客观规律的科学认识，形成与时俱进的理论成果，才能不断开创党和国家事业发展新局面。

运用党的创新理论研究新情况、解决新问题，要把握好习近平新时代中国特色社会主义思想的世界观和方法论。习近平新时代中国特色社会主义思想既讲是什么、为什么，又讲怎么看、怎么办，既部署"过河"的任务，又指导解决"桥或船"的问题，生动体现了理论与实践的结合、世界观和方法论的统一。党员、干部要提高思维能力、工作本领，就要刻苦钻研马克思主义基本原理特别是新时代党的创新理论，把习近平新时代中国特色社会主义思想的世界观和方法论作为研究新情况、解决新问题的"总钥匙"，努力掌握蕴含其中的立场观点方法、道理学理哲理，做到知其言更知其义、知其然更知其所以然，使自己的思维方式和精神世界更好适应事业发展需要，使各项工作朝着正确方向推进。

运用党的创新理论研究新情况、解决新问题，要坚持问题导向。马克思指出："问题就是时代的口号，是它表现自己精神状态的最实际的呼声。"我们党始终强调坚持问题导向，中国共产党人干革命、搞建设、抓改革，从来都是为了解决中国的现实问题。习近平总书记指出："坚持以马克思主义为指导，必须落到研究我国发展和我们党执政面临的重大理论和实践问题上来，落到提出解决问题的正确思路和有效办法上来。"运用党的创新理论研究新情况、解决新问题，首先要善于发现问题，在国际国内相互联系中发现问题，在改革发展实践中发现问题，在总结经验教训中发现问题。其次要科学分析问题，善于具体问题具体分析，善于透过现象看本质，善于从繁杂问题中把握事物的规律性、从苗头问题中发现事物的趋势性、从偶然问题中认识事物的必然性。最后要妥善解决问题，善于抓主要矛盾和矛盾的主要方面，注重抓事关全局、事关长远发展、事关人民福祉的紧要问题，瞄着问题去，追着问题走，把化解矛盾、破解难题作为履职尽责的第一要务。

运用党的创新理论研究新情况、解决新问题，要大力弘扬理论联系实际的马克思主义学风。紧密联系党和国家事业发生的历史性变革，紧密联系中国特色社会主义进入新时代的新实际，紧密联系我国社会主要矛盾的重大变化，紧密联系全面建设社会主义现代化国家奋斗目标和各项任务，自觉运用理论指导实践，使各方面工作更符合客观规律的要求，不断提高坚持和发展中国特色社会主义的能力，把党的创新理论转化为推进强国建设、民族复兴的强大力量。

（《人民日报》2023年10月26日　第13版）

119

守好魂脉和根脉

何民捷

思想是行动的先导。在五千多年中华文明深厚基础上开辟和发展中国特色社会主义，把马克思主义基本原理同中国具体实际、同中华优秀传统文化相结合是必由之路。习近平总书记指出："马克思主义中国化时代化这个重大命题本身就决定，我们决不能抛弃马克思主义这个魂脉，决不能抛弃中华优秀传统文化这个根脉。坚守好这个魂和根，是理论创新的基础和前提。"习近平新时代中国特色社会主义思想是坚持"两个结合"、勇于推进理论创新的光辉典范。正是在这一重要思想科学指引下，党和国家事业取得历史性成就、发生历史性变革。

在民族危亡之际诞生的中国共产党始终不渝将马克思主义作为自己的指导思想，同时传承和弘扬中华优秀传统文化，把马克思主义基本原理同中国具体实际、同中华优秀传统文化相结合，产生了深刻的化学反应。在百年波澜壮阔的实践中，中国共产党着力推进马克思主义中国化时代化，不断作出新的理论创造和实践创造，既让马克思主义以崭新形象展现在世界上，又深刻改变了中国。

马克思主义和中华优秀传统文化来源不同，但彼此存在高度的契合性。正是这种彼此契合为"结合"奠定了前提。马克思主义是人民的理论，中华优秀传统文化强调"民惟邦本，本固邦宁"；马克思主义是实践的理论，在人民群众的实践中形成、丰富和发展，中华优秀传统文化强调"千里之行，始于足下""绝知此事要躬行"；马克思主义是不断发展的开放的理论，中华优秀传统文化强调"自强不息""革故鼎新"；等等。坚定历史自信、文化自信，坚持古为今用、推陈出新，把马克思主义思想精髓同中华优秀传统文化精华贯通起来、同人民群众日用而不觉的共同价值观念融通起来，才能夯实马克思主义中国化时代化的历史基础和群众基础，理论创新才能根深叶茂。

守正创新是我们坚持和发展马克思主义，不断推进理论创新、进行理论创造的必然要求。当今时代，"两个大局"加速演进，我国改革发展稳定、内政外交国防、治党治国治军等各个领域都面临着一系列新的重大课题，中国之问、世界之问、人民之问、时代之问给我们提出的新考题比过去更复杂、更难。我们没有现成的答案可循，一切都需要在理论与实践的结合中探索创新，在守正与创新的统一中找寻答案。习近平总书记指出："我们要赢得优势、赢得主动、赢得未来，必须不断提高运用马克思主义分析和解决实际问题的能力，不断提高运用科学理论指导我们应对重大挑战、抵御重大风险、克服重大阻力、化解重大矛盾、解决重大问题的能力。"

我们要守好魂脉和根脉，坚持植根本国、本民族历史文化沃土发展马克思主义，以马克思主义为指导对中华五千多年文明宝库进行全面挖掘，用马克思主义激活中华优秀传统文化中富有生命力的优秀因子并赋予新的时代内涵，将中华民族的伟大精神和丰富智慧更深层次地注入马克思主义，有效把马克思主义思想精髓同中华优秀传统文化精华贯通起来，聚变为新的理论优势，不断攀登新的思想高峰，使中国特色社会主义巍巍巨轮在科学理论的指引下乘风破浪、行稳致远。

（《人民日报》2023年10月27日 第9版）

120

明体达用　体用贯通

肖伟光

全国宣传思想文化工作会议最重要的成果，就是正式提出和系统阐述习近平文化思想。习近平文化思想既有文化理论观点上的创新和突破，又有文化工作布局上的部署要求，明体达用、体用贯通，明确了新时代文化建设的路线图和任务书，为做好新时代新征程宣传思想文化工作、担负起新的文化使命提供了强大思想武器和科学行动指南。

"体用"是中国古典哲学的一对基本范畴，主要含义有三种：第一种是指形体、形质、实体与其作用、功能、属性的关系；第二种是指本质与现象、根据与表现的关系；第三种是指根本原则与具体方法的关系。无论是哪一种含义，在"体"和"用"的关系中，"体"是基础、是根本，"用"是作用、效用，是依赖于"体"的。中华优秀传统文化重视体用贯通，强调"体用不二""体用一源"。

随着时代的发展，"明体达用"不断被赋予新的内涵，"体用"范畴也体现着理论和实践的辩证关系。不断推进实践基础上的理论创新，推动理论与实践良性互动，是我们党的优良传统。强调习近平文化思想"明体达用、体用贯通"，深刻表明这一重要思想体现了"两个结合"的根本要求，彰显了这一重要思想浓郁的中国味、浓厚的中华情、浓重的华夏韵。

从理论上看，习近平文化思想丰富和发展了马克思主义文化理论。马克思主义第一次把文化放到历史唯物主义的基础上，推动人类文化观念实现了历史性转变。百余年来，中国共产党人不断推进马克思主义文化理论中国化时代化。党的十八大以来，习近平总书记就新时代文化建设提出一系列新思想新观点新论断，为丰富和发展马克思主义文化理论作出重大原创性贡献。比如，创造性地把文化自信和道路自信、理论自信、制度自信并列为中国特色社会主义"四个自信"，把坚持社会主义核心价值体系纳入新时代坚持和发展中国特色社会主义的基本方略，鲜明提出坚持党的文化领导权、深刻理解"两个结合"、担负起新的文化使命等重大创新观点，提出建设中华民族现代文明的重大任务，等等。习近平文化思想深刻回答了新时代坚持和发展什么样的中国特色社会主义文化、怎样坚持和发展中国特色社会主义文化这一重大课题，极大丰富和发展了马克思主义文化理论。

"凡贵通者，贵其能用之也。"理论的价值在于指导实践。做好新时代新征程宣传思想文化工作、担负起新的文化使命，习近平文化思想既是强大思想武器，又是科学行动指南。伴随一系列新思想新观点新论断的提出，一项项针对性举措应运而生：确立和坚持马克思主义在意识形态领域指导地位的根本制度；制定意识形态工作责任制实施办法；制定第一部关于宣传工作的基础性、主干性党内法规《中国共产党宣传工作条例》……党的十八大以来，以习近平同志为核心的党中央在领导党和人民推进治国理政的实践中，把文化建设摆在全局工作的重要位置，作出全局性的战略部署、提出各个方面的重大举措，为建设中华民族现代文明提供了根本遵循。

习近平文化思想标志着我们党对中国特色社会主义文化建设规律的认识达到了新高度，表明我们党的历史自信、文化自信达到了新高度，并在我国社会主义文化建设中展现出了强大伟力。我们要深入学习贯彻习近平文化思想，聚焦首要政治任务，围绕新的文化使命，坚定文化自信，秉持开放包容，坚持守正创新，把"七个着力"的要求落到实处，不断开创新时代宣传思想文化工作新局面，为全面建设社会主义现代化国家、全面推进中华民族伟大复兴提供坚强思想保证、强大精神力量、有利文化条件。

（《人民日报》2023年10月31日　第9版）

121

坚持打基础利长远

赵晋泰

2023年7月，习近平总书记在江苏考察时就主题教育中教育引导党员、干部落实"重实践"要求，在以学促干上取得实实在在的成效作出重要论述，强调"树牢造福人民的政绩观"，要求"坚持打基础利长远，不搞急功近利、竭泽而渔、劳民伤财"。能不能多做打基础利长远的事，体现着党员干部能不能正确处理大我和小我的关系、长远利益和眼前利益的关系，反映领导干部是否树立和践行正确政绩观。树立和践行正确政绩观，就要坚持以人民为中心，多做为后人铺路搭桥的好事，不贪图功名，不急功近利，追求人民群众的好口碑、历史沉淀之后的真评价。

伟大事业的成就往往不能毕其功于一役，而要靠一代又一代人接续奋斗。只有每一代人都做好自己的工作，完成好肩负的使命，才能为后续发展打好基础，确保事业永续发展、行稳致远。相反，如果只图眼前功劳，该打的基础没有打牢，或许会风光一时，但最终会出现问题，埋下发展隐患，阻碍事业进步。

功成不必在我、功成必定有我，这是中国共产党人崇尚的品格。老英雄张富清悄悄封存战功，扎根偏远山区默默奉献，誓言"为党为人民，我可以牺牲一切"。黄旭华院士60多年来"苦干惊天动地事，甘做隐姓埋名人"，为核潜艇研制和跨越式发展默默奉献。山西右玉县21任县委书记带领干部群众，一任接着一任种树，把不毛之地变成塞上绿洲。四川越西县华阳村四任第一书记接力整治村容村貌，完善道路、排水等基础设施，大力发展产业，终于让偏远山村换新颜。这些事迹彰显着一代代中国共产党人脚踏实地、接续奋斗的境界和担当。

一个地方、一个部门乃至一个单位确定的目标任务，有些是近期的，有些是长期的；有些事关当前，有些着眼长远。对于当前需要抓紧解决的，就要当机立断、力促落实；对于需要为长远打基础的，则不能急于求成，而要稳扎稳打、滴水穿石，保持战略定力和耐心，为将来做足功课、夯实根基。

坚持打基础利长远，就决不能为了出成效、显成绩去搞劳民伤财的形象工程、政绩工程，那样做既浪费资源，又难以让群众满意，从长远看也不利于经济社会发展。一些干部中出现这样的问题，归根结底还是政绩观出现了偏差，对个人得失的考虑多于为党干事业、为人民谋福祉。真正为老百姓办实事、为一地谋发展，就要把握好潜绩和显绩的关系，从实际出发，尊重客观规律，顺应群众需求，找准发展着力点，踏踏实实、聚精会神地一步步推进高质量发展。

习近平总书记指出："树立和践行正确政绩观，起决定性作用的是党性。只有党性坚强、摒弃私心杂念，才能保证政绩观不出偏差。"党员干部应当坚定理想信念、砥砺党性心性，解决好政绩为谁而树这一根本性问题，真正将人民置于心中最高位置，不贪一时之功、不图一时之名、不计一时得失，牢固树立大局观、长远观、整体观，坚持把为民办事、为民造福作为最重要的政绩，把为老百姓办了多少好事实事作为检验政绩的重要标准。真正把力气花在解决群众最关心、最迫切需要解决的问题上，把功夫下在察实情、出实招、办实事、求实效上。处理好为与不为、发展与留白、存量与增量的关系，坚持干该干的事、干能干的事，多做一些功在当代、利在长远、惠及子孙的事情，努力打造更加完善的发展环境，创造更加广阔的发展空间。

（《人民日报》2023年11月01日　第9版）

122

和平与发展的历史潮流不可阻挡

步　超

　　当前，世界进入新的动荡变革期，世界之变、时代之变、历史之变正以前所未有的方式展开，世界和平与发展面临诸多挑战。习近平总书记指出："人类历史告诉我们，越是困难时刻，越要坚定信心。任何艰难曲折都不能阻挡历史前进的车轮。"越是面对错综复杂的形势，越是要坚持大历史观，看清和平与发展的历史潮流不可阻挡，是人心所向、大势所趋。站在历史正确的一边，加强团结合作、推动共同发展，世界终将在各国携手努力中走向更加美好的未来。

　　追求和平、促进发展一直是人类社会的美好愿望。过去几十年，人类吸取两次世界大战和冷战的教训，推动和平与发展成为历史潮流。在这一过程中，新兴市场国家和发展中国家顺应世界多极化、经济全球化、社会信息化、文化多样化深入发展的趋势，取得经济发展和社会进步的显著成果，实现群体性崛起。东西、南北之间的话语权和影响力朝着更趋平衡的方向发展演变，世界力量对比出现"东升西降""南升北降"趋势。然而也要看到，一段时间以来，冷战思维、集团政治抬头，个别国家试图搞唯我独尊，大行霸权、霸道、霸凌，经济全球化遭遇逆流，大国博弈更加尖锐，国际局势中不稳定、不确定、不安全因素上升，和平赤字、发展赤字、安全赤字、治理赤字加重，给世界和平与发展带来严重威胁。

尽管世界变乱交织，但我们不能因此动摇对世界前途的信心，而要将一时一地的局势纷纭置于历史发展的长河中来分析研判。不仅要看到现象和枝节，更要把握本质和全局，抓住主要矛盾和矛盾的主要方面，避免在变化多端的国际乱象中迷失方向、舍本逐末。历史的长河充满曲折，但"青山遮不住，毕竟东流去"。无论国际形势激荡起怎样的冲波逆折，经济全球化的历史规律不会改变，各国人民要求和平与发展的强烈愿望不会改变，世界和平与发展力量不断壮大的前景不会改变，合作共赢、共同发展的历史大势也不会改变。这是不以少数国家、少数人的意志和行动为转移的。我们要以更宽广的视野、更长远的眼光来把握世界历史的发展脉络和正确走向，不畏浮云遮望眼，看清历史车轮向着光明前途前进的方向。

当我们端起历史的望远镜，从历史长河、时代大潮、全球风云中分析演变机理、探究历史规律、认识当下问题，就不难发现，一个国家、一个民族要发展、要振兴，就必须在历史前进的逻辑中前进、在时代发展的潮流中发展。当今世界的各种乱象给人类提出巨大挑战，归根到底缘于和平与发展的时代主题没有解决好。"顺理而举易为力，背时而动难为功。"是在开放包容中走向合作共赢，还是在分裂对抗中落得一损俱损？历史的钟摆朝向何方，取决于人类的选择。全人类共同价值终将指引各国人民作出符合历史潮流的正确选择。浪花一时的翻腾，不能阻挡百川归海的奔涌。

中国始终坚定站在历史正确的一边，站在人类文明进步的一边，不断为变乱交织的世界注入和平与发展的确定性和正能量。过去10年，中国对世界经济增长的年平均贡献率超过30%，"一带一路"合作从亚欧大陆延伸到非洲和拉美，搭建起国际合作的新框架，汇集着人类共同发展的最大公约数。中国坚持与广大发展中国家共享发展机遇，已经同110多个国家和地区组织建立了不同形式的伙伴关系。中国在坚定维护世界和平与发展中谋求自身发展，又以自身发展更好维护世界和平与发展，携手各国致力于共同实现现代化，以推动构建人类命运共同体引领人类发展进步潮流。在包括中国在内的世界各国共同努力下，世界和平与发展事业必将迎来更加灿烂的明天。

（《人民日报》2023年11月02日　第9版）

123

加强党对宣传思想文化工作的全面领导

陈　朋

　　习近平总书记指出："宣传思想文化工作事关党的前途命运，事关国家长治久安，事关民族凝聚力和向心力，是一项极端重要的工作。"宣传思想文化工作是党的事业的重要组成部分，党的全面领导是确保宣传思想文化工作始终沿着正确方向和道路前进的根本保证。新时代新征程，宣传思想文化工作面临新形势新任务，要有新气象新作为。只有坚持以习近平新时代中国特色社会主义思想为指导，全面贯彻党的二十大精神，深入学习贯彻习近平文化思想，加强党对宣传思想文化工作的全面领导，才能更好担负起新时代新的文化使命。

　　坚持党对宣传思想文化工作的领导，是我们的优良传统、成功经验、突出优势。回顾党的百余年奋斗史，在革命、建设、改革各个历史时期，宣传思想文化工作之所以取得长足进步、发挥重要作用，最根本的就在于始终坚持党的全面领导。党的十八大以来，在以习近平同志为核心的党中央坚强领导下，我国宣传思想文化事业取得历史性成就，意识形态领域形势发生全局性、根本性转变，全党全国各族人民文化自信明显增强、精神面貌更加奋发昂扬。这充分表明，只有加强党对宣传思想文化工作的全面领导，才能为担负起新的文化使命提供坚强政治保证。

做好宣传思想文化工作，必须坚持党性、旗帜鲜明讲政治，这是加强党对宣传思想文化工作全面领导的应有之义。坚持党性，核心就是坚持正确政治方向，站稳政治立场，坚定宣传党的理论和路线方针政策，坚定宣传党中央重大工作部署，坚定宣传党中央关于形势的重大分析判断，坚决同党中央保持高度一致，坚决维护党中央权威。这是大原则，决不能动摇。旗帜鲜明讲政治，要求我们始终在政治立场、政治方向、政治原则、政治道路上同党中央保持高度一致，自觉做到爱党、忧党、护党、为党，让党的主张成为时代最强音。新时代新征程，各级党委（党组）要把做好宣传思想文化工作作为重大政治责任扛在肩上，确保党中央关于文化建设的决策部署落到实处，带头把方向、抓导向、管阵地、强队伍，在重要问题和重大事件上及时表明态度、亮明立场，以钉钉子精神把各项任务要求落到实处。

加强党对宣传思想文化工作的全面领导，不断开创宣传思想文化工作新局面，要勇于改革创新，善于提出和运用新思路新机制，更好激发宣传思想文化工作内在活力。新时代新征程，宣传思想文化战线要直面挑战、研究问题、拓宽视野、更新观念、丰富手段、激活潜能，构建大宣传工作格局，形成齐抓共管的工作合力，使宣传思想文化工作更好体现时代性、把握规律性、富于创造性。抓好阵地、平台的建设与管理，让党的旗帜始终在宣传思想文化战线高高飘扬。立足网络时代，用好网络信息技术，强化互联网思维，推进媒体深度融合，让党的声音传得更开、传得更广、传得更深入。

"绳短不能汲深井，浅水难以负大舟。"加强党对宣传思想文化工作的全面领导，离不开一支政治过硬、本领高强、求实创新、能打胜仗的党员干部队伍。宣传思想文化战线的党员干部要不断掌握新知识、熟悉新领域、开拓新视野，不断增强脚力、眼力、脑力、笔力。俯下身、沉下心，深入生产生活一线，练就一双慧眼，善于观察、善于发现、善于辨别，着力发现真善美、弘扬主旋律、传播正能量，提升"见一叶而知深秋，窥一斑而见全豹"的能力，更好担负起新时代新的文化使命。

（《人民日报》2023年11月07日　第7版）

124

担负起新的文化使命的底气所在

王艳军

自信才能自强。有文化自信的民族才能立得住、站得稳、行得远。习近平总书记深刻指出："没有高度的文化自信，没有文化的繁荣兴盛，就没有中华民族伟大复兴。"面向未来，担负起新的文化使命，要坚持以习近平新时代中国特色社会主义思想为指导，深入学习贯彻习近平文化思想，坚定文化自信，扎实推进社会主义文化强国建设。

历史和现实充分表明，我们坚定的道路自信、理论自信、制度自信，其本质是建立在5000多年文明传承基础上的文化自信。当今世界，各国前途命运紧密相连，不同文明包容共存、交流互鉴。只有充满自信的文明，才会在保持自己民族特色的同时包容、借鉴、吸收各种不同文明。今天，站立在960多万平方公里的广袤土地上，我们拥有无比深厚的历史底蕴，无比强大的前进定力，就是因为我们拥有广泛而深厚的文化自信。这份文化自信是我们担负起新的文化使命、创造人类文明新形态的底气所在。

担负起新的文化使命，要牢牢把握坚定文化自信的首要任务。习近平总书记强调："坚定文化自信的首要任务，就是立足中华民族伟大历史实践和当代实践，用中国道理总结好中国经验，把中国经验提升为中国理论，既不盲从各种教条，也不照搬外国理论，实现精神上的独立自主。"国家之魂，文以化之，文以铸之。理论自觉、文化自信，是一个民族进步的力量；价值先进、思想解放，是一个社会活力的来源。担负起新的文化使命，要认真学习领会习近平新时代中国特色社会主义思想，持续加强对习近平文化思想的学习、研究、阐释，深刻把握习近平文化思想的重大意义、丰富内涵和实践要求，坚持学以致用，做到学思用贯通、知信行统一。

担负起新的文化使命，要坚持走自己的路。中国共产党历来坚持独立自主开拓前进道路，坚持把国家和民族发展放在自己力量的基点上。毛泽东同志曾说："中国革命斗争的胜利要靠中国同志了解中国情况"。邓小平同志指出："中国的事情要按照中国的情况来办，要依靠中国人自己的力量来办。"习近平总书记指出："中国的问题必须从中国基本国情出发，由中国人自己来解答。"担负起新的文化使命，就要坚持中国特色社会主义文化发展道路，坚守马克思主义这个魂脉和中华优秀传统文化这个根脉，在"两个结合"中不断开辟马克思主义中国化时代化新境界，不断推动中华文明生命更新和现代转型。

担负起新的文化使命，要展现昂扬振奋的精神面貌。习近平文化思想是新时代党领导文化建设实践经验的理论总结，根植于中华优秀传统文化的广袤沃土，指引着中国人民更加自信自强，养成昂扬向上的风貌和理性平和的心态。昂扬向上的风貌，展现的是中华民族的朝气、锐气、正气，是中国人民的志气、骨气、底气，是中华文化守正创新的积极性、主动性、创造性。理性平和的心态，表现为中华民族和中国人民既不封闭保守，也不崇洋媚外，而是在保持自己民族特色的同时包容、借鉴、吸收各种不同文明，在文明交流互鉴中真正做到以我为主、为我所用。新时代自信自强的精神力量充分彰显，新的文化使命就有了坚实根基，14亿多中国人民的磅礴伟力就能不断汇聚，我们就能不断书写社会主义文化强国建设新篇章、不断铸就中华文化新辉煌。

（《人民日报》2023年11月08日　第13版）

125

聚焦实际问题抓落实

刘 雨

抓落实是党的政治路线、思想路线、群众路线的根本要求，也是衡量领导干部党性和政绩观的重要标志。2023年7月，习近平总书记在江苏考察时就主题教育中教育引导党员、干部落实"重实践"要求，在以学促干上取得实实在在的成效作出重要论述，强调"不折不扣贯彻落实党中央决策部署，积极主动抓落实，聚合众力抓落实，以钉钉子精神抓落实，聚焦实际问题抓落实，在抓落实上取得新实效"。一分部署，九分落实。不注重抓落实，不认真抓好落实，再好的规划和部署也是空中楼阁。广大党员干部要全面准确领会党中央决策部署，不折不扣落实党中央各项要求，一步一个脚印把党的二十大描绘的宏伟蓝图变成现实，努力创造经得起历史、实践和人民检验的业绩。

怎样才能抓好落实？这是需要广大党员干部认真思考的问题。首先要坚持人民至上，担负起自己的职责，以身许党、凤夜在公，有"时时放心不下"的责任感，鼓起干事创业的精气神。其次要坚持问题导向。坚持问题导向是马克思主义的鲜明特点，也是抓好落实的关键。推动事业发展，就是解决一个又一个实际问题的过程。只有认真研究问题，才能找到影响落实的根源，抓住关键环节，通过解决实际问题，将党中央决策部署贯彻好执行好。

习近平总书记指出："历史总是在不断解决问题中前进的。"我们党领导人民干革命、搞建设、抓改革，都是为了解决我国的实际问题。踏上全面建设社会主义现代化国家新征程，面对复杂形势和艰巨任务，广大党员干部尤其要提高解决实际问题能力，应对新挑战、破解新难题、塑造新优势，更好肩负起新时代赋予的职责使命。

聚焦实际问题抓落实，需要明确聚焦什么样的实际问题。习近平总书记在党的二十大报告中强调："我们要增强问题意识，聚焦实践遇到的新问题、改革发展稳定存在的深层次问题、人民群众急难愁盼问题、国际变局中的重大问题、党的建设面临的突出问题，不断提出真正解决问题的新理念新思路新办法。"在实际工作中，要摸清影响高质量发展的困难与根源，真正了解发展所需、改革所急、基层所盼、民心所向的问题，并认真加以解决。调查研究是发现问题、研究问题、解决问题的起点。我们要扑下身子、沉到一线，自觉问计于民、问需于民，在调查研究的基础上找到开展工作的好思路、好办法。

想不想抓落实、敢不敢抓落实、会不会抓落实，能否聚焦实际问题抓落实，检验党员干部的行动、考验党员干部的能力。实践中，一些党员干部之所以没能聚焦实际问题抓落实，有的是受形式主义、官僚主义影响，敷衍塞责、怕担责任；有的则是由于本领不强，不善于抓住和解决实际问题。针对这些问题，要健全激励约束机制，完善考核评价体系，加强全方位管理和经常性监督，确保各领域各方面贯彻落实不偏向、不变通、不走样。科学思想方法是研究问题、解决问题的"总钥匙"，只有把思想方法搞对头，认识问题才能站得高，分析问题才能看得深，解决问题才能更有效。要引导党员干部深入学习贯彻习近平新时代中国特色社会主义思想，深入把握包括"六个必须坚持"在内的习近平新时代中国特色社会主义思想的立场观点方法，自觉用科学世界观和方法论武装头脑、指导实践、推动工作，切实提高战略思维、辩证思维、系统思维、创新思维、历史思维、法治思维、底线思维能力，做到善于把握事物本质、把握发展规律、把握工作关键、把握政策尺度，增强工作的科学性、预见性、主动性、创造性，提高抓落实本领，推动事业不断迈上新台阶。

（《人民日报》2023年11月09日　第13版）

126

促进世界和平与发展的力量不断增强

王云松

习近平总书记强调:"认识世界发展大势,跟上时代潮流,是一个极为重要并且常做常新的课题。"当今世界正经历百年未有之大变局,世界之变、时代之变、历史之变正以前所未有的方式展开。经济全球化遭遇逆流,地缘政治冲突沉渣泛起,全球经济复苏仍然面临巨大挑战。同时,我们更要看到,尽管国际形势风云变幻,但和平与发展的时代主题没有变。随着新兴市场国家和发展中国家群体性崛起,促进世界和平与发展的力量不断增强,团结协作、共谋发展的呼声和意愿更加强烈。

当前,国际力量对比正在发生前所未有的积极变化,新兴市场国家和发展中国家群体性崛起正在改变全球政治经济版图。新兴市场国家和发展中国家人口占全球大多数,经济规模已占全球半壁江山,在科技、教育、社会、文化等领域也取得长足发展,在推进世界多极化、经济全球化和国际关系民主化的进程中持续发挥积极作用、作出重要贡献。

安全问题事关各国人民的福祉，事关世界和平与发展的崇高事业，事关人类的前途命运。维护国际和平安全，是世界各国特别是新兴市场国家和发展中国家的共同心愿。广大新兴市场国家和发展中国家始终秉持理性、务实态度，坚定站在和平一边，站在国际道义一边，普遍支持劝和促谈，积极推动以对话谈判消弭分歧，用斡旋调解处理纷争，共同反对一切形式的霸权主义和强权政治，为动荡变化的时代注入更多稳定性和确定性。

发展承载着人民对美好生活的向往，是发展中国家的第一要务，也是人类社会的永恒主题。当前，全球能源安全、粮食安全形势严峻，全球发展进程遭受冲击。站在全球发展的关键当口，新兴市场国家和发展中国家正合力推动更加包容、更加普惠、更有韧性的全球发展，加快落实联合国2030年可持续发展议程，努力跨越发展鸿沟、重振全球发展事业。特别是作为新兴市场国家和发展中国家的代表，金砖国家将全球发展作为合作重点，创新性提出"金砖+"合作模式，让更多发展中国家获得发展新机遇，汇聚和描绘了重视发展、共谋合作的强大合力与美好愿景。

中国是世界上最大的发展中国家，更是全球南方的天然成员。30多年来，已派出维和人员5万余人次，赴20多个国家和地区参加联合国维和行动；过去10年向非洲提供大量发展援助，参与建设6000多公里铁路、6000多公里公路、80多个大型电力设施；设立气候变化南南合作基金，积极帮助发展中国家提升绿色发展能力……中国始终同发展中国家同呼吸、共命运，坚定维护发展中国家共同利益，致力于同各国携手同行现代化之路。习近平总书记提出推动构建人类命运共同体、新型国际关系、共建"一带一路"倡议、全人类共同价值、全球发展倡议、全球安全倡议、全球文明倡议等新理念，为维护世界和平、推动共同发展、深化务实合作提供了中国方案、贡献了中国智慧。推动建设持久和平、普遍安全、共同繁荣、开放包容、清洁美丽的世界，中国不仅是积极的倡导者，更是坚定的行动派。

习近平总书记指出："我们生活的世界充满希望，也充满挑战。我们不能因现实复杂而放弃梦想，不能因理想遥远而放弃追求。"虽然国际形势中不稳定、不确定、不安全因素日益突出，但和平与发展的时代主题没有变，和平、发展、合作、共赢的历史潮流不可阻挡。作为维护和平、推动共同发展的重要力量，新兴市场国家和发展中国家在国际舞台上发挥着越来越重要的作用，定能为处于新的动荡变革期的世界注入稳定性和正能量。

（《人民日报》2023年11月15日　第9版）

127

大力弘扬工匠精神

朱步楼

2023年10月，习近平总书记在江西景德镇市考察调研时，同非遗传承人亲切交流，不时赞赏他们的手上功夫和工匠精神，鼓励他们秉持艺术至上，专心致志传承创新。在同中华全国总工会新一届领导班子成员集体谈话时，习近平总书记指出："要大力弘扬劳模精神、劳动精神、工匠精神，发挥好劳模工匠示范引领作用，激励广大职工在辛勤劳动、诚实劳动、创造性劳动中成就梦想。"工匠精神源于"工"这一古老的职业。《周礼·冬官考工记》记载："知者创物，巧者述之，守之世，谓之工。""工"的职责就是造物，精湛的技艺是工匠的立足之本。庖丁解牛、鬼斧神工、炉火纯青等成语，都是对工匠技艺的形象表达。

工匠精神体现着马克思主义劳动观。马克思指出："整个所谓世界历史不外是人通过人的劳动而诞生的过程，是自然界对人来说的生成过程。"在我国社会主义现代化建设进程中，中国共产党人丰富和发展了马克思主义劳动观。党的十九大报告提出："建设知识型、技能型、创新型劳动者大军，弘扬劳模精神和工匠精神，营造劳动光荣的社会风尚和精益求精的敬业风气。"党的二十大报告提出，"坚持尊重劳动、尊重知识、尊重人才、尊重创造"。习近平总书记在全国劳动模范和先进工作者表彰大会上指出："在长期实践中，我们培育形成了爱岗敬业、争创一流、艰苦奋斗、勇于创新、淡泊名利、甘于奉献的劳模精神，崇尚劳动、热爱劳动、辛勤劳动、诚实劳动的劳动精神，执着专注、精益求精、一丝不苟、追求卓越的工匠精神。"劳模精神、劳动精神、工匠精神是以爱国主义为核心的民族精神和以改革创新为核心的时代精神的生动体现，是中国共产党人精神谱系的重要组成部分，是鼓舞全党全国各族人民风雨无阻、勇敢前进的强大精神动力。

高铁动车、航天飞船等成就的背后，都离不开执着专注、精益求精、一丝不苟、追求卓越的工匠精神。工匠精神体现着劳动者独具匠心、精雕细琢、尽善尽美的追求和坚守，蕴含着严谨、执着、敬业、创新等可贵品质。16岁开始学砌墙的邹彬，勇夺第四十三届世界技能大赛砌筑项目优胜奖，实现了我国砌筑项目奖牌零的突破。"海岛"电工赵儒新，三十多年如一日，为服务12座小岛上237户居民的生活需要全天候"待命"。对个人而言，掌握一技之长，淬炼精湛技艺，能够在平凡岗位上建功立业，实现人生出彩。在全社会大力弘扬工匠精神，培育精益求精、新益求新的工匠品格，则是推动高质量发展、实施制造强国战略、全面建设社会主义现代化国家的必然要求。

大力弘扬工匠精神，要围绕重大战略需求，瞄准产业链、创新链代际跃升，完善高技能人才培养体系，建设宏大的知识型、技能型、创新型劳动者大军。健全高技能人才评价激励制度，加大对优秀技能人才、大国工匠的表彰奖励力度，提高他们的职业荣誉感和获得感，激发弘扬工匠精神的内驱力。在全社会讲好工匠故事、褒扬工匠情怀、涵养工匠文化，进一步营造劳动光荣的社会风尚和精益求精的敬业风气，激励各行各业技能人才创造活力竞相迸发、聪明才智充分涌流。

匠心聚，百业兴。秉持工匠精神，人人创新创优，撸起袖子加油干、驰而不息向前进，就一定能把强国建设、民族复兴宏伟蓝图一步步变为现实。

（《人民日报》2023年11月16日　第9版）

128

培育积极健康、向上向善的网络文化

张　潮

　　近年来，互联网、大数据、云计算、人工智能、区块链等信息技术加速创新发展，成为推动社会生产生活方式变革的重要力量。根据第五十二次《中国互联网络发展状况统计报告》，截至2023年6月，我国网民规模达10.79亿人，人均每周上网时长为29.1个小时；各类互联网应用持续发展，网约车、在线旅行预订、网络文学的用户规模快速增长，网络空间已经成为人们生产生活的新空间。

　　习近平总书记指出："网络空间天朗气清、生态良好，符合人民利益。"近年来，我国积极推进互联网内容建设，深化网络生态治理，弘扬新风正气，网络文明建设取得明显成效。在以中国式现代化全面推进强国建设、民族复兴的新征程上，培育积极健康、向上向善的网络文化，是在新的起点上继续推动文化繁荣、建设文化强国、建设中华民族现代文明的内在要求，也有利于充分发挥互联网在激发全民族文化创新创造活力中的作用，为中国式现代化提供强大精神力量。

培育积极健康、向上向善的网络文化，要坚持正能量是总要求。正能量代表人民群众对真善美的共同追求与渴望，反映社会主义核心价值观的内在要求。在中国式现代化道路上让中华民族精神大厦巍然耸立，必须发挥互联网在传播真善美、传递正能量中的作用。我们要本着对社会负责、对人民负责的态度，进一步培育向上向善的道德力量，用社会主义核心价值观和人类优秀文明成果滋养人心、滋养社会，做到正能量充沛、主旋律高昂，为广大网民营造一个风清气正的网络空间。

培育积极健康、向上向善的网络文化，要不断增强网络舆论引导力。随着互联网成为信息传播主渠道，准确权威的信息如不及时传播，虚假歪曲的信息就会搞乱人心；积极正确的思想舆论如不发展壮大，消极错误的言论观点就会肆虐泛滥。要旗帜鲜明坚持正确的政治方向、舆论导向、价值取向，引导全国各族人民心往一处想、劲往一处使。广泛凝聚新闻网站、商业平台等传播合力，精心做好网上重大主题宣传，及时把更多真实客观、观点鲜明的信息内容传播到广大网民中、传导到社会各方面，形成万众一心、团结奋斗的局面。

培育积极健康、向上向善的网络文化，要走好网上群众路线。群众路线是我们党的生命线和根本工作路线。在互联网时代，老百姓上了网，民意也就上了网。要善于运用网络了解民意、开展工作，积极回应网民关切、解疑释惑，让互联网成为我们党同群众交流沟通的新平台，成为了解群众、贴近群众、为群众排忧解难的新途径。要善于通过互联网等各种渠道问需于民、问计于民，更好倾听民声、尊重民意、顺应民心，认真采纳建设性意见，切实把党的理论和路线方针政策贯彻落实好。

培育积极健康、向上向善的网络文化，要提高网络综合治理效能。当今时代，互联网已深度融入社会生产生活。要以建设网络综合治理体系为重要抓手，着力解决群众的急难愁盼问题，让人民群众共享互联网发展成果。提高网络综合治理能力，形成党委领导、政府管理、企业履责、社会监督、网民自律等多主体参与，经济、法律、技术等多种手段相结合的综合治网格局，提升广大人民群众在网络空间的获得感、幸福感、安全感。

成风化人，明德至善。文化的力量是强大的。厚植文化土壤、弘扬新风正气，一定能够让积极健康、向上向善的网络文化充盈网络空间，不断巩固全党全国人民团结奋斗的共同思想基础。

（《人民日报》2023年11月21日　第9版）

129

坚持和发展好新时代"枫桥经验"

金伯中

2023年11月，习近平总书记亲切会见全国"枫桥式工作法"入选单位代表，向他们表示诚挚问候和热烈祝贺，勉励他们再接再厉，坚持和发展好新时代"枫桥经验"，为推进更高水平的平安中国建设作出新的更大贡献。社会治理是国家治理的重要方面，社会稳定是国家强盛的前提。我们要把新时代"枫桥经验"坚持好、发展好，使其在加强和创新社会治理的实践中发挥更大效能，为中国式现代化营造和谐有序的社会环境，不断增强"中国之治"新优势。

2023年是毛泽东同志批示学习推广"枫桥经验"60周年，是习近平总书记指示坚持和发展"枫桥经验"20周年。20世纪60年代，浙江枫桥干部群众在基层社会治理中创造了"枫桥经验"。几十年来，从"发动和依靠群众，坚持矛盾不上交，就地解决"到"小事不出村、大事不出镇、矛盾不上交"，"枫桥经验"不断丰富和发展，成为我国基层社会治理的一张"名片"。党的十八大以来，以习近平同志为核心的党中央高度重视坚持和发展"枫桥经验"，"新时代'枫桥经验'"写进党的十九届六中全会《决议》、党的二十大报告。"乡贤参事会"、"圆桌问计"、"侨乡枫桥"解纷工作法……各地坚持和发展新时代"枫桥经验"，结合实际创造出一个又一个化解矛盾、服务群众的好形式、好方法。在传承中发展、在发展中创新，"枫桥经验"展现出持久生命力和旺盛活力。

对于"枫桥经验"，习近平总书记指出："这里面有我们党处理问题、化解矛盾的政策策略，就是要走群众路线。"只有走到群众中间，与群众"坐一条板凳"，才能真正了解群众的诉求。只有发挥群众的聪明才智，才能精准掌握基层矛盾纠纷隐患苗头，找到化解矛盾纠纷的突破口。近年来，从领导干部定期下访机制、"百万警进千万家"活动到各地涌现的如"义警""小巷管家""红袖标"等治安志愿者组织，这些都是我们在社会治理领域走群众路线的生动体现。人民群众是践行新时代"枫桥经验"的源头活水。坚持和发展好新时代"枫桥经验"，必须坚持党的群众路线，把体现人民意志、反映人民愿望、维护人民权益、增进人民福祉落实到基层社会治理方方面面。尊重人民主体地位和首创精神，创新正确处理新形势下人民内部矛盾的机制，发展壮大群防群治力量，建设人人有责、人人尽责、人人享有的社会治理共同体。

基层是我国社会治理体系的基础。现代社会是高风险社会，风险的跨界性增强、传导性加快，容易形成风险综合体，必须提高风险防范化解的前瞻性、系统性。新时代"枫桥经验"为我们防范化解矛盾风险提供了重要的方法论。要坚持大抓基层的鲜明导向，坚持抓早抓小抓苗头，树立关口前移的理念，完善社会风险预警监测体系，筑牢基层社会治理的第一道防线。同时，坚持综合施策，注重以联调联动促矛盾化解，构建线上线下一体的矛盾纠纷多元化解平台，形成解决矛盾问题的强大合力。

在现代化建设中，处理好活力与秩序的关系至关重要。我国能够创造世所罕见的经济快速发展奇迹和社会长期稳定奇迹，很大程度上得益于我们党正确处理了改革、发展、稳定的关系。新征程上，要运用好我们党的宝贵经验和智慧，坚持和发展好新时代"枫桥经验"，坚持党的领导这一根本保证，坚守以人民为中心这一根本立场，更加彰显法治思维、更加突出科技支撑、更加注重社会参与，正确处理新形势下人民内部矛盾，完善社会治理体系，推动形成活而不乱、活跃有序的动态平衡，确保人民安居乐业，推动中国式现代化行稳致远，续写"两大奇迹"新篇章。

（《人民日报》2023年11月22日　第9版）

130

坚定信心办好自己的事情

吴志成

习近平总书记指出："什么时候没有困难？一个一个过，年年过、年年好，中华民族5000多年来都是这样。爬坡过坎，关键是提振信心。"新时代以来，面对涉滩之险、爬坡之艰、闯关之难，我们沉着应对、奋发有为，党和国家事业取得历史性成就、发生历史性变革。这是在以习近平同志为核心的党中央坚强领导下、在习近平新时代中国特色社会主义思想科学指引下取得的，是全党全国各族人民坚定信心、团结奋斗、攻坚克难实现的。

当前，世界百年未有之大变局加速演进，新一轮科技革命和产业变革深入发展，国际力量对比深刻调整，国际经济、政治、科技、文化、安全等格局都在发生深刻变化。同时，世界经济复苏乏力，逆全球化思潮抬头，单边主义、保护主义明显上升，局部冲突和动荡频发，和平赤字、发展赤字、安全赤字、治理赤字有增无减，持续加剧国际形势的不稳定性不确定性。

前进道路上面临的风险挑战是严峻的，需要解决的矛盾问题是复杂的，但我国发展仍然处于重要战略机遇期，时与势在我们一边。我们全面加强党的领导，系统完善党的领导制度体系，确保党中央权威和集中统一领导，确保党发挥总揽全局、协调各方的领导核心作用，为应对各种重大风险挑战提供了根本政治保证；中国特色社会主义制度具有非凡的组织动员能力、统筹协调能力、贯彻执行能力，能够充分发挥集中力量办大事、办难事、办急事的独特优势，为经济社会持续发展提供了制度保障；我国持续快速发展积累了坚实基础，经济长期向好的基本面没有改变，具有强大的韧性和活力，为防范和抵御风险提供了坚强依托；深入贯彻以人民为中心的发展思想，人民获得感幸福感安全感显著增强，共建共治共享的社会治理制度进一步健全，形成了长期稳定的社会环境；立足新发展阶段，贯彻新发展理念，构建新发展格局，坚定不移推进高水平对外开放，推动实现高质量发展，解决了经济社会发展中存在的一些深层次矛盾和问题，提升了应对风险挑战的能力；党和国家事业取得历史性成就、发生历史性变革，中国人民的积极性、主动性、创造性进一步激发，党心军心民心更加昂扬振奋，焕发出磅礴的自信自强力量和历史主动精神；全面推进中国特色大国外交，推动构建人类命运共同体，坚定维护国际公平正义，为解决人类问题贡献了中国智慧和中国方案，我国国际影响力、感召力、塑造力显著提升，为中国发展赢得良好的国际环境；等等。这些突出优势和有利条件是我们的定力和底气所在，也是我们的决心和信心所在。

习近平总书记指出："保持定力，增强信心，集中精力办好自己的事情，是我们应对各种风险挑战的关键。"改革开放以来，我们遭遇过很多外部风险冲击，最终都能化险为夷，靠的就是办好自己的事、把发展立足点放在国内。在当今不稳定不确定的世界形势中谋求发展，在错综复杂的大变局中赢得优势，更要保持战略定力和信心，坚持发展是解决我国一切问题的基础和关键，抓好发展这个党执政兴国的第一要务，坚定不移推动高质量发展，不断壮大自身力量，把中国发展进步的命运牢牢掌握在自己手中。

所当乘者势也，不可失者时也。新时代新征程并非一片坦途，我们要增强机遇意识和风险意识，紧紧抓住并切实用好战略机遇和有利条件，因势而谋、应势而动、顺势而为，准确识变、科学应变、主动求变，筑牢勇毅前行的信心底气，以正确的战略策略应变局、育新机、开新局。

（《人民日报》2023年11月28日　第9版）

131

坚持公平正义 完善全球治理

付　荣

当今世界正经历百年未有之大变局，和平赤字、发展赤字、安全赤字、治理赤字加重，各国人民对和平发展的期盼更加殷切，对公平正义的呼声更加强烈，对合作共赢的追求更加迫切。加强全球治理、推进全球治理体系变革是大势所趋。

习近平总书记指出："我们要坚持公平正义，完善全球治理。"完善全球治理是国际社会共享发展机遇、应对全球性挑战的必然要求。国际规则要依据《联合国宪章》宗旨和原则，由大家共同书写、共同维护，不能谁的胳膊粗、嗓门大，谁就说了算。更不能拉帮结伙，把自己的"家法帮规"包装成国际规则。面对世界进入新的动荡变革期，人类社会遭遇诸多挑战危机，我们要携手推进全球治理体系改革和建设，践行真正的多边主义，不断促进权利公平、机会公平、规则公平，推动国际秩序朝着更加公正合理的方向发展。

全球治理变革不仅事关应对各种全球性挑战，而且事关国际秩序的发展方向。习近平总书记指出："我们要坚持共商共建共享的全球治理观，坚持全球事务由各国人民商量着办，积极推进全球治理规则民主化。"中国始终如一珍视和平和发展，始终如一珍惜朋友和伙伴，坚定站在历史正确的一边、站在人类文明进步的一边，努力为人类和平与发展事业贡献中国智慧、中国方案。提出构建人类命运共同体理念，发起共建"一带一路"倡议，提出全球治理观、新安全观、新发展观、正确义利观等一系列占据国际道义制高点的全新理念，主张相互尊重、团结合作，遇到事情大家商量着办，寻求最大公约数。

全球治理体系变革要维护《联合国宪章》宗旨和原则。《联合国宪章》是公认的国与国关系的基本准则，必须坚定不移地遵守。中国高举真正的多边主义旗帜，坚定主张世界只有一个体系，就是以联合国为核心的国际体系；只有一个秩序，就是以国际法为基础的国际秩序；只有一套规则，就是以《联合国宪章》宗旨和原则为基础的国际关系基本准则。中国始终维护联合国权威和地位，维护《联合国宪章》宗旨和原则，维护联合国在国际事务中的核心作用。同时，注重充分发挥世界贸易组织、国际货币基金组织、世界银行、二十国集团等机制的建设性作用，共同推动构建人类命运共同体。

完善全球治理需要打牢法治基础，推进全球治理法治化。我们要积极参与国际规则制定，增强在全球治理体系变革中的话语权和影响力，推动相关制度规则成为全球共识。要加快形成系统完备的涉外法律法规体系，营造市场化、法治化、国际化一流营商环境，推动我国对外开放由商品和要素流动型开放向规则等制度型开放转变。围绕反制裁、反干涉、反制"长臂管辖"等，充实应对挑战、防范风险的法律"工具箱"，以法治激发对外开放活力，不断增强我国国际合作和竞争新优势，为维护公平正义、完善全球治理贡献中国力量。

（《人民日报》2023年11月29日　第9版）

132

推进共同富裕在行动在身边

韩 博

中国式现代化是全体人民共同富裕的现代化，实现全体人民共同富裕是中国式现代化的本质要求。习近平总书记在内蒙古考察时强调："要坚持以人民为中心，在发展中更加注重保障和改善民生，补齐民生短板，增进民生福祉，让各族人民实实在在感受到推进共同富裕在行动、在身边。"在推进中国式现代化的进程中，我们党始终坚持以人民为中心的发展思想，为实现全体人民共同富裕而不懈奋斗。

人民对美好生活的向往，就是我们党的奋斗目标。实现共同富裕不仅是经济问题，而且是关系党的执政基础的重大政治问题。我们党坚持全心全意为人民服务的根本宗旨，始终站稳人民立场、把握人民愿望，把人民放在心中最高位置，把增进人民福祉、促进人的全面发展和全体人民共同富裕作为出发点和落脚点，用切实行动满足广大人民群众对美好生活的向往。

新时代以来，我们党把实现全体人民共同富裕摆在更加重要的位置上，把握新发展阶段的新形势、新变化，提高发展的平衡性、协调性、包容性。充分发挥党的领导和我国社会主义制度优势，推动区域协调发展，打赢脱贫攻坚战，全面建成小康社会。采取一系列有力措施保障和改善民生，注重加强普惠性、基础性、兜底性民生建设，人民生活全方位改善，在高质量发展过程中让人民群众不断提高获得感、幸福感、安全感。同时也应看到，人民群众对美好生活的向往更加强烈，我国发展不平衡不充分的问题仍然突出。无论是继续满足人民日益增长的美好生活需要，还是推动高质量发展，都必须以等不得的使命担当和急不得的历史耐心，在扎实推进共同富裕上不断取得新进展。

发展是解决我国一切问题的基础和关键。要把推动高质量发展放在首位，完整、准确、全面贯彻新发展理念，切实转变发展方式，推动质量变革、效率变革、动力变革，为实现共同富裕奠定坚实物质基础。各地发展水平、条件不同，要抓住影响发展的主要问题，结合实际找到推动高质量发展的具体路径，采取有力举措提高人民生活品质，使人民生活水平不断得到改善，让人民群众实实在在感受到推进共同富裕在行动、在身边。比如，在城市，可以通过健全公共服务体系，打牢社区基层公共服务基础，着力解决广大市民在就业、教育、医疗、托育、住房、养老等方面遇到的难题，丰富群众文化生活等，不断保障和改善民生，持续增进民生福祉。农村是实现全体人民共同富裕的难点和重点，要全面推进乡村振兴，着力促进广大农民群众整体生活水平提升。特别是要找到适合本地的发展路径，因地制宜发展特色产业，让农村产业更兴旺、农民生活更富裕，不断推动农业全面升级、农村全面进步、农民全面发展。

征途漫漫，惟有奋斗。促进全体人民共同富裕是一项长期任务。让广大人民群众实实在在感受到推进共同富裕在行动、在身边，归根结底要靠实干。广大党员干部要有逢山开路、遇河架桥的精神，锐意进取、大胆探索。找准发展的着力点，扎扎实实调查研究，掌握实际情况，在出实招、求实效上下功夫，把工作抓实、基础打实、步子迈实，担当作为、迎难而上。要紧紧依靠人民群众，充分调动广大人民群众的积极性主动性创造性，汇聚起强大合力，蹄疾步稳朝着共同富裕的目标迈进。

（《人民日报》2023年11月30日　第9版）

133

自觉用党的创新理论改造主观世界

叶红云

在学习贯彻习近平新时代中国特色社会主义思想主题教育工作会议上，习近平总书记强调："这次主题教育要牢牢把握'学思想、强党性、重实践、建新功'的总要求。"当前，第二批主题教育正在扎实开展。广大党员干部要自觉用习近平新时代中国特色社会主义思想改造主观世界，深刻领会这一重要思想关于坚定理想信念、提升思想境界、加强党性锻炼的一系列要求，不断增进对新时代党的创新理论的政治认同、思想认同、理论认同、情感认同。

主观世界体现为多方面、多层次、多维度的精神世界，包括思维方式、理想信念、知识能力、情感意志、道德观念等。中华优秀传统文化中关于修身养性、提升思想境界的内容十分丰富。比如，《礼记·大学》讲："古之欲明明德于天下者，先治其国；欲治其国者，先齐其家；欲齐其家者，先修其身；欲修其身者，先正其心。"这些思想理念对于我们今天加强自身修养、提升思想境界仍具有重要启示意义。对于共产党人来说，改造主观世界、提升思想境界就必须加强党性修养。

我们党作为先进的马克思主义政党，历来重视党性修养问题。习近平总书记深刻指出，"党性教育是共产党人修身养性的必修课，也是共产党人的'心学'""党性不可能随着党龄的增加而自然增强，也不可能随着职务的升迁而自然增强，必须在严格的党内生活锻炼中不断增强"。在党的二十大报告中，习近平总书记把"坚持党性党风党纪一起抓""提高党性觉悟"作为全面从严治党战略部署的重要内容，为我们在新时代新征程上继续修好共产党人的"心学"指明了前进方向、提供了根本遵循。

习近平新时代中国特色社会主义思想不仅包含着党治国理政的重要思想，也贯穿着中国共产党人政治品格、价值追求、精神境界、作风操守的要求。主题教育强调读原著、学原文、悟原理，坚定理想信念，提高政治站位，做到学思用贯通、知信行统一，把这一重要思想变成改造主观世界和客观世界的强大思想武器。党员干部在学习中要主动把自己摆进去，深刻领会这一重要思想蕴含的崇高信仰信念、真挚为民情怀、高度历史自信、无畏担当精神，砥砺初心使命、锤炼党性觉悟，真学真懂真信真用，学懂弄通做实，切实用新时代党的创新理论凝心铸魂，不断筑牢信仰之基、补足精神之钙、把稳思想之舵。要深刻感悟习近平新时代中国特色社会主义思想的真理力量、实践力量、人格力量，将其转化为坚定理想信念的强大力量，真正做习近平新时代中国特色社会主义思想的坚定信仰者和忠实实践者。

决定一个人品质如何的是德行，决定一名党员品质如何的是党性。党性是党员干部立身、立业、立言、立德的基石，改造主观世界就要强党性，弘扬党的优良传统，坚定理想信念，不断提升党性修养，修好共产党人的"心学"。新征程上，党员干部要把习近平新时代中国特色社会主义思想的世界观、方法论和贯穿其中的立场观点方法变成自己的强大思想武器、科学思想方法，不断提升政治能力、思维能力、实践能力，转化为攻坚克难、干事创业的强大动力，在改造客观世界的同时改造主观世界。

（《人民日报》2023年12月05日　第9版）

134

洞察大势 把握机遇

戴长征

当前，世界百年未有之大变局加速演进，我国发展进入战略机遇和风险挑战并存、不确定难预料因素增多的时期。一方面，中国特色社会主义事业呈现勃勃生机，全面建成社会主义现代化强国展现光明前景；另一方面，风高浪急甚至惊涛骇浪的重大考验会不断出现，实现既定目标必须准备付出更为艰巨、更为艰苦的努力。在这样的大背景下，我们必须善于洞察大势、把握机遇。

应当看到，前进道路上我们会面临各种可以预见和难以预见的风险挑战。从国内看，我国改革发展中的深层次矛盾叠加交织，发展不平衡不充分问题仍然突出，科技创新能力还不强，粮食、能源、产业链供应链、金融等领域安全风险依旧存在。从国际看，国际力量对比深刻调整，世纪疫情影响深远，逆全球化思潮抬头，单边主义、保护主义上升，世界进入新的动荡变革期，我国发展面临的外部压力增大。

在看到风险挑战增多的同时，更应认识到总体上看时与势在我们一边。习近平总书记指出："进入新发展阶段，国内外环境的深刻变化既带来一系列新机遇，也带来一系列新挑战，是危机并存、危中有机、危可转机。"我们要科学把握危与机之间的辩证关系，充分认识在危机中育先机、于变局中开新局的必要性和重要性。比如，新一轮科技革命和产业变革深入发展，为我们开辟经济发展新领域新赛道、塑造发展新动能新优势提供了新的机遇。又如，国际力量对比深刻调整，为我们推进高水平对外开放、在全球治理中发挥更大作用提供了新的机遇。我们要增强忧患意识，坚持底线思维，做到居安思危、未雨绸缪，清醒认识国际国内各种风险挑战的长期性、复杂性。同时要洞察大势、把握机遇，直面问题、迎难而上，牢牢掌握发展主动权。

我们的信心源自制度优越性。实践证明，中国特色社会主义制度是具有鲜明中国特色、明显制度优势、强大自我完善能力的先进制度。我们坚定维护党中央权威和集中统一领导，确保党发挥总揽全局、协调各方的领导核心作用，全国各族人民心往一处想、劲往一处使，确保各项工作始终沿着正确方向前进。我们坚持人民当家作主，发展全过程人民民主，坚持以人民为中心，紧紧依靠人民推动国家发展。我们坚持守正创新、与时俱进，持续深化改革，加大制度创新，使社会始终充满生机活力，等等。中国特色社会主义制度的独特优势，让我们能够在风高浪急中经受住重大考验，踔厉奋发，勇毅前行。

我们有主动识变应变求变、主动防范化解风险的强大能力。比如，面对错综复杂的国内外经济形势，我们坚持稳中求进工作总基调，迎难而上，沉着应对，我国经济总体回升向好，展现出了巨大韧性和潜力。面对世界百年未有之大变局加速演进的态势，我们坚定维护世界和平、促进共同发展，致力于推动构建人类命运共同体，推动全球治理朝着更加公正合理的方向发展，我们的朋友圈越来越大，好伙伴越来越多，发展前景越来越好。

全面建成社会主义现代化强国是一项伟大而艰巨的事业。我们要坚持以习近平新时代中国特色社会主义思想为指导，运用科学的世界观和方法论回答时代课题，准确识变、科学应变、主动求变，在洞察大势中把握机遇，不断战胜各种风险挑战，把中华民族伟大复兴不断推向前进。

（《人民日报》2023年12月06日　第9版）

135

增强中华文明传播力影响力

邵梓捷

全国宣传思想文化工作会议提出："加强和改进对外宣传工作，增强中华文明传播力影响力。"中华文明博大精深、源远流长，在开拓进取、革故鼎新中取得了辉煌灿烂的发展成就。增强中华文明传播力影响力，对于提高我国文化软实力、营造我国发展的良好外部环境，对于丰富世界文明百花园、推动人类文明进步都具有重大和深远的意义。

习近平总书记指出："中华优秀传统文化是中华文明的智慧结晶和精华所在，是中华民族的根和魂"。只有了解古代的中国，才能理解今天的中国对道路、制度的选择，也才能明白中国向何处去。今天，中华优秀传统文化得到越来越多的关注，中华文明彰显出历久弥新的魅力和风采。中华优秀传统文化为我们在世界文化激荡中坚定文化自信提供了充足底气，也为我们展示真实立体全面的中国提供了宝贵资源。我们要立足中国大地，提炼展示中华文明的精神标识和文化精髓，讲好中华文明故事，讲清楚中国是什么样的文明和什么样的国家，讲清楚中国人的宇宙观、天下观、社会观、道德观，展现中华文明的悠久历史和人文底蕴，让世界从五千多年文明史的角度来看中国，真正理解中国的过去、现在、未来。

中华文明既是历史的，也是现代的。我们党坚持把马克思主义基本原理同中国具体实际、同中华优秀传统文化相结合，团结带领人民在五千多年深厚文明基础上开辟和发展中国特色社会主义，成功走出中国式现代化道路，赋予中华文明以现代力量。当代中国正在进行着人类历史上最为宏大而独特的实践创新。世所罕见的发展奇迹，宏阔壮丽的创新创造，为展现中华文明的蓬勃生机和活力提供了丰富素材。要主动讲好中国共产党治国理政的故事、中国人民奋斗圆梦的故事、中国坚持和平发展合作共赢的故事，帮助外国民众了解中国共产党为什么能、马克思主义为什么行、中国特色社会主义为什么好。依托我国发展的生动实践，全面阐述我国的发展观、文明观、安全观、人权观、生态观、国际秩序观和全球治理观，将中国精神、中国价值、中国力量寓于其中，深刻阐明中国的发展是世界和平力量的增长，是各国共同的机遇。

增强中华文明传播力影响力，要在加快构建中国话语和中国叙事体系上下功夫。概念是构建话语体系的基石。新时代，我国提出构建人类命运共同体、全人类共同价值等一系列重大理念，在国际社会引发广泛共鸣、凝聚广泛共识，成为世界读懂中国的标识。要用中国理论阐释中国实践，用中国实践升华中国理论，打造融通中外的新概念、新范畴、新表述，更加充分、更加鲜明地展现中国故事及其背后的思想力量和精神力量。创新话语表达方式，把握国外不同受众的习惯和特点，把我们想讲的和国外受众想听的结合起来，推进中国故事和中国声音的全球化表达、区域化表达、分众化表达，把"自己讲"和"别人讲"结合起来，找准共情共鸣的切入点，增强对外话语的说服力、感召力。

以开放包容的胸怀与其他文明交流互鉴，是提升中华文明传播力影响力的重要途径。要坚持平等、互鉴、对话、包容的文明观，深入开展各种形式的人文交流活动，通过多种途径推动我国同各国的人文交流和民心相通，推动中华文化更好走向世界。更好发挥高层次专家作用，利用重要国际会议论坛、外国主流媒体等平台和渠道发声。发挥研究机构、学校、企业、社会组织等对文明交流的促进作用，动员各方面一起奏响交响乐、大合唱。利用新媒体新技术创新文明交流对话的途径和形式，提升传播效能，更加生动立体地展现丰富多彩的中国形象。

（《人民日报》2023年12月07日　第10版）

136

合力推进世界现代化进程

曹 平

2023年11月，习近平主席在美国友好团体联合欢迎宴会上的演讲中强调："中国追求的不是独善其身的现代化，愿同各国一道，实现和平发展、互利合作、共同繁荣的世界现代化，推动构建人类命运共同体！"现代化是近代以来世界历史演进的基本趋势，广大发展中国家正在各自现代化道路上不懈探索追寻。近年来，世界经济增长动能不足，不稳定、不确定、难预料因素增多，人类社会现代化进程遭遇坎坷、充满艰辛。我们需要什么样的现代化？实现和平发展、互利合作、共同繁荣的世界现代化，这一中国方案为人类社会现代化指明正确方向。

和平与发展是当今时代潮流，是各国人民意愿的"最大公约数"。从历史上看，现代化进程发端于西方国家，但与之相伴随的是战争、殖民、掠夺、胁迫，给广大发展中国家人民带来深重苦难。今天，人类社会现代化不可能也不应该回到那种充满血腥罪恶的老路上去。没有和平，发展就无从谈起，已有的发展成果也会失去。任何国家实现现代化，和平稳定的内外部环境都是根本条件和必要保障。历史昭示我们，霸道霸凌不是人类共存之道，穷兵黩武无法带来美好世界。面对复杂交织的安全挑战，要坚持共同、综合、合作、可持续的安全观，以对话弥合分歧、以合作化解争端。只有各国都珍视和平、维护和平、促进和平，以团结精神和共赢思维营造公道正义、共建共享的安全格局，世界现代化才能在和平发展的轨道上不断前行。

近代以来，资本、技术、劳动、管理等生产要素在全球范围流动，把一个个孤立的小湖泊、小河流连成了汪洋大海，历史成为世界历史。伴随着信息技术的发展，国与国、人与人之间的交往更加深入，人类越来越成为一荣俱荣、一损俱损的命运共同体。在21世纪的今天，任何国家追求现代化，都不可能在封闭条件下实现，开放融通、互利合作是必然选择。当前，个别国家构筑"小院高墙"、强推"脱钩断链"、鼓噪供应链"去风险"，大搞单边主义、保护主义，给世界现代化带来极大挑战。人为给合作设置障碍，挡住的不是风险，而是机遇。各国加强互联互通、团结合作、互利互惠，把合作的领域拓得更宽、把合作的蛋糕做得更大，才能既推动自身发展又实现共同发展，让世界现代化进程充满澎湃动能。

现代化寄托着人们对美好生活的向往，每个国家的人民都有追求现代化的权利。世界现代化进程不应使富者越富、贫者越贫。然而，当前南北差距、复苏分化、发展断层、技术鸿沟问题更加突出，人类发展指数30年来首次下降，国际发展事业面临巨大挑战。弥补发展赤字成为摆在世界各国面前的艰巨任务，走共建共享共赢的现代化之路正是破解问题之道。要增强现代化成果的普惠性，坚持共享机遇、共创未来，特别要关注发展中国家的特殊需求，保障发展中国家正当发展权益，提高其国际话语权，着力解决国家间和各国内部发展不平衡不充分问题，提高发展的平衡性、协调性、包容性，使每个国家都成为全球发展的参与者、贡献者、受益者，使各具特色的现代化事业汇聚成推动世界繁荣发展、人类文明进步的时代洪流。

"己欲立而立人，己欲达而达人。"作为文明古国、负责任大国，兼济天下是中国的一贯追求。以中国理念为世界变局指引方向，以中国行动为维护和平安全作出实质性贡献，以中国方案为推动共同发展尽责出力，以中国智慧为完善全球治理注入动力，中国式现代化在与世界的良性互动中推进和拓展，也为世界和平壮大力量、为各国发展提供机遇。实现和平发展、互利合作、共同繁荣的世界现代化，是中国的期盼，也是每一个在现代化道路上孜孜探求的国家的愿望。中国将坚定不移以中国式现代化全面推进强国建设、民族复兴伟业，携手各国共同开创世界现代化更加美好的前景。

（《人民日报》2023年12月08日　第9版）

137

推进中国式现代化必须增强人民精神力量

王　辉

推进强国建设、民族复兴伟业，既需要强大的物质力量，也需要强大的精神力量。习近平总书记在党的二十大报告中将"丰富人民精神世界"作为中国式现代化的本质要求之一。中国式现代化是亿万人民自己的事业，人民是中国式现代化的主体。推进中国式现代化，必须把促进物的全面丰富与人的全面发展有机统一起来，在不断夯实物质基础、实现物质富裕的同时，不断满足人民精神需求、丰富人民精神世界、增强人民精神力量。

现代化的本质是人的现代化，物质富足、精神富有都是社会主义现代化的内在要求。中国式现代化展现了不同于西方现代化模式的新图景，其中一个重要方面就在于，我们摒弃了西方以资本为中心、物质主义膨胀的现代化，在促进物的全面丰富的同时，也促进人的全面发展。推进和拓展中国式现代化，必然要求满足人民精神需求、丰富人民精神世界、增强人民精神力量。

　　精神所在，就是力量所在。以中国式现代化全面推进中华民族伟大复兴，离不开广大人民的精神力量。新征程上，我们的前途一片光明，但脚下的路不会是一马平川。世界百年未有之大变局加速演进，中华民族伟大复兴进入关键时期，战略机遇和风险挑战并存，我们比任何时候都更加深刻地感受到"船到中流浪更急、人到半山路更陡"的艰险，也比任何时候都更加需要"雄健的精神"的支撑。这就需要在丰富人民精神世界中凝聚最大社会共识、形成最强向心力，汇聚团结一心的磅礴力量。

　　增强人民精神力量，最根本的是加强理想信念教育，筑牢人民精神支柱。信仰、信念、信心，任何时候都至关重要。只要有信仰、信念、信心，我们就能愈战愈勇，不断从胜利走向新的胜利。无论过去、现在还是将来，对马克思主义的信仰，对中国特色社会主义的信念，对实现中华民族伟大复兴中国梦的信心，都是激励中国人民攻坚克难的强大精神力量。为此，要聚焦用党的创新理论武装全党、教育人民这个首要政治任务，坚持不懈用习近平新时代中国特色社会主义思想凝心铸魂，深入学习贯彻习近平文化思想，在真学真懂真信真用、深化内化转化上下功夫，更好用党的创新理论统一思想和行动，凝聚实现中华民族伟大复兴的精神力量。

　　在5000多年文明发展中孕育的中华优秀传统文化，宛如精神长河，滋养着中华民族的心灵家园。中华优秀传统文化蕴含的天下为公、民为邦本、为政以德、革故鼎新、任人唯贤、天人合一、自强不息、厚德载物、讲信修睦、亲仁善邻等等，是中国人民在长期生产生活中积累的宇宙观、天下观、社会观、道德观的重要体现。我们要不断推动中华优秀传统文化创造性转化、创新性发展，使其成为人民精神力量的血脉基因。要运用现代艺术形式，使中华优秀传统文化灵动起来。近年来，一些蕴含中华文化气韵的节目、作品受到人们喜爱。我们要多创作推出这样的文化产品，让人民群众在潜移默化中增进文化认同、增强精神力量。

增强人民精神力量，要着力推动文化事业和文化产业繁荣发展。要坚持把社会效益放在首位、社会效益和经济效益相统一，深化文化体制改革，完善文化经济政策，加快发展新型文化业态，不断解放和发展文化生产力，扩大优质文化产品供给，在满足人民日益增长的精神文化生活需要的同时，将亿万人民的智慧和力量凝聚到强国建设、民族复兴的伟大实践中，以更为主动的精神力量战胜前进道路上的各种困难和挑战。

（《人民日报》2023年12月12日　第9版）

138

形成人心凝聚、团结奋进的强大精神纽带

王延中　宁亚芳

　　习近平总书记强调："构筑中华民族共有精神家园，使各民族人心归聚、精神相依，形成人心凝聚、团结奋进的强大精神纽带。"铸牢中华民族共同体意识，是新时代党的民族工作和民族地区各项工作的主线。只有着力构筑中华民族共有精神家园，才能为铸牢中华民族共同体意识奠定坚实的精神和文化基础，汇聚各民族团结奋进强国建设、民族复兴新征程的磅礴力量。

　　具有突出的连续性、创新性、统一性、包容性、和平性的中华文明，从来不用单一文化代替多元文化，而是由多元文化汇聚成共同文化。自古以来，我国各民族共同开拓了辽阔的疆域、共同书写了悠久的历史、共同创造了灿烂的文化、共同培育了伟大的精神。展开历史长卷，我国各民族创作了诗经、楚辞、汉赋、唐诗、宋词、元曲、明清小说等伟大作品，传承了格萨尔王、玛纳斯、江格尔等震撼人心的伟大史诗，建设了万

里长城、都江堰、大运河、故宫、布达拉宫、坎儿井等伟大工程。各民族文化互鉴融通、交相辉映，中华文化博大精深、历久弥新，我们构筑中华民族共有精神家园具有深厚历史和文化根基。

我们党历来高度重视民族问题、民族工作。党的十八大以来，以习近平同志为核心的党中央提出了一系列新理念新思想新战略，进一步拓展了中国特色解决民族问题的正确道路，形成了习近平总书记关于加强和改进民族工作的重要思想。构筑中华民族共有精神家园，是这一重要思想的有机组成部分。新时代，通过实施重大文化工程，举办重大文化活动，普及推广国家通用语言文字等一系列举措，推动各民族文化的传承保护和创新交融，各族群众对中华文化更加热爱、更加自豪、更加自信，各民族在理想、信念、情感、文化上的团结统一大大增进，中华民族共有精神家园建设取得新成就。当前，面对艰巨繁重的改革发展稳定任务和错综复杂的国际国内形势，我们更需团结一致、凝聚力量。要在新的历史起点上不断构筑中华民族共有精神家园，铸牢中华民族共同体意识，推进中华民族共同体建设，确保中国发展的巨轮胜利前进。

中国共产党领导和社会主义制度是我国各民族共同发展进步的可靠保障。要用中国特色社会主义共同理想团结、鼓舞、感召各族群众，面向各族群众加强党的理论和路线方针政策教育，加强党史、新中国史、改革开放史、社会主义发展史、中华民族发展史宣传教育，深入培育和践行社会主义核心价值观，推动各民族坚定对伟大祖国、中华民族、中华文化、中国共产党、中国特色社会主义的高度认同。

在历史长河中，各民族共同熔铸的以爱国主义为核心的伟大民族精神，已深深融进了各族人民的血液和灵魂，是推动我国发展进步的强大精神动力。要深入实施红色基因传承工程，凸显中国共产党人精神谱系的引领作用，大力弘扬伟大民族精神，推进宣传教育大众化、常态化和实效化，不断增强各族群众对中华民族的认同感和自豪感，推动各族群众以自信自强、昂扬向上的精神面貌奋进新征程、建功新时代。

文化认同是更深层次的认同，是民族团结的根脉。推动中华民族走向包容性更强、凝聚力更大的命运共同体，要不断深化各民族对中华文化的认同。按照建设中华民族现代文明的要求，实施中华优秀传统文化传承发展工程，研究挖掘中华优秀传统文化的优秀基因和时代价值，推动中华优秀传统文化创造性转化、创新性发展。在推动社会主义先进文化繁荣发展中，增强中华文化特征、中华民族精神、中国国家形象的表达力、感召力和凝聚力，夯实民族团结的文化根基，让中华民族共同体牢不可破。

（《人民日报》2023年12月13日　第9版）

139

在深学细悟中提高本领

刘　学

　　推动学习贯彻习近平新时代中国特色社会主义思想主题教育取得实实在在的成效，要求广大党员干部努力从习近平新时代中国特色社会主义思想中悟规律、明方向、学方法、增智慧，在深学细悟中切实把看家本领、兴党本领、强国本领学到手，确保在以学铸魂、以学增智、以学正风、以学促干上取得实效。

　　成为政治上的明白人。开展第二批主题教育，要充分借鉴运用第一批主题教育的成功经验，更加注重以理论上的清醒和坚定确保政治上的清醒和坚定，不断提升政治能力，始终成为政治上的明白人。习近平总书记指出："在干部干好工作所需的各种能力中，政治能力是第一位的。"一个党员有了过硬的政治能力，就能做到"不畏浮云遮望眼""乱云飞渡仍从容"。成为政治上的明白人，要对国之大者心中有数，关注党中央在关心什么、强调什么，深刻领会什么是党和国家最重要的利益、什么是最需要坚定维护的立场，凡是有利于坚持党的领导和我国社会主义制度的事就坚定不移做，凡是不利于坚持党的领导和我国社会主义制度的事就坚决不做。提高政治能力，成为政治上的明白人，要善于从政治上分析问题、解决问题。只有从政治上分析问题才能看清本质，只有从政治上解决问题才能抓住根本。要练就一双政治慧眼，善于从繁杂问题中把握事物的规律性，从苗头问题中发现事物的趋势性，从偶然问题中认识事物的必然性，做到眼睛亮、见事早、行动快。

成为做好工作的行家里手。在以习近平同志为核心的党中央坚强领导下，第一批主题教育取得明显成效，使开展主题教育的过程成为理论学习向实践运用转化的过程，成为党员干部提高履职本领、增强责任担当的过程。推动第二批主题教育取得实实在在成效，同样要引导党员干部提升思维能力、提高履职本领，成为做好工作的行家里手。要把习近平新时代中国特色社会主义思想的世界观、方法论和贯穿其中的立场观点方法转化为自己的科学思想方法，作为研究问题、解决问题的"总钥匙"。要用这一重要思想优化思想方法、解决思想困惑，使自己的思维方式更好适应事业发展需要，让"总钥匙"在自己的头脑中发挥"总指挥"作用。成为做好工作的行家里手，还要善于把握事物发展总体趋势和方向，善于抓住关键、找准重点、洞察事物发展规律，善于前瞻性思考、全局性谋划、因时制宜、知难而进、开拓创新。

成为新时代的实干家。学习的目的全在于运用。理论要转化为能力，必须躬身实践。主题教育坚持学习打头、调研开路、实干开局整体融合，让党员干部干事创业的精气神得到有效激发，形成了真抓实干的浓厚氛围。成为新时代的实干家，要坚持理论联系实际，全面把握习近平新时代中国特色社会主义思想的实践要求，坚持知行合一、真抓实干，做起而行之的行动者、当攻坚克难的奋斗者，增强工作的科学性、预见性、主动性，避免陷入少知而迷、不知而盲、无知而乱的困境。新时代新征程，坚持和发展中国特色社会主义仍然有许多重大课题需要进行实践探索，有许多新的领域需要不断开拓创新，要求党员干部在实践中不断增长解决问题的新本领。党员干部要坚持逢山开路、遇水架桥，在实践中求真知，在探索中找规律，不断形成新经验、深化新认识。要锚定全面建成社会主义现代化强国的目标任务，在实践锻炼中增强推动高质量发展本领、服务群众本领、防范化解风险本领，在重大斗争中加强斗争精神和斗争本领养成，在重大考验中着力增强防风险、迎挑战、抗打压能力，在专业训练中及时填知识空白、补素质短板、强能力弱项。

（《人民日报》2023年12月14日　第9版）

140

更好担负起新的文化使命

仇英义

文化是一个国家、一个民族的灵魂。习近平总书记指出："在新的起点上继续推动文化繁荣、建设文化强国、建设中华民族现代文明，是我们在新时代新的文化使命。"新时代以来，我国文化传承发展呈现出新气象、开创了新局面，社会主义文化强国建设迈出坚实步伐。新征程上，我们要坚持以习近平新时代中国特色社会主义思想为指导，深入学习贯彻习近平文化思想，更好担负起新的文化使命，在推进中国式现代化中建设中华民族现代文明。

更好担负起新的文化使命，首先必须坚定文化自信。文化自信是更基础、更广泛、更深厚的自信，是一个国家、一个民族发展中最基本、最深沉、最持久的力量。一个抛弃了或者背叛了自己历史文化的民族，不仅不可能发展起来，而且很可能上演一幕幕历史悲剧。有文化自信的民族，才能立得住、站得稳、行得远。中华文明历经数千年而绵延不绝、迭遭忧患而经久不衰，在长期演进过程中形成了中国人看待世界、看待社会、看待人生的独特价值体系、文化内涵和精神品质。这是我们区别于其他国家和民族的根本特征，铸就了中华民族博采众长的文化自信。当前，各种思想文化相互激荡，不同文明交流交融交锋更加频繁。坚定文化自信，必须坚持走自己的路，既不盲从各种教条，也不照搬外国理论，实现精神上的独立自主，同时把文化自信融入全民族的精神气质与文化品格中，养成昂扬向上的风貌和理性平和的心态。

开放包容始终是文明发展的活力来源，是我们更好担负起新的文化使命的内在要求。在人类历史的漫长进程中，世界各民族创造了具有自身特点和标识的文明。不同文明之间平等交流、互学互鉴，为人类破解时代难题、实现共同发展提供了强大的精神动力。历史和现实充分证明，文明交流互鉴是推动人类文明进步和世界和平发展的重要动力。中华文化既是历史的、也是当代的，既是民族的、也是世界的。回望历史，中华文明以开放包容闻名于世，在同其他文明的交流互鉴中不断焕发新的生命力；放眼当下，中国式现代化创造的人类文明新形态，体现科学社会主义的先进本质，借鉴吸收一切人类优秀文明成果，代表人类文明进步的发展方向。前进道路上，只有保持对世界文明兼收并蓄的开放胸怀，更加积极主动地学习借鉴人类创造的一切优秀文明成果，才能更好地推动中华文明发展进步。

更好担负起新的文化使命，必须激发全民族文化创新创造活力。激发全民族文化创新创造活力，守正创新是必然要求，也是重要方法论。守正才能不迷失自我、不迷失方向，创新才能把握时代、引领时代。在五千多年中华文明深厚基础上建设中华民族现代文明，必须坚守好马克思主义这个魂脉和中华优秀传统文化这个根脉，坚持"两个结合"的根本要求，坚持我们党的文化领导权和中华民族的文化主体性。坚持是为了更好地发展，发展是为了更好地坚持。要在马克思主义指导下真正做到古为今用、洋为中用、辩证取舍、推陈出新，推动中华优秀传统文化创造性转化、创新性发展，用马克思主义激活中华优秀传统文化中富有生命力的优秀因子并赋予新的时代内涵，将中华民族的伟大精神和丰富智慧更深层次地注入马克思主义，让中华文化焕发新的生机活力。

建设中华民族现代文明，是推进中国式现代化的必然要求。只要坚定文化自信、秉持开放包容、坚持守正创新，我们一定能更好担负起在新的起点上继续推动文化繁荣、建设文化强国、建设中华民族现代文明这一新的文化使命，推动中华文明重焕荣光。

（《人民日报》2023年12月27日　第09版）

141

牢牢掌握主动权

葛亮亮

　　能否掌握主动权是极端重要的。习近平总书记指出："一个国家能不能富强，一个民族能不能振兴，最重要的就是看这个国家、这个民族能不能顺应时代潮流，掌握历史前进的主动权。"回顾百余年的浴血奋斗与艰辛探索，始终牢牢掌握主动权是我们党团结带领中国人民敢打必胜、战无不胜、始终立于不败之地的重要法宝。党的十八大以来，习近平总书记多次强调掌握主动权的重要性，围绕"只有把核心技术掌握在自己手中，才能真正掌握竞争和发展的主动权""掌握粮食安全主动权"等发表重要论述，为党和国家工作指明了前进方向、提供了根本遵循。

　　牢牢掌握主动权要有科学理论指导。习近平总书记指出，"拥有马克思主义科学理论指导是我们党坚定信仰信念、把握历史主动的根本所在""坚持用马克思主义中国化时代化最新成果武装全党、指导实践、推动工作，是我们党创造历史、成就辉煌的一条重要经验"。马克思主义自诞生以来，以其真理的光芒照耀着人类探索历史规律和实现自身解放的道路，不仅深刻改变了世界，也深刻改变了中国。在百余年的奋斗中，中国共产党之所以能够带领中国人民披荆斩棘前进并取得累累硕果，一个重要原因就是中国共产党以马克思主义为指导，坚持用中国化时代化马克思主义分析把握历史大势，正确处理中国与世界的关系，善于抓住和用好历史机遇，顺势而为、奋发有为，始终掌握事业发展的历史主动。

牢牢掌握主动权要做到实事求是。毛泽东同志说，主动权"这件事来自实事求是，来自客观情况在人们头脑中的真实的反映，即人们对于客观外界的辩证法的认识过程"。主动地位不是空想的，而是具体的、物质的。历史活动主体只有进行客观、周密的调查，对事物有了全面、深入的认识，才能充分、科学地把握客观实际与历史条件，并针对时刻变化的情况及时有效地调整方针策略，巧妙"排兵布阵"，发挥优势、审时度势、随机应变。当前，世界百年未有之大变局加速演进，中华民族伟大复兴进入关键时期。面对新的战略机遇、新的战略任务、新的战略阶段、新的战略要求、新的战略环境，只有以实事求是的态度从历史长河、时代大潮、全球风云中分析演变机理、探究历史规律，才能牢牢掌握战略主动。

牢牢掌握主动权要发扬斗争精神。习近平总书记指出："无数事实告诉我们，唯有以狭路相逢勇者胜的气概，敢于斗争、善于斗争，我们才能赢得尊严、赢得主动，切实维护国家主权、安全、发展利益。"斗争精神是主观能动性的一种表现形式。敢于斗争就是承认矛盾的客观性、普遍性，适应社会发展、矛盾运动的内在趋势和要求，发挥主观能动性，积极作为，进而推动事业发展。列宁说："世界不会满足人，人决心以自己的行动来改变世界。"百余年来，我们党之所以能够遵循历史规律、顺应历史大势、掌握历史主动，就是因为不怕困难、无所畏惧，从而奋斗出一片新天地。唯有发扬斗争精神，敢于斗争、善于斗争，才能在处于主动地位时保持和扩大主动权。

当前，实现中华民族伟大复兴进入了不可逆转的历史进程，我们面临着难得的发展机遇，也面临着严峻的挑战，危中有机，危可转机。新时代伟大实践中，我们要坚定历史自信、增强历史主动，牢牢掌握主动权，在新的赶考之路上向历史和人民交出新的优异答卷。

（《人民日报》2023年12月28日　第09版）

142

从人民的创造性实践中汲取理论创新智慧

吴　莹

　　人民是历史的创造者，群众是真正的英雄。人民的创造性实践是马克思主义理论创新的不竭源泉。习近平总书记指出："要尊重人民首创精神，注重从人民的创造性实践中总结新鲜经验，上升为理性认识，提炼出新的理论成果"。一切脱离人民的理论都是苍白无力的，一切不为人民造福的理论都是没有生命力的。新时代新征程，不断开辟马克思主义中国化时代化新境界，要注重从人民的创造性实践中汲取理论创新智慧，不断夯实马克思主义中国化时代化的群众基础。

　　人民作为历史的创造者，不仅创造了丰富的物质财富，也创造了丰富的精神财富。人民性是马克思主义最鲜明的品格。作为实现无产阶级和全人类解放的科学指南，马克思主义之所以具有跨越国度、跨越时空的影响力，在于其深深根植于无产阶级谋求自身解放的实践运动，充分表达了人民呼声和愿望，深切反映了人民利益诉求，指明了依靠人民推动历史前进的人

431

间正道。习近平总书记指出："马克思主义中国化时代化成果，都是党和人民实践经验和集体智慧的结晶。无论是毛泽东思想、中国特色社会主义理论体系，还是新时代中国特色社会主义思想，无不源自于人民的智慧、人民的探索、人民的创造。"百余年来，我们党坚持站稳人民立场、把握人民愿望、尊重人民创造、集中人民智慧，在人民鲜活丰富的创造性实践中不断开辟马克思主义中国化时代化新境界。

党的十八大以来，习近平总书记坚持深入基层、深入群众、深入实际了解情况、问计于民，从人民的创造性实践中总结新鲜经验，汲取理论创新智慧。每次赴地方考察调研，习近平总书记都坚持到一线与工人、技术人员、企业负责人、农民等亲切交流，听介绍、看产品，问生产、话经营，思对策、谋方略；每年全国两会，习近平总书记都坚持"下团组"同代表委员共商国是、汇聚众智，让人民所思所盼融入国家发展顶层设计。事实充分证明，习近平新时代中国特色社会主义思想是来自人民、为了人民、造福人民的理论，充分展现了"以百姓心为心"的真挚情怀和"依靠人民创造历史伟业"的崇高境界。

古人云："乘众人之智，则无不任也；用众人之力，则无不胜也。"人民群众身处实践最前沿，对实践变化感知最敏感、感受最深切，也最有智慧，只要走到人民群众中去，很多百思不得其解的问题就能豁然开朗、找到答案。当前，我国正处于实现中华民族伟大复兴的关键时期，改革发展稳定任务之重、矛盾风险挑战之多、治国理政考验之大都前所未有，有大量理论和实践课题亟待我们回答。新时代新征程，继续推进实践基础上的理论创新，需要从人民群众的生动实践中汲取充足的养分和力量。我们必须坚持人民至上，始终站稳人民立场，自觉拜人民为师，向人民学习，使人民的创造热情得到激发、创造意愿得到尊重、创造实践得到支持、创造才能得到发挥。我们要树牢唯物史观，强化群众观点和宗旨意识，广泛倾听人民群众的声音，自觉问计于民、问需于民，不断对人民群众从实践中得出的真知灼见进行总结和概括，充分彰显党的创新理论的人民性。

（《人民日报》2023年12月29日　第05版）